U0782871

生活因阅读而精彩

生活因阅读而精彩

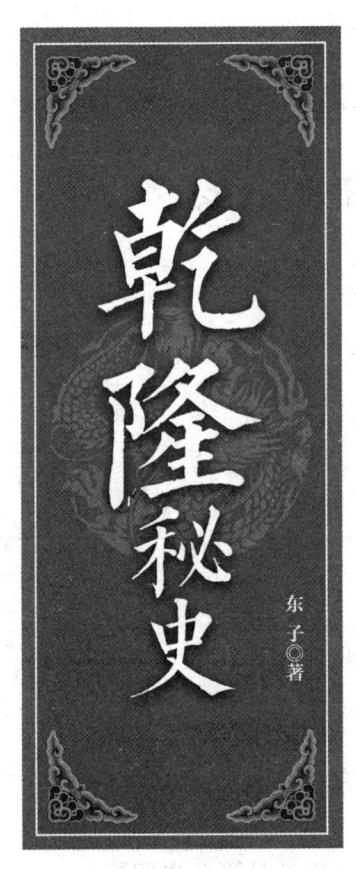

乾隆秘史

东子◎著

中国华侨出版社

图书在版编目(CIP)数据

乾隆秘史 / 东子著. —北京:中国华侨出版社,2014.6

("翰林书院"帝王史系列)

ISBN 978-7-5113-4677-3

Ⅰ.①乾…　Ⅱ.①东…　Ⅲ.①乾隆帝(1711~1799)–传记

Ⅳ.①K827=49

中国版本图书馆 CIP 数据核字(2014)第111726号

"翰林书院"帝王史系列:乾隆秘史

著　　者 / 东　子

责任编辑 / 文　喆

责任校对 / 孙　丽

经　　销 / 新华书店

开　　本 / 787 毫米×1092 毫米　1/16　印张/20　字数/249 千字

印　　刷 / 北京军迪印刷有限责任公司

版　　次 / 2014 年 8 月第 1 版　2020 年 5 月第 2 次印刷

书　　号 / ISBN 978-7-5113-4677-3

定　　价 / 68.00 元

中国华侨出版社　北京市朝阳区静安里 26 号通成达大厦 3 层　邮编:100028

法律顾问:陈鹰律师事务所

编辑部:(010)64443056　　64443979

发行部:(010)64443051　　传真:(010)64439708

网址:www.oveaschin.com

E-mail:oveaschin@sina.com

总序

滚滚长江东逝水，浪花淘尽英雄。是非成败转头空。青山依旧在，几度夕阳红。

白发渔樵江渚上，惯看秋月春风。一壶浊酒喜相逢。古今多少事，都付笑谈中。

这首词是明代杨慎《说秦汉》的开场词，深沉悲壮，意境高远。后来罗贯中将其收入《三国演义》，更被广为传诵。

虽为《说秦汉》的开场词，但作者的视野却没有局限在秦汉两代上，而是高屋建瓴地从历史事件和人物经历中，概括出一些始终能让人产生共鸣的思想感情，比如"空"。古来多少英雄是非成败，犹如大浪淘沙转眼成空。字里行间抒发了对历史变迁、英雄故去的感慨：无数英雄豪杰长眠地下之后，生前的所有是非得失、荣辱成败又有什么意义呢？在横亘古今的"青山"面前，"夕阳红"不过是人生短暂的美好时光而已。一个"空"字，无限感慨，几多惋惜，尽在其中。

本序言为何以这阕词为引子？是因为笔者认为这阕词可称为"史论"。它综观历代兴亡盛衰，以英雄豪杰的成败得失抒发感慨，体现了一种旷达超脱的人生观和历史观。在这种人生观和历史观指导下，我们认识和了解本套书的诸多帝王才更有宏观感和穿透力。

中国正统朝代的皇帝，加上一些农民起义建立的政权，皇帝总数不少于四百位！如何在这么多君王中选出十二个，实在不是简单的事。丛书撰写组最终在名气、正史、评价等综合因素考虑下，遴选出了如下十二位帝王，作为"帝王秘史"

的第一辑。这十二位帝王分别是：

统一六国，结束战国乱世的秦始皇嬴政；

起于亭长，击败西楚霸王项羽的汉高祖刘邦；

平定内乱，北击匈奴的汉武帝刘彻；

统一北方，奠定魏国基业的魏武帝曹操；

一统华夏，被西方称为"中国最伟大皇帝"的隋文帝杨坚；

文武双全，堪称帝王典范的唐太宗李世民；

毁誉参半的历史上唯一一位女皇帝武则天；

弯弓射雕，横扫欧亚的一代天骄成吉思汗；

乞丐出身，推翻元朝残暴统治的明太祖朱元璋；

开创明朝辉煌时代的明成祖朱棣；

南征北战，在位 61 年的康熙皇帝玄烨；

在位 60 年，有"十全老人"美称的乾隆皇帝弘历。

这十二位帝王，毫无疑问都开创或推动了一个时代的文明与繁盛。无论是时势造英雄，还是英雄改变时代，他们都是华夏星空中熠熠生辉的历史"明星"。本丛书的每一分册，都在有限而真实的史料基础上，以生动的语言和独特的视角，叙写他们百转千回、波澜壮阔的一生，展示了他们的成功与失败、高潮与低谷、坚定与疑惑、气魄与迷茫……

每位帝王都曾抒写过一段历史，或雄壮或悲戚，给后人无穷的想象和感叹。你可以击节，可以唏嘘，更可以和篇首那阕词中通晓古今、豁达潇洒的"白发渔樵"一样，把古今多少英雄的是非恩怨、成败荣辱都化作可助酒兴的谈资，纵论古今、品评人物，笑谈之中，人生不亦乐哉！

是为序。

目录
Contents

第四篇　盛世王朝春与秋

第五篇　帝王家事

第一篇 ／ 帝王的命运

第一章 / 身世之谜

上天的眷顾

康熙五十年（1711），江南乡试在南京如期举行。从康熙初年的锋鼓不息，到如今的四海升平，康熙王朝真正步入了盛世的巅峰。诸多学子都想通过科举考试，走上大清王朝的仕途之路。但是这一年的乡试，却让很多学子失望了。

发榜后人们发现，中举的举人除苏州有 13 名以外，其余的都是扬州人或者是在扬州经商的大商人子弟。这个现象已经很奇怪了，但还有更奇怪的事：中举学子中，有个叫吴泌的盐商子弟，竟然只是个粗识文字的半文盲。

这样的半文盲也能考中举人？学子们愤怒了！

南京愤怒的学子们，把贡院门额上的"贡院"二字涂改成"卖完"；苏州愤怒的学子们，把财神爷抬进了明伦堂（孔庙大殿），宣称考场不公。清廷防读书人防得厉害，学子闹事可是件大事，这场风波很快便传到了北京城。康熙皇帝闻之龙颜大怒，下令严查此事。

这就是著名的江南科场案。这场科场大案的余波一直持续了一年半之久，最后以一大批受贿官员及行贿者被判刑而告终。斩刑、绞刑、流放之刑、牢狱之刑，无所不包，由此可以看出康熙皇帝对于此事的愤怒。

康熙皇帝确实很愤怒！他是大清王朝的天、是神、是主宰者，但是有人却敢在他的眼皮底下买官卖官，从事不法勾当，这又怎能不让他怒火中烧？

不过，他做梦也没有想到，在那个让他痛恨不已的八月份里，爱新觉罗家族会诞生一个几乎和他一样伟大的人。当然，那个孩子的"伟大"，是在若干年后。

康熙五十年（1711）八月十三日，一个看起来极为平凡的孩子诞生于北京城内的雍亲王府，这个孩子名叫弘历。康熙一生多子多孙，所以并不缺乏天伦之乐。一个孙儿的诞生对于他来说，根本就不算是个事，他甚至根本就不知道又有一个孙儿降临人世。随后江南科举案发，他在雷霆大怒的时候，更加不会注意到自己又多了个孙子。但是他的这个小孙子，却注定了要同他一样了不起，他会成为中国历史上在位时间第二长的皇帝——乾隆皇帝。

其实，不只是康熙没有留意到这个孩子的到来，就连孩子的父亲雍亲王，也并没有太多的喜悦。原因很简单，这个孩子太平凡了。刚出生的孩子会让人觉得平凡，是因他有一个平凡的母亲。弘历的母亲，是年仅 20 岁的钮祜禄氏。

曾经有许多历史学家都误以为弘历的生母是大家闺秀，因为她姓"钮祜禄"。钮祜禄氏是满清的贵族姓氏，是满族八大姓之一。这个姓氏名臣辈出，也出过很多后妃。但是弘历的母亲虽姓"钮祜禄"，却并不真正属于这个辉煌的家族。

确切地说，八大姓之一的"钮祜禄氏"，是指清朝开国元勋额亦都一支。

但是弘历生母的先祖，则只是额亦都的一个命运平庸的叔伯兄弟，名字叫作额亦腾。虽然在早年，这两支属于同一家族，但是越往后，就分得越远。尤其是，一支中不断涌现出能臣名将、后宫妃嫔，而另一支中却总也出不了一个有权有势的人。事实上，额亦腾这一支到了弘历母亲这一代，已经沦落为"白丁家族"了，其实就是平民。弘历的母亲，虽然也姓"钮祜禄"，但实际上就是一个平民。

一介平民，怎么会被康熙的儿子雍亲王看中？难道这位钮祜禄氏才貌出众？也不是！据史料显示，弘历的母亲最早是丫头。在过去，平民人家能够与贵族接触的最常见途径，便是为奴为婢。13 岁时，钮祜禄氏进入贝勒府（当时胤禛还未被封为亲王），成为了一名普通的丫头。她的工作，无非就是端茶倒水，跑腿送信之类的杂活。这样的日子虽然有些无聊，但却又比平民生活强了很多。

史料中还有一种说法，说钮祜禄氏在 13 岁的时候，被选上了秀女，以使女的身份进入了胤禛的府第。这两种说法虽然略有不同，但却一致表明了钮祜禄氏的身份背景——下人。没错，她正是以"下人"的身份走近了胤禛，并获得了上天为自己制造的一次机会。那次的机会其实就是一场意外，如果没有那场意外，或者她还会继续自己当丫头或者使女的工作。

那次意外，是雍亲王引起的。

康熙四十九（1710）的某一天，雍亲王在自己的府邸中闲逛的时候，遇到了钮祜禄氏。这本来是一件再平常不过的事情，主子在家里遇到了下人，挺挺腰板，摆摆架子也就过去了。但雍亲王偏偏是心血来潮多看了她几眼，他忽然发现，这个入府五六年的小丫头已经长大了。她多大了？18 岁还是 19 岁？虽然容貌中等，但她长得高大健壮，比那些娇小玲珑、弱不禁风的江南女子，更多了一种难以言喻的飒爽风姿。雍亲王这时候才 32 岁，正是血气方刚、精力旺盛的年纪，他被这个年轻的丫头吸引了。

在帝王之家，主子想要临幸丫头，那是丫头的福气，而这位钮祜禄氏丫头的福气显然更大。雍亲王的一时兴起，居然使她怀孕了。第二年，她便生下了弘历。

可想而知，弘历的出生是如此的简单和草率，他的母亲甚至还没有名分，便已经匆匆有了孩子。不过也正是因为这个孩子的到来，这才改变了钮祜禄氏的命运。因为有了孩子，这个年仅 20 岁的女人，从此更摆脱了做丫头的命运，慢慢在亲王府中有了一些地位。自此之后，她在雍亲王府中便被人称之为"格格"。当然，这个"格格"的地位，要比福晋、侧妃的地位低上很多，充其量只是高过了下人。

虽然"格格"的地位很是尴尬，但是钮祜禄氏却满足了，至少她这个时候很满足。她有了"丈夫"，有了孩子，每天也不用再做体力活了。这些，是她之前无法想象的。有时候，命运真的无法让人想象，那场并不算美丽的"邂逅"，造就了一个孩子，而那个孩子则又造就了一个时代的奇迹。

但是没办法，这就是命运。

另外的说法

乾隆皇帝是中国清代赫赫有名的君主，他在康熙、雍正两朝文治武功的基础上，进一步完成了多民族国家的统一，促进了社会经济文化的发展，形成了历史中最为著名的"康乾盛世"。他也是中国历史上的一位长寿皇帝，活到了89岁。他的一生，为后世留下了许多精彩的传奇故事。这其中最让人们津津乐道的，莫过于他的身世。

他那谜一样的身世。

事实上，在诸多史料的记载中，乾隆皇帝都是雍正与钮祜禄氏的子嗣。在这种说法中，乾隆生母的出身虽然并不高贵，但至少还是一个没落的"钮祜禄氏"。可是，其他一些说法就显得很离奇了。多少年来，有很多人怀疑这位伟大君主的出身。有人说他是汉人家的儿子，根本就没有满洲人的血统；有人说他是雍正皇帝与一个贫穷汉人奴婢野合所留下来的龙种……在这些众说纷纭的说法中，哪一种才是历史的真相？难道他的生母不是钮祜禄氏？

历史终归是历史，真相也终归会浮出水面。要还原历史的真相，我们需要先从种种传说寻起。

在诸多流言中，流传最广的一种说法是，乾隆本就是汉人的孩子。直到今天，很多历史小说和历史戏剧都还言之凿凿地描绘乾隆原是汉人家的孩子，被偷龙换凤地换到了宫中，然后又坐上了皇帝的宝座。

这是怎么回事？

清朝末年，反清排满之风日盛，很多文人也参与其中。自古以来，文人的武器就是他们手中的笔，他们以野史的方式，写出了不少清廷的秘密与丑闻。其中，尤以天嘏所著的《清代外史》最为出名。在这部书稿中，有一节《弘历非满洲种》，直指乾隆的血统问题。其中有一段话，是这么说的：

浙江海宁陈氏，自明季衣冠雀起，渐闻于时。至之遴，始以降清，位至极品。厥后陈诜、陈世倌、陈元龙，父子叔侄，并位极人臣，遭际最盛。康熙间，世宗时为皇子，与陈氏尤相善。会两家各生子，其岁月日时皆同。世宗闻悉，乃大喜，命抱以来，久之，始送归，则竟非己子，且易男为女矣。陈氏殊震怖，顾不敢剖辨，遂力秘之。未几，世宗即位，即特擢陈氏数人至显位。迨乾隆时，其优礼于陈者尤厚。尝南巡至海宁，即日幸陈氏家，升堂垂询家世。将出，至中门，命即封之。谓陈氏曰：厥后非天子临幸，此门毋轻开也。由是陈氏遂永键其门。……

这段话，记叙的正是乾隆"汉人出身"的秘密。其实不单单是清代的文人们，后世的一些学者，也有人认为乾隆的真正身份是汉人，为海宁陈阁老所生之子。其中，影响力最大的，莫过于鸳鸯派大家许啸天所著的《清宫十三朝演义》。许啸天在书中说：乾隆皇帝原来是陈阁老的儿子，后来被雍正的妻子用调包计换了来。乾隆长大以后，从乳母嘴里知道了真相，便借南巡之名，去海宁探望亲生父母。但是这个时候，陈阁老夫妇早已谢世，乾隆只得到墓前，用黄幔遮住，行了做儿子的大礼。后来，随着《清宫十三朝演义》的风靡，乾隆是海宁陈阁老的说法，便为更多人所接受了。

乾隆到底是不是陈阁老的儿子？如果是，那么在重视血统的清代，他一个汉人怎么能够坐上龙椅？如果不是，那么空穴怎么能够来风？我们还是需要从这个传说看起。

在清代，海宁属于杭州府，是濒临海边的一个小县城。海宁地方虽小，但却因为气势磅礴的海潮而闻名于世。乾隆汉人说中的陈阁老，就是海宁人。

历史上，确有陈阁老其人，他是雍正与乾隆时代担任过山东巡抚与工部尚书的陈世倌。陈家是官宦世家，从明朝中期到晚清的三百年间，族人中举人、进士的高达二百多人。陈世倌在康熙年间就入朝为官，而且官儿是越做越大。

据说，陈世倌的官儿做大以后，与皇子胤禛往来密切。康熙五十年（1711），雍亲王与陈阁老各得了一个孩子，而且是同年同月同日同时。有一天，雍亲王让陈家把孩子抱入王府看看。可是，当送出来的时候，陈家老少目瞪口呆起来，因为自家的胖小子，居然变成了个小丫头。陈阁老掂量出此事性命攸关，便让全家忍气吞声，不能声张。而那个换入王府的胖小子，就是后来的乾隆皇帝。

这便是被后世人传得沸沸扬扬的"乾隆是汉人"说法，但是如果稍加分析，我们就会发现，这种说法实在是靠不住。

其一，雍正为什么要换孩子？有一种说法是，雍正当时没有生育能力，故而要抱养一个男婴。这个理由，实在不能自圆其说。康熙五十年（1711）的时候，还是雍亲王的胤禛只有30多岁，正当盛年。过去孩子难养，多有早夭，虽然胤禛早年出生的儿子中已有三人死去，但是弘时还健在。弘时是弘历的哥哥，这也就是说，胤禛当时已经有了儿子，何故还要换养别人的孩子？况且，在弘历之后，胤禛还有很多子女。康熙五十年（1711）八月弘历出生，而三个月后，胤禛的另外一个妾室又生下了一个女儿。可见，胤禛本人并没有问题，而他的妻妾又不断地在为他生儿育女。那么，他又有什么理由去抱养陈阁老家的孩子呢？

另外还有一个关键点，也值得注意。康熙五十年（1711）前后，胤禛非常忙。那个时候，康熙废除了皇太子，储位成了空缺，稍微有点野心的皇子都盯上了这个位子，胤禛自然也不例外。在这个节骨眼儿上，任何一位皇子犯了过错，就会被其他皇子抓住把柄。胤禛敢冒这个险，去做偷龙换凤的事吗？要知道，这可是关系到皇裔血统的大事，一旦事情败露，别说争储无望，他甚至还得丢掉王位。所以，他不敢这样做。

其二，据史料记载，弘历继位以后，对他的这位汉人"父亲"，实在不怎么样。陈家是官宦世家，族人多在朝中为官。清朝康雍乾盛世，陈家在京中历任尚书、侍郎以及在地方上任巡抚的就有好几位，可谓真正是名门望族。陈世倌的官也不小，乾隆时期，他曾任工部尚书授文渊阁大学士。后世曾有人说，陈世倌的这个"高官"，是乾隆特意照顾"父亲"的。可事实是，陈世倌任工部尚书没过多外，乾隆便以"错拟票签"的理由将其革职。仅革职还不算，乾隆甚至还在谕旨中说："自补授大学士以来，无参赞之能，多卑琐之节，纶扉重地，实不称职。"这些话，已经很是尖酸刻薄了。如果乾隆真是陈世倌的儿子，他能这样评价父亲？显然不会。

其三，传说中还曾说到，乾隆皇帝六下江南，有四次到海宁驻跸，并为陈家花园隅园改作安澜园，又赐陈家"爱日堂"与"春晖堂"两块匾额。很多人认为，这其中正是乾隆在暗报父母生育深恩。事实上，这种说法也不正确。

据学者考证，"爱日堂"匾额是康熙三十九年（1700）康熙皇帝应侍读学士陈元龙之请而写的。据说，当时陈元龙向康熙奏请，说自己父亲年纪大了，想请求皇上赐予墨宝。陈元龙这样做，无非是想报答父亲的养育深恩，那"爱日堂"三个字，就是最好的证明。由此我们知道，这"爱日堂"三个字根本就不是乾隆所写。

至于"春晖堂"的匾额，虽然是乾隆所写，但却是他在乾隆五十二年 (1787) 赐给陈彦邦的。陈彦邦的母亲守节四十一年，含辛茹苦将其养育成人。乾隆知道此事，感念陈母的大爱，故而书写了此匾，以褒扬黄氏对其子的慈母之恩。当然，这也与陈阁老家无关。

乾隆南巡的时候，的确住过陈阁老的家。钱塘江口海潮在乾隆二十五年 (1760) 以后，突然转趋北面的海宁。乾隆皇帝六下江南，其实是在考察海塘工程，海潮转趋海宁，他便也跟到了海宁。海宁陈氏是江南大族，世代高官，姻亲遍布官场。另外，陈家又有"盘根数百年"的古梅、"鸟语花笑"的隅园，这些对乾隆都很有吸引力。于是，在海宁之时，他便下榻陈家，养情冶性，顺道督察工程。

当然，对于改陈家隅园为安澜园，则纯属他一时兴起。他曾说过："则因近海塘，愿东海之安澜也。"他才是他改隅园为安澜园的本意吧！

由此种种，我们可以发现，乾隆为汉人的说法，实在是站不住脚。为什么会产生这种说法？最大的可能，是清朝那些反清文人根据一些蛛丝马迹，结合自己的想象，加工制造出来的。对于他们来说，如果乾隆是汉人，那么这对满清政权将会是一个极大的讽刺。

出生地之谜

对于"谜"，人们往往都很感兴趣，尤其是名人身上的谜团。乾隆皇帝是位名人，而且还是位身上有着很多谜团的名人。故而，后世之人总想去探寻他身上的秘密。

对于他的身份之谜，我们已经可以认定，他是海宁陈阁老之子的说话纯属子虚乌有。他的父亲是雍正，而母亲则是一个极为平凡的女人。这似乎是事实，但却又好像不是，因为关于他的出生地点，也是一个谜团。

据《清高宗实录》记载："高宗纯皇帝，讳弘历，世宗宪皇帝第四子也。母孝圣宪皇后，钮祜禄氏，原任四品典仪官，加封一等承恩公之女……以康熙五十年辛卯八月十三日子时，诞上于雍和宫邸。"这话说得很明白，乾隆皇帝弘历诞生于雍和宫。雍正皇帝没有继位之前，他的府邸叫雍亲王府，继位以后则叫作雍和宫。这也就是说，乾隆出生于雍亲王府。

乾隆也认为自己出生在雍亲王府。继位之后，他把父亲雍正的画像供奉在雍和宫的神御殿，派喇嘛每天念经。而他自己，则在每年的正月初七到雍和宫祭拜。

他还曾做过许多首诗表明自己确实出生在雍和宫。

他在乾隆四十五年（1780）曾经做过一首名为《圣制新正雍和宫瞻礼诗》，内容是这样的："雍和宫是跃龙地，大报恩宜转法轮。例以新正虔礼佛，因每初地倍思亲。禅枝忍草青含玉，象阙蜂坛积白云。十二幼龄才离此，讶令瞥眼七旬人。"这首诗所阐述的内容，正是他出生于雍和宫，每次来礼佛时，都会加倍思念亲人。

乾隆五十年（1785）正月初七，他又来到雍和宫祭拜，再次做诗："首岁跃龙邸，年年礼必行。故宫开諕荡，净域本光明。书室聊成憩，经编无暇横。来瞻值人日，吾亦念初生。"据晋朝人董勋《答问礼俗说》记载："正月一日为鸡，二日为狗，三日为猪，四日为羊，五日为牛，六日为马，七日为人。"所谓"人日"，正是古人对正月初七的叫法。那么这首诗的意思就显而易见了，是说他每年都会到这里（雍和宫）行礼，感念自己出生在这里。

乾隆五十四年（1789）正月初七日，已经79岁的乾隆又作《新正雍和宫瞻礼》诗云："岂期莅政忽焉老，尚忆生初于是孩。"他不但写诗证明自己出生于雍和宫，还生怕别人看不懂，又在下面加了自注："予以康熙辛卯生于是宫，至十二岁始蒙皇祖养育宫中。"

乾隆六十年（1795），他做《御瞻礼示诸皇子诗》："跃龙池自我生初，七岁从师始读书。廿五登基考承命，六旬归政祖钦予，月长日引勖无逸，物阜民安愧有余。深信天恩锡符望，永言题壁示听诸。"在这首诗中，第一句话"跃龙池自我生初"，就是他在强调自己的出生地点，是在雍和宫。

事实上，关于这类强调自己出生地点的诗，他还做了不少。问题是，他为什么要"强调"自己出生在雍和宫？这个道理就很简单了，有些人怀疑他不是出生在雍和宫，而且这种传言还传到了他的耳朵里。他为了打消那些关于自己出生地的流言蜚语，故而一次又一次地写诗强调自己确实出生在雍和宫。这虽然有些"此地无银三百两"的意味，但却也反映出了他内心的不安。因为，出生地同他的身世息息相关，出生地点如果不是在雍和宫，那么他的"母亲"，还是不是原来的"母亲"？

乾隆如果不是出生于雍和宫，那么到底出生于哪里？最有争议的一种说法是，乾隆出生于承德避暑山庄。

最早提出乾隆出生于避暑山庄的是一位叫管世铭的官员，他在乾隆晚年任职军机章京。他曾随乾隆一起去避暑山庄木兰围场秋狝，后来写了一部《韫山堂诗集》，其中《扈跸秋狝纪事三十四首》的第四首这样写道："庆善祥开华渚虹，降生犹忆旧时宫。年年讳日行香去，狮子园边感圣衷。"写完之后，他还在这首诗旁边做了诗注："狮子园为皇上降生之地，常于宪庙忌辰临驻。"他在这首诗中明确表示，狮子园是皇上（乾隆）的诞生地，因此皇上常在先帝雍正驾崩的日子，也就是八月二十三日，到这里小住几天，追思先帝。

狮子园是承德避暑山庄外的一座园林，因为其背后有一座形状像狮子的山峰而得名。管世铭说乾隆诞生于狮子园，那无疑就是承德避暑山庄了。早在康熙年间，康熙每年都会到木兰围场秋猎，更喜欢带着文武大臣和皇子们一同前往。当年，雍正皇帝作为皇子，也经常随驾来到承德避暑山庄。而这个狮子园，便是雍亲王一家在热河的住处。所以，有很多人认为乾隆皇帝出生于承德避暑山庄的狮子园。

别人说的话或许并不可信，但是这个管世铭说的话，却有一定的分量。管世铭字缄若，也称"韫山先生"，是江苏武进人。他是乾隆四十三年（1778）的进士，后来以户部主事的身份入值军机处。乾隆六十年（1795）他任浙江道监察御史，不过仍在军机处供职。嘉庆三年（1798年），他因病去世。虽然这个人的官品不高，但却任职军机章京长达十几年。另外，他还和当朝元老首席军机大臣阿桂来往密切，据说阿桂特别倚重他，视其为左右手。这样的特殊身份，使他有了解内廷掌故和宫闱秘闻的管道。当然，最重要的一点是，他曾多次随乾隆一起到木兰围场秋狝，故而比较熟悉乾隆在避暑山庄的起居行止。

乾隆年间，文字狱大兴，管世铭只是一个不大不小的官员，他敢写当朝皇帝，自然是有所根据的。谁都知道，在文字狱大兴的时代，稍有不慎，便会有株连之祸。所以总的来说，管世铭这个人的话，还是有一定可信度的。

事实上，康熙晚年驻跸避暑山庄，曾多次亲临狮子园，与雍亲王一家团聚。历史上康熙、雍正、乾隆三代皇帝的相聚，正是在狮子园。这虽然说明不了什么，但却也道出了，狮子园对于乾隆的意义非同一般。

乾隆出生于承德避暑山庄的说法，在当时流传甚广。可想而知，如果仅仅只是管世铭一个人在说，绝对不会有那么大的影响力。那么还有谁在说？当然还有很多人，其中影响最大的一个人，当属嘉庆。嘉庆可是乾隆的亲生儿子，连他也这么说，那么这件事的可能性就更大了。

我们来看看嘉庆是怎么说的。

乾隆六十年（1795），乾隆帝宣布皇十五子颙琰为皇太子。第二年元旦，乾隆帝禅位，做了太上皇，而皇太子则正式继位，即嘉庆。嘉庆元年（1796）八月十三日，乾隆首次作为太上皇，在承德避暑山庄过万万寿节，庆祝自己的86岁大寿。古时皇帝生日，是万寿节，而太上皇生日则称之为万万寿节。在这次生日宴会上，嘉庆作了一首名为《万万寿节率王公大臣等行礼庆贺礼恭记》的诗，用以向乾隆祝寿，其中有两句是这么说的："肇建山庄辛卯年，寿同无量庆因缘。"这两句诗倒没有什么，不过他在下面又加了几句诗注，却道出了乾隆的出生地："乾隆辛卯肇建山庄，皇父以是年诞生都福之庭。山符仁寿，京垓亿秭，绵算循环，以怙冒奕祀，此中因缘，不可思议。"什么意思是呢？嘉庆帝后来又解释说：康熙辛卯年（康熙五十年），皇祖康熙题写了"避暑山庄"的匾额，而恰巧这一年，皇父乾隆也降生于避暑山庄。这是多么巧合，又不可思议的因缘啊!

嘉庆二年（1797 年），身为太上皇的乾隆又到避暑山庄过生日，嘉庆帝随侍，再次作《万万寿节率王公大臣等行庆贺礼恭记》祝寿。这一次，他在诗文的诗注中，再次道出了乾隆出生于避暑山庄："敬惟皇父以辛卯岁，诞生于山庄都福之庭。跃龙兴庆，集瑞钟祥。"

如果说管世铭弄错了，那还情有可原，再怎么说，他毕竟是个臣子，是个外人，不可能把帝王家事弄得一清二楚。可是，嘉庆帝总不至于弄错了吧，他可是乾隆最钟爱的儿子。如果连嘉庆都把父亲的出生地点弄错了，那么这事情才真有些不可思议。而事实是，嘉庆帝一而再，再而三地表示，他的父亲乾隆出生于避暑山庄。

直到今天，承德避暑山庄中还有一件文物，就是紫檀木雕盆托上放着一只铜盆。这只铜盆存放于法轮殿后、五百罗汉山前，保存极好。据说，这只铜盆是乾隆出生后第三天用于洗澡的"洗三盆"。如果这件文物的作用真是如此，那么乾隆显然出生于承德避暑山庄。

事情发展到这里，已经很有些扑朔迷离的意味了。作为当事人的乾隆皇帝，一直认为自己出生于京城雍亲王府。但是，他的一个大臣和一个儿子，却认为他出生于承德避暑山庄。当然，这一个大臣和一个儿子，只是这种说法的代表人物。这也就是说，还有很多人认为乾隆出生于承德避暑山庄。双方说得似乎都有理有据，当然，一个人不可能出生于两个地方。那么，真相到底如何？

枝节横生

乾隆帝一直认为自己出于雍和宫，而嘉庆帝却认为皇父出生于承德避暑山庄的狮子园。这两种说法，到底哪种才是真相？

关于乾隆出生地的问题，后来还是出现了转机，而这个转机则出现于嘉庆帝身上。继位十几年后，嘉庆帝主动放弃了皇父乾隆出生于避暑山庄的说法，而认同其"诞生于雍和宫"的说法。那么，到底是什么促使嘉庆帝放弃了皇父乾隆出生于承德避暑山庄的说法呢？

原来，清朝的每一位皇帝即位以后，都要为先帝纂修《实录》和《圣训》。这两本书的主要作用，是宣扬先皇帝的功绩和巡视语录。嘉庆帝自然也不例外，他亲政之后，便命人着手编修《清高宗实录》和《清高宗圣训》。

嘉庆十二年（1807），这两本书编修完成。嘉庆帝在审阅书稿的时候，发现在《清高宗实录》和《清高宗圣训》中，都把皇父乾隆的出生地点写成了雍和宫，而他却一直认为皇父出生于承德避暑山庄。这是怎么回事？带着疑问，他命令编修大臣认真核查此事。对于这件事，史实中有确切的记载。工部左侍郎英和曾在《恩福堂笔记》中记录了此事："丁卯岁实录馆进呈《圣训》，首载'诞圣'一条，仁庙即以为疑，饬馆臣覆。"

所谓"丁卯"，指的是嘉庆十二年（1807）；"仁庙"，指的是嘉庆皇帝。英和这个人，曾在南书房里工作过，又当过翰林院的学士，所以对于这件事的来龙去脉比较清楚。他的这段话是说，史官们在编修《清高宗实录》和《清高宗圣训》的时候，把乾隆皇帝的出生地弄错了，这让嘉庆皇帝产生了怀疑，于是让人彻查此事。

据英和记载，当时负责调查此事的人是刘凤诰。刘凤诰是乾隆五十四年（1789）的进士，于嘉庆四年（1799）开始编修这两部书。直至嘉庆十二年（1807）这两部书编修完成，刘凤诰已经升任为副总裁官了。把先皇帝的诞生地弄错，如果调查属实的话，那么问题就大了。刘凤诰不敢怠慢，立即着手调查。

调查？怎么调查？乾隆出生于康熙五十年（1711），到嘉庆十二年（1807），已经隔了近一百年。从人的身上调查，显然不大可能，那么就只能从"物"上调查。而所谓的"物"，只能是一些文字记录了。

很快，刘凤诰查出了一些乾隆当年写的诗。凡是乾隆说自己出生在雍和宫的诗，他都做上记号，送给嘉庆帝审阅。对于这件事，英和也有记载：

> 经刘金门少宰凤诰奏，本圣制《雍和宫诗》，将圣集夹签进呈，上（嘉庆帝）意始解。而圣制诗注谓："予实于康熙辛卯生于是宫也。"则知"狮子园说"其讹传久矣。

如果说之前只是怀疑史官编修有误的话，那么如今看到这些"证据"，嘉庆帝就绝对是震惊了。这个时候，他才感觉到事情的严重。嘉庆这个人，一向非常惧怕皇父乾隆。乾隆在位时，他是唯唯诺诺，不敢有丝毫拂逆之意；乾隆禅位做了太上皇，他更是恭恭敬敬，从来没有过半点不敬。这个时候，虽然乾隆已经死了将近十年，但是嘉庆猛然发现自己"忤逆"了皇父的意思，仍然是非常不安。于是，他做了一个孝顺儿子应该做的事，放弃了皇父出生在承德避暑山庄狮子园的说法，而认同其出生于雍和宫的说法。

很快，他谕示编修人员，确定了《清高宗实录》以及《清高宗圣训》中乾隆皇帝准确的出生地点，即北京雍和宫。

不管乾隆皇帝是不是真的出生在雍和宫，但那都无关紧要了。重要的是，乾隆声称自己出生于雍和宫，他的儿子嘉庆皇帝也更正了自己的"错误"，同意了皇父出生于雍和宫的说法。照理说，这件事就此应该告一段落，不应该存在太多争议了。但事实是，关于乾隆出生地的争议并未就此完结。

为什么？出了什么事？原因还是在嘉庆皇帝身上。嘉庆皇帝这个人，才能平庸，做事的方式更是有些欠缺。关于乾隆出生地的问题，正是因为他做事虎头蛇尾的毛病，导致后来出了状况。他既然确定了康熙出生于北京雍和宫，就应该诏告天下，让满朝大臣及天下百姓俱都知晓。可是，刘凤诰上奏了此事后，他只是谕示编修人员，确定了乾隆出生地的"正确"说法，而并没有明降谕旨，更正这件事。这也就是说，乾隆出生于雍和宫的说法，只有极少数参与编修《清高宗实录》的大臣知道，而其他大臣却并不知道这个钦定的结论。更为重要的是，嘉庆皇帝也没有降下谕旨，修正嘉庆八年（1803）刊印成书的《清仁宗御制诗文初集》。在这部诗集里面，嘉庆皇帝有好几首诗，都说乾隆皇帝出生于承德避暑山庄狮子园。这使得很多人，都还认为乾隆皇帝就是出生于避暑山庄。

直到一桩震动朝野的"嘉庆遗诏风波"，因为这件事而愈演愈烈。

事情的起因，还要从刘凤诰身上说起。刘凤诰因为调查清楚乾隆出生地之谜，得到了嘉庆皇帝的赏识。《清高宗实录》及《清高宗圣训》等书编修完成后，他被嘉庆皇帝加赏为太子少保，其他几位编修官员如庆桂、董诰、曹振镛等人也得到了眷顾，升了官职。

可是，官场没有太平路。嘉庆十四年（1809），刘凤诰在充任江南乡试正考官和浙江学政时，终日酣饮，接受贿赂，透露试题，甚至引起江南考生闹事。他的这些所作所为，终于遭到了御史的弹劾。于是，嘉庆皇帝派遣户部侍郎托津等人前往查办。

托津等人经过调查，发现御史弹劾的情况属实，于是便据实上奏。嘉庆皇帝一怒之下，便将刘凤诰发配到黑龙江充军。这一发配，便是四年，直到嘉庆十八年（1813），他才被恩释回籍。虽然回来了，但自此之后，他的官运一直不济。后来，嘉庆皇帝念在他编修《清高宗实录》的功劳，又把他调到了北京，赏了他一个翰林编修的职位，算是安慰。这个官职，已经是极限了，他根本就无法再一路高升。

与之相反，当初负责查办刘凤诰一案的托津等人，却在不断高升。尤其是托津，到了嘉庆后期，已经官至大学士的高位。

可以说，刘凤诰的官运，是他自己一手造成的，咎由自取，谁也怪不了。可是，官场失意的刘凤诰，看着托津等人步步高升，忌妒之火腾地一下蹿了起来。他甚至认为，如果不是托津，自己也许早已位极人臣。他把自己的官场失意，归咎于托津，因此心怀怨恨。

因为有恨，所以他要伺机报复。

机会终于来了。嘉庆二十五年（1820）七月二十五日，嘉庆皇帝突然猝死于承德避暑山庄。皇帝猝死在外，很多问题就来了，其中最关键的问题就是继承人问题。谁来继承皇位？嘉庆皇帝死前并未明确指出，他虽然写了遗诏，但那份遗诏却藏于北京乾清宫"正大光明"的匾额之后，外人根本无法得知。这怎么办？国不可一日无君，谁来继承？于是，随行的王公大臣开始了集体讨论。

据史料显示，大臣们在意见上产生了分歧。以宗室亲王禧恩为首的一方认为，皇帝嫡后所生的二阿哥旻宁是正统，而且嘉庆十八年紫禁城里大乱他平乱为功，得到"智亲王"的嘉号，嘉庆皇帝生前也十分喜欢这个孩子，故而应该拥旻宁继位。禧恩看透了嘉庆皇帝的心思，认为他肯会立旻宁为储，故而有了这个提议。不过，他的这个提议却遭到了首席军机大臣托津等人的反对。托津认为，二阿哥固然是智勇双全，众望所归，能够继承大统。但是，这个时候却无法继位。原因是，大家都还没有见到嘉庆皇帝的遗诏，万一先皇钦点的继承人不是二阿哥，那该如何善后？托津的分析，可谓入情入理，完全是从大局着想，众大臣听得是一致点头。可是，因为这番话，托津却得罪了一个人，那就是二阿哥旻宁。

二阿哥旻宁就是后来的道光皇帝。乾清宫匾额后金匣中封藏的继承人名，果然是二阿哥旻宁，于是他便理所当然地成了新皇帝。可是一想起在避暑山庄发生的事，他心里就不舒服。因为以托津为首的那几个人，反对他实时继位为帝。他在心里，开始厌恶托津等人起来。

道光皇帝在运送嘉庆皇帝的棺木返回京城时，命令军机大臣们写了一份嘉庆皇帝的"遗诏"。鬼使神差，以托津为首的拟稿人，竟然在"遗诏"上多加了一句，点明了乾隆的出生地，而这个出生地偏偏被写成了承德避暑山庄。其实这也难怪，当年嘉庆皇帝虽然更正了自己的"错误"，但却没有昭告天下，托津等人不知道，也在情理之中。

只是，这个也在"情理之中"的错误，却偏偏被刘凤诰发现了，而刘凤诰却偏偏对托津等人心存怨恨。如此天赐良机，岂能不用？

于是，刘凤诰便向曹振镛进言，让其借此事打压政敌。曹振镛是谁？他能听刘凤诰的？曹振镛也是当年的编修官员之一，后来做到了体仁阁大学士，管工部，但却一直没能入值军机处。在清代，大学士官品虽高，但却没有实权，实权掌握在军机大臣手中。内阁大学士兼军机大臣，才相当于宰相的权位。所以曹振镛非常忌妒托津等人，因嫉而生了恨。故而他也一直在寻找机会，想要搬掉托津等实权派，自己取而代之。刘凤诰的进言，其实就是一次机会。

于是，当道光皇帝抵达北京之后，曹振镛就向他指出了"遗诏"中的严重错误。怕新皇帝不相信，曹振镛甚至还搬出了《清高宗实录》作为证据。

这一下，由不得道光皇帝不相信了。他本来就对托津等人心存不满，现在正好有了正当的理由。于是，他便要托津等人解释，这到底是怎么回事。托津当然也有理由，他回复新皇帝，他们拟定这道"遗诏"的时候，参考的是先皇所写的《清仁宗御制诗文初集》。上面有两首诗，是当年嘉庆皇帝在太上皇乾隆驾崩前两年所写的祝寿诗，诗下还有诗注。

这样的解释原本也很合理，但道光皇帝一心想要治他们的罪，便说他们"实属巧辩"。因为嘉庆皇帝所说的"都福之庭"语意是"泛言山庄"，"并无诞降山庄之意"，而乾隆《御制诗》久经颁行天下，"不得诿为未读"。借着这个因，道光皇帝一道谕下，托津等人便被逐出了军机处，自此告老还乡。而曹振镛等人，则由此掌握军机大权。

这便是"嘉庆遗诏风波"的始末。此事之后，道光皇帝便下了谕旨，把嘉庆皇帝的御制诗注与遗诏都作了修改，内容统一地都写成了乾隆出生于北京雍和宫。事情到此，好像真的告一段落了。

最后的真相

"嘉庆遗诏风波"一事之后，清朝官方与宫廷文书上有关乾隆出生地的问题，都得到了彻底的修正。乾隆皇帝出生于北京雍和宫，这次似乎成了真正的事实。

但是，民间关于乾隆出生地的流言，却并没有因为文字的更改而中止，似乎愈演愈烈。尤其是到了清朝末年，种种反满反清势力的兴起，这件事更成了一个靶子，被人打得百孔千疮。之所以会这样，原因很简单：乾隆出生地的问题，牵扯到他生母的问题，而生母问题又牵扯到血统问题。乾隆是贫贱的汉家女所生？是丫头所生？还是海宁陈氏所生？这些都与出生地有关。可以说，出生地关乎乾隆的血统问题，自然也关乎他这一支子孙的血统问题。如果乾隆血统不正，那么他这一支的子孙，便也得位不正。因此，反清人士便有了借口。

其实这些，才是这个谜团产生的根本原因。

那么，乾隆皇帝到底出生在什么地方？通过史料，我们能得出正确的结论吗？

如果从皇家的角度来看，乾隆皇帝认为自己出生于北京雍和宫，他的说法还是比较可信的。而他的儿子嘉庆皇帝，却在自己的诗文注释中说："康熙辛卯肇建山庄，皇父以是年诞生都福之庭……"根据史料记载，他的这首诗本身就很有问题。第一，他说承德山庄"肇建"于"康熙辛卯"，这点就与史实不符。为什么？因为史料中有明确记载，承德避暑山庄"肇建"的时间是康熙四十二年（1703），而不是康熙五十年（1711）辛卯。所以避暑山庄的"肇建"和乾隆的出生，根本就相差了八年之久，而不是同一年。

第二，诗文中还说"此中因缘不可思议"。既然山庄"肇建"与乾隆出生并非在同一年，那么"此中因缘"自然也就不足为道了。不过，嘉庆笔中的"因缘"，是不是指别的事呢？后世有学者认为，嘉庆笔中的"因缘"，应该是指康熙、雍正、乾隆三代帝王欢聚于避暑山庄狮子园。当日在狮子园，康熙皇帝见到了这个乖巧的孙子，极为喜欢，称赞其日后可登大宝。相反，如果乾隆是避暑山庄中的汉人女子所生，那么康熙还会喜欢这个孙子吗？答案是否定的！因为康熙一生推崇朱熹学说，很重视道德形象。如果乾隆真是雍正一时兴起，在行宫中与汉人女子媾和生下的孩子，那么康熙必定不喜。如果是这样，那么"不可思议的因缘"，自然也不能发生了。

其实通过以上两点，我们可以得出这样一个结论：嘉庆当初写这首诗的时候，一心只是想着要讨好太上皇，作诗只是信手拈来，根本就没有经过深思熟虑，故而模棱两可的诗文引起了人们的无端揣测。

帝王之家，皇子们都应该饱读诗书，嘉庆皇帝身为皇子，怎么能犯这样低级的错误呢？这其实是与嘉庆的性格有极大的关系。据史料记载，嘉庆皇帝为皇子之时，"治默持重"，喜怒不形于色，性格上较为内向。他自幼喜欢读书，13岁即通五经，"上下三千年，治迹一目了然"。正因为这样，他才会被乾隆皇帝指定为接班人。

喜欢读书虽然很好，可是如果太沉湎于读书，那反而又会成为书呆子了。嘉庆就是这样一个人，读书读得有些"呆气"了。据说，他在被密定为储君两年后大婚，可是还是"日居书屋，惟究心治法源流，古今得失，寒暑无间"。他完全钻到书本里去了，整天尚友古人，而对书本之外的东西却知之甚少。对于皇父乾隆的出生地，他或许听说过一些传闻，但却从来没有深究。更或许，他听到传闻是什么，便就信以为真了。所以，他成为皇帝之后，写的那两首贺寿诗有些问题，也就不足为奇了。

其实在写贺寿诗的时候，他已经30多岁了，已经有了自己的思想与主见。可想而知，如果他早已知道乾隆曾多少强调自己出生于雍和宫，又何必妄生枝节呢？那样做，岂非是搬起石头砸自己的脚？他根本就是什么都不知道，完全凭借着"书生"的呆气行事。

所以，他在了解到乾隆曾经写诗强调自己出生于雍和宫之后，赶紧改了口。至于改了口却又没有把事情做圆了，还留下了"后遗症"这事，这也与他的性格有关。可以说，乾隆出生于"承德避暑山庄狮子园"这种说法的流传，与嘉庆皇帝这个人有很大的关系。他的性格原因，直接导致了这种说法的泛滥。正因为如此，此种说法才更是不足以信。

我们还可以从当时的时代背景来考虑。康熙、雍正、乾隆三代，在清王朝最为繁华的时代，繁华背后，统治者必定更为注重自己的皇家威严。可是，我们却能够看到，乾隆皇帝只是作过几首诗来为自己辟谣，其余的什么也没有做。这说明了什么？这说明了，他对这件事，原本也不怎么重视。他只是听到了一些传言，于是便作了几首诗来澄清此事。其实，以他的皇帝之尊，他完全可以颁下一道谕旨，让大臣和百姓全都改口。但是，他却并没有这样做，唯一的解释就是，他并不怎么重视。

其实，不止是乾隆不重视此事，大臣们也并不重视这件事。如果大臣们重视，那么管世铭就不会写诗说乾隆出生于避暑山庄的狮子园。因为后来乾隆的诗摆在那里，他同皇帝说得不一致，不应获罪吗？事实上是，他的说法虽然同乾隆的说法不一样，但却并未因此获罪，而他自己也并未改口。由此看来，这件事在当时根本就不算什么。因为乾隆皇帝包括大臣们都不重视此事，那也更说明了，乾隆确确实实是出生于雍和宫。流言止于智者，他们都知道，不用多加解释，流言必定能够慢慢消弭。

当然了，还有嘉庆皇帝。当嘉庆知道自己的诗作同皇父乾隆的描述有出入后，迅速更正了自己的说法。但是，他却并没有下旨，更正所有有关乾隆出于承德避暑山庄狮子园的描述。这固然是嘉庆的疏忽，但我们也能够从这里看到，嘉庆其实也并不是十分重视这件事。否则，以他对乾隆的尊重，肯定会大张旗鼓地谕令天下尽皆更正。

至于道光皇帝以此大做文章，那就属于借题发挥了。道光皇帝的真正用意，在于借此铲除自己不喜欢的大臣，是纯粹的政治斗争。至于乾隆到底是出生于雍和宫还是狮子园，道光皇帝想必也未认真考虑。

总而言之，虽然乾隆皇帝的出生地点，有着一些不同的说法。但是，将这些说法综合起来，我们就会发现，其中最为可信的说法，其实还是乾隆自己所说，他出生于北京城的雍和宫。因为历史资料无据可考，而最接近历史真相的人，则是乾隆自己。

乾隆皇帝，出生于北京雍和宫。

第二章 ／ 新皇登基

两个伟大人物

康熙皇帝一生多子，孙子更多。据史料显示，康熙死的时候，他的孙子达到了近百个。这么多个孙子，即便排成队从他身边慢慢走过，也要走上好一会儿。所以，弘历小的时候，根本就不曾被康熙注意。

虽然并不引人瞩目，但这并不能掩饰他的聪明。可以说，少年的弘历，几乎完全继承了皇祖康熙的特质，聪明、能干、坚韧、好学。据说，他5岁的时候就能够自己读书了，并常常以此为乐。

相比皇祖康熙，幼时弘历的生活要快乐得多。那个时候，他只是皇帝孙子的身份，虽然尊贵，但要求却并不特别苛刻。他有一个能干的父亲，还有一个疼爱自己的母亲，更有好几个兄弟姐妹。比起康熙当年的孤单，他的幼年生活显然更加多姿多彩。

这样的良好环境，使聪明好学的弘历身心都得到了极好的发展。他的父亲雍亲王十分喜爱他，经常带他一起游玩。

6 岁的时候，他随同父亲雍亲王一起去过承德避暑山庄。雍亲王去避暑山庄，自然是以皇子的身份随侍康熙。虽然同在避暑山庄，但是那时候康熙却根本不曾留意过这个孙子。康熙很忙，每天除了打猎之外，便是忙于处理国家政事。他的精力非常有限，不愿意被琐事缠身。所以，虽然弘历在避暑山庄待了很长时间，但却一次也没有见过康熙。

当然，康熙也一直没有机会见到这个孙子。

事实上，直到康熙六十一年（1722），康熙皇帝和后来的乾隆皇帝，这两位爱新觉罗家族最伟大的人物，才在圆明园首次会面。当时弘历仅仅只有 12 岁，他还不知道这次偶然的会面对于自己，乃至整个国家，将会产生多么重大的影响。

康熙六十一年（1722）的春天来得比较早，圆明园牡丹台前大片大片的牡丹花开得娇艳欲滴。这是康熙皇帝生命中最后一个春天，他的精力旺盛得有些过分。所以，当雍亲王提出请皇父来家中欣赏牡丹花开的时候，康熙欣然应允。人老了，看看花赏赏景，总比每天面对奏章要舒服得多。

康熙很愿意到皇四子胤禛（雍亲王）家里坐坐，放松放松心情。自从皇太子胤礽被废之后，他看着身边的皇子们一个个明争暗斗，感觉十分反感。那些皇子们似乎都继承了他的聪明，所以争斗手段层出不穷，甚至是无所不用其极。他很失望，觉得亲兄弟之间不应该如此，但是却屡禁不止。他发现，这么多皇子中，只有四阿哥做得特别好。四阿哥从来没有表现出对皇位的特别渴望，也似乎没有参与任何与竞争储位有关的阴谋。其他皇子互掐互咬的时候，四阿哥却坐在书斋中修身养性，精研佛法。康熙时常会想：如果其他皇子也能像四阿哥一样，那该有多好！

四阿哥胤禛不喜欢争斗，那么是不是能力不足呢？也不是！康熙也曾经给过四阿哥一些任务，但是无论难度有多大，他都能完成得极为出色。因此，康熙心中对这个老四极为赞赏。

也正是因为此，所以康熙才愿意到四阿哥家中坐坐，享受一种没有钩心斗角的天伦之乐。据《清圣祖实录》记载，康熙晚年的时候，共临幸过四子胤禛的赐园圆明园十一次之多。除了胤祉之外，其他皇子都没有享受到过这样的恩宠。康熙喜欢这种在圆明园中游玩的感觉，没有国家大事等待处理，没有皇子们的钩心斗角，有的只是一种安详和平和。

皇帝也是人，尤其是一个年迈的皇帝。

康熙六十一年（1722）三月十二日傍晚，康熙应邀来到牡丹台。孝顺的雍亲王早就布置好了一切，牡丹花盛开正艳，牡丹台上酒香正浓。雍亲王躬身侍候在旁，康熙心怀大畅。

酒酣耳热之际，皇帝与皇子的身份都有了回归，皇帝回归成了父亲，皇子回归成了儿子。父亲与儿子在一起聊天，气氛就融洽得多了。闲聊中，雍亲王"无意"中提起："父皇，您的两个孙子自从生下来，还一直没有机会见到圣颜呢？"

康熙心情正好，于是便随口答道："好啊！上次朕听大臣们说，你有个儿子书读得不错。这次，正好也让朕见见孙儿。"

于是，雍亲王的两个儿子见到了康熙皇帝。

于是，康熙也见到了弘历。

康熙看到的只有弘历，因为雍亲王的第五子弘昼并没有给他留下太深的印象。但是弘历，却给他留下了深刻的印象。12岁的弘历相当与众不同，身材颀长，容貌清秀。最特别的是，他的两只眼睛很有灵气，不停地闪烁着智慧的光芒。康熙一生阅人无数，所以打从第一眼起，他就发现这个文静的孩子很特别。尤其是，当这个孩子行礼的时候，完全没有一般皇孙见到自己时的慌乱，他的一举一动既敏捷得体，又不慌不忙，非常从容。从这个孩子身上，康熙找回了自己当年的影子。

所以，康熙忽略了弘昼，只把弘历招到了自己身边，考问起了他的功课。这一考问，更是让他大喜过望，因为弘历的书读得极好，而且才思敏捷，应对得体。观赏牡丹的喜悦，没有这个喜悦来得更真实，因为他发现了一个最为出色的皇孙。他如今的心情，就像是一个爱玉之人发现了一块最完美的美玉。

几天之后，康熙派人到圆明园，向雍亲王索要了弘历的"八字"，说要亲阅。所谓"八字"，也叫四柱，是从历法查出的天干地支八个字，用天干地支表示人出生的年、月、日、时，合起来就是八个字。康熙要弘历的"八字"做什么？没有人敢问，雍亲王也不敢。

只是几天之后，康熙再次驾临圆明园。这一次，他来的主要目的不是游园赏花，而是向雍亲王要一个人。什么人？自然是弘历了。他要将弘历带回宫中养育。至于他为什么这么做，还是没有人敢问。

不过，雍亲王胤禛应该知道。很多历史学家都说，康熙六十一年（1722）三月份，雍亲王之所以会邀请康熙到圆明园赏牡丹，其真正的目的就是想要把弘历介绍给康熙。胤禛的城府极深，他并非真的不想争储，只是比其他阿哥更为精明，更明白康熙的心思。他知道，皇父康熙不喜欢皇家内乱，不喜欢兄弟之间反目，所以竞争储位的最佳方法，就是不去竞争。只有这样，才能赢得皇父的欢心。

但是胤禛也知道，自己不能真的什么也不做，那样太被动了。可是做什么呢？他把自己的儿子弘历，介绍给了康熙。我们说过，胤禛极为了解康熙，知道自己的父亲究竟喜欢什么。同时，他也明白自己的儿子弘历很优秀，必定会让康熙喜欢。

于是，他便精心策划了一场别开生面的"见面会"，让康熙同弘历见了面。

结果是，他的计划非常成功，康熙皇帝很喜欢弘历，并将其带在了身边。

姑且不论这件事的真相是否如此，虽然很多史料中都有明确记载这件事，但是胤禛的真实想法，却不会录于文字。这些只能通过后人的分析，然后再得出结论。在这件事中，我们还可以看到一个事实，那就是少年弘历确实非常优秀。康熙是一位伟大的帝王，仅仅通过一次会面，就让一个伟大帝王喜欢的人，能不优秀吗？

贵富天成

八字推命是以一个人出生的年、月、日、时为基点，按照中国传统的天干地支进行计数的方法，排出当时天干与地支构成的一个八字组合，从而推算出人生发展的结果。虽然在今天看来，八字推命是彻头彻尾的迷信。可是在过去，人们却非常相信八字算命。有些时候，八字推命甚至能够"改变历史"。

这种迷信当然没有这么大的功效，关键是那些相信迷信的人。康熙六十一年（1722），康熙皇帝在见过少年弘历一面之后，向雍亲王胤禛要了弘历的生辰八字。他要生辰八字，就是用做"推命"之用。康熙皇帝虽然有着极为丰富的学识，甚至还懂得很多西方科学知识，但是他的骨子里还是有着很浓重的迷信思想。从第一眼起，他就觉得皇孙弘历非常出色，不过他还是有些不放心，想要找算命先生算算这个孩子的命格。

一代圣君康熙皇帝会找算命先生？

会的。事实上，他还不止一次找过。《掌故丛编·年羹尧折》中记载了这样一年事：康熙六十年（1721）六月，四川总督年羹尧入京办事，康熙一时兴起，让他找京城有名的算命先生罗瞎子推算某事。年羹尧一向不相信这些，加之正好有病在身，就没有去找这个算命先生。康熙知道这件事后，对年羹尧说："此人原有不老诚，但占得还算他好。"这说明，康熙曾经"光顾"过这位罗瞎子的生意，而且还认为他占卜不错。

那么这一次，康熙找算命先生为弘历推命，结果到底如何呢？康熙的态度，已经表明了一切，他亲自去圆明园把这个孙子接到宫中养育。看来，弘历的命格真是不错。1929年故宫博物院文献馆首批公布的内阁大库档案中，有乾隆生辰八字及康熙六十一年（1722）时人的批语。从这些资料中，乾隆的命格一览无余，我们来看：

乾隆八字：

辛卯（康熙五十年）

丁酉（八月）

庚午（十三日）

丙子（子时）。

庚金生于仲秋，阳刃之格。金遇旺乡，重重带劫，用火为奇最美。时干透煞，乃为火焰秋金，铸作剑锋之器。格局清奇，生成富贵，福禄天然。地支子、午、卯、酉，身居沐浴，最喜逢冲，又美伤官，驾煞反成大格。

书云：子午酉卯成大格，文武经邦，为人聪秀，作事能为。连运行乙未，甲午，癸巳。身旺，泄制为奇，俱以为美。

此命贵富天然，这是不用说。占得性情异常，聪明秀气出众，为人仁孝，学必文武精微。幼岁总见浮灾，并不妨碍。运交十六岁为之得运，该当身健，诸事遂心，志向更佳。命中看得妻星最贤最能，子息极多，寿元高厚。柱中四正成格祯祥，别的不用问。

乾隆的八字很容易明白，那其实就是他出生的年、月、日、时。但是，八字后面的那些批语，可就有些让人费解了。很明显，那些批语是算命先生写的。中国古代的命相之理，有一套固定的推算方法，由此推算出人的命运。那些批语，正是"算"出了乾隆的命运。按命相理论，乾隆八字，天干是庚辛丙丁，火焰秋金，是天赋很厚的强势命造；地支子午卯酉，局全四正，男命得之，必然大富大贵。所以，乾隆的八字让算命先生得出了这样一个结论：此命贵富天然。

而这些，也许正是康熙将弘历接到宫中养育的原因。弘历的出色和"好命"，让康熙非常欣喜，有意无意之中，他想为大清王朝培养接班人。

在康熙年间，皇孙被接到宫中养育的事并不多见。据史料显示，在弘历之前，近百个孙子中，只有太子长子弘皙曾经被康熙"养育宫中"。康熙将弘皙接到宫中养育，至少考虑了两点：一是这个孩子是皇太子的长子（其时皇太子胤礽还未被废），二是这个孩子也极为出色。康熙晚年，曾经两立两废皇太子，之所以废完又立，其中有一个很重要的因素，就是割舍不下这个出色的皇孙。其实在潜意识中，他是把这个皇孙当作了国之储君来培养。康熙对弘皙的态度，很多大臣都看得出来，包括外国使臣。据《朝鲜李朝实录》记载，当年有朝鲜使臣在京城耳闻了这一切，所以回国后向国王汇报说："或云太子之子甚贤，故不忍立他子而尚尔贬处云矣。"意思就是说，因为太子的儿子非常出色，所以康熙皇帝才在废除太子这件事上迟迟下不了决心。

很显然，康熙曾经很想让弘皙将来登上皇位。但是随着皇太子胤礽再次被废，他的这种希望只能落空。这一次，他又把另外一个皇孙弘历接到宫中养育，是不是还抱着和之前同样的打算呢？不管有没有这个用意，从这里可以看出他对弘历的重视，至少在他心目中，弘历已经同当年的弘皙一样重要了。

历史学家曾经做过这样的推论：因为康熙十分喜爱皇孙弘历，所以传位给了雍亲王胤禛。这个推论虽然没有确切的证据，但至少有一定的可能。康熙当年，不是也因为皇孙弘皙，复立了皇太子胤礽吗？也许从这个时候起，年仅12岁的弘历，便已经开始决定了历史。

或许当初胤禛把弘历介绍给康熙，确实是一个精心布置的局。但是，事情发展的顺利程度，却完全超乎了胤禛的想象。他根本无法想象，仅仅只是一面，皇父康熙就把弘历接到宫中养育。这意味着什么？他比别人更加清楚。

不管怎么说，弘历被接到了宫中养育。康熙和弘历，这两个在清朝历史上声名最显赫的帝王，终于开始走到了一起。

康熙最喜爱的孙子

康熙六十一年（1722）四月，康熙照例到避暑山庄住夏，刚到宫中养育的弘历也"随驾扈从"到了塞外。在这一年夏秋两季的五个多月里，祖孙两人几乎天天在一起。他们不仅遍游了避暑山庄的三十六景，还一起去木兰围场打猎。康熙很喜欢享受这样的天伦之乐，对这个孙子喜爱更甚。

那段日子对于弘历来说，是人生的一个转折点。

承德避暑山庄是皇家贵族的避暑胜地。在山庄南部，有一座据岗临湖的宫殿，康熙曾经把这座宫殿命名为"万壑松风"。这是一处风景绝佳之地，从宫殿沿石级而下，便可直达湖边，开窗远眺，湖光山色尽收眼底。康熙十分喜欢这里，平时就在这里处理日常政务。而弘历就住在"万壑松风"殿旁的"鉴始斋"，便于同康熙见面。

每当康熙批阅奏章的时候，弘历就在旁边磨墨写字。有时候，康熙批阅奏章累了，就会走到孙子旁边，手把手地教其写字。吃饭的时候，祖孙两人同桌而食，康熙会时不时夹菜给孙子吃。很奇怪，在这个懂事的孙子面前，康熙没有了皇帝的威严，而变成了一个慈祥的爷爷。在帝王之家，有时候想做一个慈祥的爷爷，确实也很困难。

慢慢地，康熙对这个孙子越来越喜爱。后来，在接见大臣讨论军国大事的时候，康熙也特批弘历可以留在身边。每当这个时候，弘历总是乖巧地"屏息而待"，从不弄出什么动静，生怕影响了众人。弘历的表现，让康熙十分满意。

在这短短的半年时间里，康熙和弘历，都有了很大的收获。对于康熙来说，这是他人生中最后的一段岁月。在这段日子里，孙儿弘历给他带来了极大的欢乐。在避暑山庄里，有清风明月，有林涛阵阵，还有个懂事的孙子常伴身旁，他感到很满足。

对于弘历来说，每天陪伴在祖父身边，他可以近距离感受这位盛世之君所表现出来的老辣的政治手腕，更能领略到祖父那种举重若轻的帝王风度。这些都对他产生了巨大的影响，对他后来的帝王生涯有着很好的借鉴作用。帝王之道，是他在这段时间里学到的最宝贵的财富。

随着时日的推移，祖孙两人的感情越来越深，康熙对弘历也越来越重视。很多小事都显示，康熙已经把弘历当成了接班人来看。

有一次，康熙泛舟湖上，弘历一个人在山上玩耍。少年人好动，弘历远远望见御舟驶来，便满心欢喜地跑下山去见祖父。康熙看见了，生怕孙子跌倒，急忙跑到船头，对着孙子大声喊："慢点跑，别摔了！"焦急之情，溢于言表。待到御舟靠岸，他一把将弘历揽到怀里，不停地说："这要是有点闪失，那可怎么得了！"康熙为君几十年，一向稳如磐石，可是因为担心孙子，却在这么一件小事上惊慌失措，这极为罕见。

虽然是在避暑，但康熙却不忘随时随地考察弘历的学问。有一次，祖孙两个在"万壑松风"观赏荷花。此时荷花开得正盛，康熙携弘历来到湖边的"观莲所"，指着窗外的荷花问道："会背诵北宋周敦颐的《爱莲说》吗?"

小弘历虽然仅仅只有12岁，但幼时即开始读书识字，一篇《爱莲说》自然不在话下。待到弘历熟练地背出这篇文章，康熙已是满面堆欢，赞不绝口。如此聪慧的孩子，能不讨人喜欢? 他抚摸着弘历的脑袋，望着窗外怒放的荷花，恣意享受着满池的芬芳，悄悄思索着大清朝的未来。

在这半年之中，弘历给康熙留下了深刻的印象。不止是学识，他精熟的武艺，也让康熙刮目相看。清朝的天下是从马背上得来的，所以历代帝王的骑射技术都相当不错。弘历自幼受到雍亲王的悉心调教，虽然只有 12 岁，但他反应之敏捷，弓马之娴熟，确非常人可比。

《避暑山庄纪恩堂记》中有这样一段话："或命步射，以示群臣，持满连中，皇祖必为之色动。"这记载的是一件事，康熙教弘历射箭。康熙手把手教完弘历之后，便让其自行练习。结果，弘历首次射箭，五射五中，这让康熙喜出望外。后世有学者推测，弘历并非首次射箭，他应该之前早就练习过射箭。如若不然，哪能刚开始学习，就能取得这样好的成绩？假如弘历真的并非首次学习射箭，那么这个孩子就真有些深不可测了。因为年龄虽幼，但他却懂得了用"智谋"博得皇祖的欢心。

康熙确实很开心，他认为这个孙子天资聪颖，无论是学文还是习武都强于常人，这实在是爱新觉罗家族之福。他给了弘历很多的赏赐，其中甚至还有一件黄马褂。一个年仅 12 岁的孩子被皇帝赐予黄马褂，这在清朝的历史上也非常罕见。

几个月的时间，很快便在欢声笑语中溜走，秋天到了。八月之初，秋高马肥，正是狩猎的好季节。康熙带着弘历，离开了避暑山庄，开始行围打猎。太平盛世无战事，康熙每年必做的一件事，就是带着文武大臣以及皇子皇孙，到木兰围场打猎，以作磨炼之用。打猎虽然不比战争，但还是存在着一定的危险性。

在永安莽喀围场，康熙用火枪击中了一头熊，大熊应声倒地，良久毫无动静。康熙以为，那头大熊就算还没有死，也已经没有什么威胁了。于是，他便让弘历上前补射一箭，想让自己的爱孙博得"初围获熊"的美名。满清勇士自来彪悍，也信服勇猛之人，康熙这么做，纯粹是想成全自己的爱孙。

出乎康熙的意料，一向勇敢的弘历上马之后，却迟迟不动，似乎有些害怕。康熙有些不乐意了，此时很多大臣聚集在周围，弘历这么做，有些"懦弱"了。于是，康熙便在马上高喊："弘历，怎么不过去？快去，将那头大熊射杀！"他的语气已经相当严厉了。

弘历好像是刚刚睡醒，这才赶紧催马近前。谁知道，只听到一声怒吼，那只将死的大熊又突然"活"了过来。它一个翻身，居然直起身来，向弘历的坐骑扑来。这突然的变故，吓呆了所有人，侍卫们居然也忘记了行动。还好，康熙反应很快，他举枪便射，一枪又击中了大熊的脑袋。扑了一半的大熊应枪倒地，这次才是真的死了。直到这个时候，众人才反应过来，俱已吓出一身冷汗。

冥冥之中，似乎天意已定，而康熙却"发现"了这种天意。一想起此事，他就有些后怕：如果弘历再靠得大熊近些，那么后果就很难预料了。晚上回到帐篷，他同随侍的妃子说："看来，这孩子的命是天定的啊！如果他早点催马过去，熊起马惊，那后果就不堪设想了。"这件事使得弘历在康熙心中的地位更重要了。

据《清高宗实录》记载，木兰围场围猎之后，康熙回到热河行宫，特意去了雍亲王胤禛的狮子园。他去做什么？去看胤禛的侍妾、弘历的母亲钮祜禄氏。康熙特意传旨唤来了弘历的母亲，足足打量了好一会儿，边看边说："果是有福之人啊！"他为什么会说弘历的生母是有福之人？她的福又从何而来？毫无疑问，钮祜禄氏的"福"会来自弘历，因为这个时候，康熙已经暗暗把弘历定为大清国未来的君主了。

谁帮助了谁

　　无论多么伟大的人，在生死面前都没有例外。康熙是一个伟大的君主，但他也必须接受命运的安排。

　　康熙六十一年（1722）十一月十三日，从承德避暑山庄回京刚刚两个月的康熙皇帝，突然崩逝于畅春园。

　　老皇帝突然驾崩，大清朝最大的事，便只有一件了：谁来继承皇位，成为新的皇帝？康熙死前，除了被废除的太子胤礽外，并没有另立新储。因此，那些有能力的皇子们都把目光瞄向了皇帝的宝座。

　　但让皇子们吃惊的是，康熙选择的继承人，居然是平日里一直没有争储意思的雍亲王胤禛。这是怎么回事？为什么会这样？由于时间仓促，康熙临死前并没有留下亲书的遗诏，只是口头择定了继承人选。这使得那些皇子们谁也不相信，从而又产生了争执，甚至引发了一场血腥厮杀。雍正继位之后，曾经解释说是"仓促之间，一言而定大计"，但这只是他的片面之言。到底康熙是不是真的选择了雍亲王胤禛做继承人？已经不重要了，重要的是，昔日的雍亲王已经变成了雍正皇帝。

　　后世很多学者也认为，雍正皇帝的皇位是靠阴谋诡计得来，康熙原定的皇位继承人并不是他。真相到底如何，今天我们已经很难弄清楚了。很显然，雍亲王在这场皇位争夺战中确实使用了计谋。他在最终得到皇位上有没有使用计谋我们不知道，但他的儿子弘历却是他下的最妙的一招棋。他用弘历的优秀，征服了康熙。

据《清高宗实录》中记载，乾隆皇帝继承皇位，是"圣祖深爱神知，默定于前；世宗垂裕谷诒，周注于后"。意思就是说，乾隆皇帝能够登基为帝，既有圣祖深爱在前，又有世宗垂爱在后。乾隆也说："即今仰窥皇祖恩意，似已知予异日可以付托，因欲豫观圣母福相也。"这话说得就很直白了：皇祖康熙当时之所以叫出自己的生母来相面，就是因为起了托付之意。

或许这个说法有些夸大，但不可否认，在康熙传位于胤禛的决定中，弘历起了不可忽视的作用。有意思的是，在清代史料中找不到康熙传位胤禛的确切证据，但在朝鲜国的文字记载中却有。当时朝鲜是中国的附属国，朝鲜使臣在北京正好听到了一些传闻。《朝鲜李朝实录》中有一段这样的记载：

康熙皇帝病剧，知其不能起，召来阁老马齐言曰：第四子雍亲王胤禛最贤，我死后立为嗣皇。胤禛第二子弘历有英雄气象，必封为太子。……又曰：废太子、皇长子性行不顺，依前拘囚，丰其衣食，经终其身。废太子第二子朕所钟爱，其特封为亲王。言迄而终。

这段话，是朝鲜使臣在康熙死后月余，从北京回汉城时对国王的书面报告。从这段话中，我们能够很清晰地看到，康熙之所以选择胤禛为继承人，弘历确实起了一定的作用。虽然有人认为这个记载并不可靠，因为朝鲜使臣无法知道得这么详细。但无论是真相还是流言，单从这件事能够传到朝鲜这一点上来看，弘历与其皇祖康熙之间的亲密关系，已经不是什么秘密了。

更有意思的是，这段看起来并不"可靠"的朝鲜使臣报告，其中所记述的内容在后来的日子里开始逐一应验。弘历在雍正继位一年后，便被指定为皇太子；雍正继位之后，废太子胤礽并没有被杀，还是"依前拘囚"；皇长子胤禔也并没有被杀，而是一直活到雍正十二年（1734）才过世，也算是"丰其衣食，以终其身"了；胤礽第二子弘晳，先是被雍正封为理密郡王，后来又被封为亲王，雍正待其甚厚。以雍正的狠辣性格来说，能够如此优待这些人，确实很值得推敲。最大的可能就是，他遵守了康熙的遗旨。

由此种种迹象来看，雍亲王胤禛能够被康熙指定为接班人，确确实实是"沾"了弘历的光。

事实上，雍正本人也不否认自己能够继承皇位与儿子弘历有关。他对弘历十分亲厚，雍正元年（1723）正月，他在初次郊祀之日，把弘历召来养心殿，"以肉一脔赐食"。他的其他子嗣都没有享受到这份恩宠，其中深意不言自明。雍正一直都知道，康熙最为钟爱弘历，这也是他最厉害的一招妙棋。他是弘历的父亲，那么康熙因孙传子，也就顺理成章了。

不过，我们还需要从另外一个角度来看这件事。

虽然胤禛能够坐上皇位是沾了弘历的光，但这个局面却是胤禛自己一手创造的。在康熙的印象中，"第四子胤禛最贤"。真的是"最贤"？显然不是，从史料记载中我们可以揣摩出雍正皇帝的性格，他心思缜密，且心狠手辣，反复无常。应该来说，他本身的性格就是如此，只不过却很善于伪装。在康熙末年的皇子争储"大战"中，他的凭借并不多，于是便表现得很"消极"，要做一个"富贵闲人"。就连精明一世的康熙皇帝，也被他瞒了过去，认为他确实很"贤"。所以，当其他皇子为争夺储位打得头破血流的时候，他却以静制动，给康熙留下了一个好印象。

据史料记载，雍正皇帝还精通命理之学。弘历的八字是很好，但那是不是造假的？这就很难说了。要知道，他想让人把弘历的八字改得很好，一点儿也不难。有历史学家曾经做过推断，认为雍亲王胤禛是故意让康熙知道弘历的生辰八字的。从这点上可以看出，弘历的生辰八字，其实也早在胤禛的掌握之中。

由此可见，牡丹台的相会、狮子园的恩眷，等等，也全都是胤禛的悉心安排。安排这些事情的时候，胤禛或许根本就没有考虑到儿子，只是想借助儿子登上皇位。最终他达到了目的了。虽然在其中弘历起了很大的作用，但追根究底，是胤禛用智慧行使了一套成功的计划。弘历"帮"他登上了皇位，他也使弘历获得了康熙的喜爱。很难说，他们到底谁帮助了谁。

很多人不解的是：雍亲王胤禛有好几个儿子，为什么偏偏会选择弘历？

原来，胤禛嫡妻乌喇那拉氏所生的长子弘晖在康熙四十三年（1704）早殇；侧妃李氏所生的弘盼、弘昀也是早夭。所以康熙末年胤禛的子嗣中，比弘历年长的只有李氏所生的第三子弘时还健在。弘时比弘历年长 7 岁，虽然也很聪明，但性格上却有些欠缺。因为是皇孙，所以他从小就被家人宠成了无法无天的放纵性格。康熙早就见过这个皇孙，但却非常不喜欢他。康熙五十七年（1718），在皇家举行的皇孙册封大典上，胤祉的儿子弘晟被封为世子，但已经17 岁的弘时却并未被封。从这可以看出，康熙对于这个皇孙的不喜欢程度。弘历还有一个弟弟，叫作弘昼。两人虽然年龄相若，但无论是谈吐、气质还是学识，弘昼都比弘历逊色得多。于是，弘历就在无形之中肩负了胤禛的"继位大任"。

帝王之家，亲情往往会被利益冲击得很淡。胤禛与弘历是一对父子，但却也是一对利益共同体。胤禛在争夺皇位的"战争"中，很好地借助了弘历带来的优势，从而顺利地登上了皇位。而弘历，从被父亲推到康熙面前的那一刻起，就已经注定会获得帝王的命运。很难说，他们究竟是谁帮助了谁。

天纵英才

　　毫无疑问，弘历是一个极聪明的人。他的聪明不仅被康熙喜爱，更被雍正欣赏。

　　有一件事，很能显现他的智慧。在对待雍正继位的问题上，他的表现超过了他的年龄。雍正登上帝位之后，社会上对其能够获得皇位还是有着很大的怀疑。为了消弭这些对雍正不利的流言，他曾用康熙对自己的宠爱加以驳斥："皇祖之孙百余人，其中聪明才识，好学博闻，年长于弘历而任事于朝者，彬彬济济，弘历年甫弱龄，性更钝鲁，顾特被恩宠，岂非我皇祖推爱我皇父之心？"

　　其时朝中、民间尽皆流言纷纷，有人说雍正因为篡改康熙遗言而谋得了皇位，还有人说康熙因为喜爱弘历这才传位给雍正。很明显，不论是哪一种版本的流言，都会对雍正产生极其不良的负面影响。我们知道，康熙传位给雍正，弘历确实起到了一定的作用。弘历听到这些流言，本应沾沾自喜，皇祖康熙因为自己传位于父，这是多么值得骄傲的一件事啊。但是弘历却没有这样做，他用一种最聪明的方式来消除这些流言。他告诉人们，皇祖康熙是因为喜爱父亲雍正，这才爱屋及乌喜欢自己。不动不响之间，他给雍正戴上了一顶高帽。

　　他这样做，其实是在保护自己。

　　帝王之家，从来都不乏血腥厮杀。雍正疑心很重，而且心也够狠，他后来甚至赐死了长子弘时。弘历深知父亲的性格，也知道要想平平安安就一定不能让皇父起疑心。因为看得更远，所以他的路也走得更顺。他从 13 岁时，就被雍正密立为皇太子，并且一直没有改变过。这在清朝的历史上，是绝无仅有的事。这是运气吗？显然不是！这同他做事小心谨慎有着很大的关系。

其实，在雍正登基为帝之前，弘历早已经懂得这些道理了。每当获得康熙的赏赐时，他总是跑去送给父亲，让父亲代为收藏。他就是要通过这种方式，让父亲不起疑心。他的聪明才智，确实远非一般人可比。

鉴于康熙两立两废皇太子、最后因为夺储兄弟互残的教训，雍正实行了中国历史上第一次秘密建储制度。雍正元年（1723）八月十七日，雍正皇帝亲书密旨，藏于"正大光明"匾后。密旨中所写的，自然就是皇位的继承人选了。虽然他并未公布到底立的是谁，但大多数人都知道，弘历必定是未来的皇帝。

雍正之弟、果毅王允礼就曾直言不讳，认为弘历承康熙、雍正之身教，有帝王之资。他曾有言："皇四子幼侍圣祖仁皇帝，特荷慈眷，朝夕训诲，且见我皇上视膳问安，致爱致敬，无事不与往圣同揆。至性熏陶，耳濡目染，由是体诸身心，发于言动者，不待模拟，自成方圆，夫圣经贤传所以勤勤亶亶，诱翼万世，其道无他，父子君臣之大伦而已。皇子性资乐善，于道德仁义之根源，既得之圣祖之渐涵，复申以皇上之教谕，而又切磋于师友，研极于诗书，早夜孜孜，日新其德，故发为文章，左右逢源，与道大适。"这一段话，自然是在赞扬弘历如何聪明好学，如何从康熙和雍正身上学到了很多东西。言下之意是，这个孩子将来一定能够成就一番大业。

比弘历仅仅小几个月的弟弟弘昼也十分佩服哥哥，他曾言："吾兄随皇父，朝夕共处，寝食相同。及皇祖见爱，养育宫中，恪慎温恭，皇祖见之未尝不喜，皇父闻之亦未尝不乐。"可见，一个聪明的人，无论走到哪里，都是一个聪明的人。性格决定命运，他聪明、乖巧、懂事，"恪慎温恭"，这样一个玲珑剔透之人，成为一代圣君也是必然。

虽然弘历并未被明确立为储君，但却已经成为诸人公认的皇太子，这成了雍正年间最为奇特的一道风景。雍正八年（1730），弘历作了一本《乐善堂全集》，朝中的王公大臣，包括果毅王允礼、庄亲王允禄、大学士鄂尔泰、张廷玉等纷纷为其作序，文中谀词充斥。谁都知道，这个年轻有为的皇子，必定是未来的皇帝。

雍正也并不反对别人把弘历当成"皇太子"，他还频频向大臣们暗示：弘历就是皇太子。譬如，他经常命弘历代替自己去祭祀皇祖康熙。雍正的儿子虽然不算太多，但也不少，唯独这个儿子常常能够"代替"自己，那意思就很明显了。弘历自己也明白这些，所以在他登基为帝之后曾经说过："命予恭往代祭，实不无深意也。"

除了祭祀，弘历还经常参加各种礼仪活动。当然，这也是雍正的安排。

雍正十一年（1733）二月，弘历和弟弟弘昼同时被封为亲王，弘历为和硕宝亲王，弘昼为和亲王。同为亲王，弘昼的日子过得很逍遥，几乎是无所事事，但是和硕宝亲王弘历却很忙，不仅参加各种礼仪活动，还得参与一些政治军事活动。从这些看，雍正确实把他当成"皇太子"来培养了。

后人猜测，雍正于同日将弘历和弘昼一起封为亲王，也别有深意。因为，弘历和弘昼兄弟俩感情一向很好。雍正希望这兄弟两人能够诚心友爱，休戚与共，为大清江山的繁荣昌盛努力。很多人都认为，弘昼是雍正为弘历将来的帝王之路安排下的帮手。

无论是康熙或者是雍正，他们都希望弘历将来能够继承帝位。为此，他们都为弘历做了很多事情。但是，别人再怎么帮助，那始终是外界的力量，人始终还得依靠自己。自从被封为和硕宝亲王之后，弘历更加勤奋了。他不像康熙年间的皇太子胤礽一样，因为受到皇帝的恩宠而骄纵肆为。相反，他在不断涌来的奉迎浪潮中，始终能保持清醒的头脑，恭谨谦虚、以诚待人。他不专擅权威，更不纠聚党羽，始终安安分分地做着皇子应该做的事情。他知道哪些事情自己能做，哪些事情自己不能去做，从来没有越矩半分。

因为一直小心翼翼，故而弘历在继位为帝之前，一直过得很平静，几乎没有经历什么大的风浪。可以说，他的帝王之路走得极其顺利。或许，这也与他非同常人的"八字"，有莫大的关系吧！

勤奋的学生

应该说，弘历是大清王朝中最有福气的帝王。

弘历的少年时代，是在康熙和雍正两朝帝王的教诲和宠爱中度过的。对于他来说，做皇子的十三年，是人生中最潇洒、最惬意的一段时光。他既不需要像曾祖顺治帝和祖父康熙帝那样幼龄登基，只能在皇帝宝座上消磨掉自己天真烂漫的童年和少年，也不需要像父亲雍正帝那样，从青年时代起便开始机关算尽谋取帝位，直到年过不惑，才坐上了皇帝的宝座。

12岁之前，弘历不被皇祖知道，虽然很平凡，但很快乐；12岁以后，他摇身一变成了皇子，虽然并没有正式被封为储君，但却轻松地获得了储君的地位。因此，他一直都很轻松，从来没有为帝位劳神费力。雍正皇帝鉴于康熙晚年诸子卷入政治的前车之鉴，绝不允许他过早地与外界社会接触。因此，在登基为帝之前，弘历一直生活在一片祥和的净土之中。

雍正对他要求很高，期望他在登基之前，能够具备作为一个帝王的足够资格。因此，雍正对他的教育倾注了大量的心血。

翰林福敏是弘历的启蒙老师。福敏是康熙三十六年（1697）的进士，极有才华。但是没过多久，弘历便掏干了这位老师的所有本事。不是福敏学问不够，而是这个学生太聪明，而且好问。这个老师没得教了，那就只有换老师。换谁呢？雍正选择了徐元梦、朱轼、张廷玉、嵇曾筠等四位品行端方，且学问渊博的大臣作为弘历和诸皇子们的老师。

古时拜师，需行拜师之礼，而皇子的拜师礼更为严格。皇家有一整套拜师礼仪制度：拜师时，皇子必须先出门迎接老师，老师再答拜；每遇大门，都要让老师先行；入座时，老师先行入座，然后皇子才可以入座。其实这套拜师制度的目的，是为了消除师生之间的臣君之别，让皇子屈尊，能够受到老师的约束，更好地学习。

雍正命令皇子们在懋勤殿向老师行拜师之礼，意谓皇子们都须勤奋好学。他下谕旨宣告此事："诸皇子入学之日，与师傅备杌子四张，高桌四张，将书籍、笔砚、表里安设桌上。皇子行礼时，尔等力劝其受礼。如不肯受，皇子向座一揖，以师傅之礼相敬。如此，则皇子知隆重师傅，师傅等得尽心教导，此古礼也。"这话说得再明白不过，行拜师之礼时，皇子要先向老师行礼。

老师虽然不少，但在这么多老师中，弘历只从朱轼身上学到了不少东西。原来，诸皇子拜师后不久，徐梦元便获罪离开，张廷玉是国之重臣，平日里公务极忙，很少有时间可以教导学生，嵇曾筠教导学生们的时间也不多。于是，朱轼几乎是一个人承担起了弘历和诸皇子们的学业。

可以说，在这四位老师中，朱轼对弘历的影响最大。

朱轼，字若瞻，号可亭，祖籍江西高安。他是康熙、雍正、乾隆三朝重臣，又是著名的经学家和文学家。雍正时，他任圣祖实录总裁，后又任刑部主事，督学陕西。再后来，他官至文华殿大学士，兼吏兵两部尚书。朱轼一生为官清廉，为人正直，学问很深。他把中国古代文化的精华，特别是儒家的政治思想和道德规范，慢慢灌输到弘历的思想之中，对这位后来的皇帝影响极大。

朱轼还是著名的理学家，精研礼记，精明能干。他躬身政事，政务虽然繁忙，但却从不荒废学问，更是会想办法抽出时间教导弘历。在生活上，他很简朴，深明"成由勤俭破由奢"的道理。他的这些品行，都为弘历做了很好的榜样。他接任弘历老师的时候，弘历刚刚 12 岁，正处于成长阶段。所以，他对弘历的性格、气质、兴趣爱好的定型产生了很大的影响。可以说，弘历继位后的施政成就，与这位老师密不可分。

除了朱轼以外，还有一个人对弘历的影响也很大。这个人，便是蔡世远。严格来说，蔡世远并非弘历的老师，弘历甚至没有向其行过拜师之礼。但这个人确实教会了弘历很多东西，尤其是以儒治国之术。

蔡世远，字闻之，号梁村，祖籍福建漳浦。他生于世代书香之家，是宋代理学家蔡元鼎的后裔。由于受家族影响，他从小就开始学习宋代理学家周敦颐、张载、程颐、朱熹的遗著，还广泛学习各种经书，讲求经世之学。他以古代名人为学习榜样，认为学问起码要近似于南宋的真希文，事业要近似于北宋的范希文，因此以"二希"作为自己的堂号。

康熙四十八年（1709），蔡世远中进士，从此进入翰林院。他协助李光地编纂了《性理精义》，此书后来成为弘历学习的课本。

雍正元年（1723），蔡世远被授为翰林编修，直上书房，侍诸皇子读书。

不久，迁为侍讲，后又升为历庶子、内阁学士、礼部侍郎。虽然升迁频密，但他的主要工作，则是教雍正的诸位皇子读书。他教授学生十分认真，在内廷担任老师十年，早出晚归，从来没有一天缺席。

他给诸皇子讲授四书五经及宋"五子"（即周、张、二程及朱）的理学，"必近而引之身心"，说明为人处世必须"设诚而致行"的道理；在辅导皇子学习诸史及历代文学作品时，他强调"则于兴亡治乱，君子小人消长，心迹异同，反复陈列，三致意焉。"他十分推崇宋儒理学，曾经说过："宋朝正是理学繁荣昌盛的时候，周程张朱，比肩而齐，德性学问的能力，世上无人可以与之匹敌。"在施教的过程中，他以自己对于理学的理解，结合时政，深入浅出地将宋理精义讲给学生们。

弘历是蔡世远最优秀的学生，他从这位"老师"身上学到了很多东西。

一个人能否学业有成，需要用先天条件和后天条件来共同支撑。先天条件弘历有，他很聪明，听老师讲课几乎不费什么力气，便能由表及里；后天条件弘历也有，他很勤奋好学，其努力程度不亚于康熙当年。除了骨子里的"好学"因素外，他这么勤奋地读书，主要是为了博得雍正的喜欢。他知道，皇父雍正非常赏识读书勤奋的皇子。为了使自己学到更多的知识，每天课业结束后，他会在自己的小书房里口不停诵，埋头苦读。

那些时候，他只是一个十几岁的大孩子，玩兴正浓的时候。可是他却能够压住玩兴，把兴趣转移到读书上来，这实在是难能可贵。

天资加上勤奋，使弘历的学业进步很快，诸位老师交口赞誉。朱轼说他"精研《易》、《春秋》、戴氏礼、宋儒性理诸书，旁及通鉴纲目，史汉、八家之文，莫不穷其旨趣，探其精蕴"。言语之中，朱轼已经很是钦佩这个学生了。学的既"多"又"精"，是他对弘历的准确评价。确实，弘历涉猎范围极广，几乎什么学问都要去学上一学，而且还要"穷其旨趣，探其精蕴"。在这一点上，他同康熙也极为相似。

弟弟弘昼几乎每天都同弘历在一起，故而很清楚哥哥是怎样刻苦学习的，他曾说过："吾兄于问寝视膳之暇，每有所得，发为文词。日课一首，虽退居私室，亦不敢自懈，手披心绎，欲力迫古作者。"这几句话的意思是说，弘历把睡觉和吃饭的时间都用上了，每次想到新的东西，便记录下来。就算回到自己的屋子里，他也从不懈怠。

身为皇帝之子，又是实际上的储君，能够以这种态度去学习的人，在历史上极为罕见。康熙皇帝虽然也很爱学习，但他却是处于一个极其复杂的政治环境之中，如若不学，便有被淘汰的可能。弘历则不同，他所处的环境要安逸得多。可以想象，就算他少一分刻苦，也必定能够登上皇帝宝座。但是，他却一直不肯放松自己。

一分耕耘，一分收获。通过老师的悉心教导，以及自己的深刻领悟，弘历慢慢构建起了自己的、以儒家价值取向为标准的伦理道德系统。他尊奉孔子，推崇宋儒，坚信儒家"仁政"、"德治"的正确观念。他认为"治天下者，以德不以力"，"德"才是重中之重。他欣赏孔子的"宽则得众"思想，认为做人应该"以宽为本"。这一套价值取向标准和伦理道德系统，为他日后施政治国打下了坚实的思想基础。

十三年的时间，说短不短，说长也不长。在这些日子里，弘历像一棵生长在沃野里的树，"疯狂"地汲取营养，茁壮成长。他没有辜负雍正的期望，慢慢成长为一个文武全才的帝位继承人。

继位

　　雍正七年（1729）冬，天寒地冻，一向身体健康的雍正皇帝突然病倒了。数日之内，他的病情不断加重，甚至出现了昏迷现象。

　　他到底得的什么病？史料上并没有明确的记载，后人揣测，他或许是太累了。

　　也许真的是太累了。他一直处心积虑地谋取皇位，到 45 岁时才得偿所愿。登上皇位之后，他又不愿意闲着，想要效仿皇父康熙做一位圣君，所以一直兢兢业业，勤政治国。他的心神耗费得比任何人都多，自然会心神俱疲。

　　这场病时好时坏地拖了很久，始终无法痊愈。第二年年初，他的身体好容易好点，但很快又开始复发，寒热交错，时有昏迷。经过御医们几个月的精心治疗，他的性命保住了，但这个病却一直没能治好，时有发生，有时候还会出现生命危险。

　　雍正不得不做最坏的打算了。他曾在朱批中密谕鄂尔泰："倘（朕）心力之所不能，无可奈何之事，亦不得不为预备，不然，则朕为天地列祖之罪臣矣。皇子皆中庸之资，朕弟侄辈亦乏卓越之才，朕此血诚，上天列祖皇考早鉴之矣。朝廷苦不得贤良硕辅，书至此，卿自体朕之苦情矣。"他这几句话说得极为伤感，意思是说：我对自己的身体状况，已经感到无可奈何了。但是我关心的不是自己，而是自己身后会不会所托非人，会不会对不起列祖列宗。皇子们的资质都很平庸，我的弟侄中，也没有什么有卓越才能的人。我虽然做了许多非常之举，但心中还是不安。朝廷得不到贤良辅助，真是让人担心啊。

雍正预感到自己时日无多，所以特召大学士张廷玉及弘历、弘昼兄弟，面谕遗诏大意。虽然他一直很喜欢弘历，但是作为父亲，他却深知这个儿子的弱点。他知道，弘历受汉文化浸染过深，所以在性格上有些过于柔仁。从人性的角度来看，这实在不算什么缺陷，但是对于一个帝王来说，这却实在是一个不折不扣的弱点。

所以在病重之际，他反复对弘历强调，严刻为政，乃为整饬人心风俗之计，俟诸弊革除之后，仍可酌复旧章。这个时候，他的政策趋向，在慢慢地由严刻转向宽缓。他其实，是在"迎合"弘历。为什么要这样做？他这样做，其实是为了便于弘历日后执政。虽然对弘历的某些政治质量不放心，但他却一直没有动摇对其的信心。弘历登基为帝后，也曾说过："皇考尝以朕为赋性宽缓，屡教诫之。"

对于这个继承人，雍正可谓是用心良苦。

不过，上天似乎并不愿意让雍正走得太早。从雍正七年（1729）起，雍正的身体开始逐渐不好，及至第二年病情又慢慢严重，他甚至已经交代了后事。谁也不曾想到，重病之后，他居然又慢慢康复了。这真是一个意外之喜，至少雍正这么认为。他一直在认认真真地扮演着一个好皇帝的角色，而且也自认为做得不错，把国家治理得井井有条。他认为，自己的康复，正是上天赐予的恩宠。

身体好了，他又忙碌起来，天佑天子，怕什么！这种心态，使他免去了后顾之忧，又开始恢复了以前的生活。但是，天子也好，平民也罢，都无法抗拒命运的安排。

雍正十三年（1735）八月二十日，中秋节刚过几天。雍正感觉身体有些不适，头晕目眩，疲惫乏力。他认为这是累的，休息休息应无大碍，所以并未放在心上，还在照常办公理政。这是他最后几天处理政务！

八月二十二日深夜，大学士张廷玉应召入宫，见到了躺在病榻上的雍正皇帝。此时的雍正，已经两目紧闭，呼吸微弱，不认识人了。雍正是突然病倒不省人事的，速度之快，让人惊愕。张廷玉在回忆录中说，他见到病榻上的雍正皇帝，第一反应是"惊骇欲绝"。他的震惊是有理由的，其一雍正并不年迈，是年只有 58 岁，连花甲之龄都未到；其二，雍正自上次重病康复之后，身体一向康健，虽然前几天有些不爽，但却不至于如此严重。这些，都是张廷玉始料未及的。

不止是张廷玉没有想到，朝廷所有的大臣都没有想到，雍正的病来得太突然，太严重了。从八月二十日身体偶有不爽，到二十二日陷入弥留状态，雍正的病情打了所有人一个措手不及，包括雍正自己。

太医进药无效，拖到二十三日，在大家的惶惶无措中，大清王朝一代帝王雍正皇帝就此魂归极乐。

对于雍正的突然逝世，后人亦有种种猜测。其中最为荒诞的说法，莫过于吕四娘飞剑取其首级了。当然，这种说法实在经不起历史的考证，根据诸多历史资料显示，雍正逝世的真正原因，就是暴病。而他暴病的根源，则来自于丹药。

没错，就是丹药。作为清代帝王中最有个性的一个，雍正有很多离经叛道的行为。例如，他精研佛法，且又迷信方术。很多人都认为他之所以会去研究佛法，只是采取了一种韬光养晦的策略，他的真正目的是摆出一种与人无争的姿态，好赢得皇父康熙的信任。这或许是事实，但毋庸置疑，他对方术真的很感兴趣，尤其是对道教的丹药理论很是着迷。这也难怪，千辛万苦争来了帝王之位，他当然想要长久地坐下去。而在那个时候，想要活得更久，方术丹药似乎是唯一一条可行的道路。当然了，我们知道，这条道路实在是很难行得通。

可是雍正不知道，他在后宫之中养了几位道士，让他们为自己炼制"仙丹"。他最爱服用的丹药名曰"即济丹"，希望借此能让自己增强精力、延年益寿。高兴的时候，他还会把这些丹药赐给亲信大臣，以示恩宠。

历史学家认为，雍正皇帝的暴毙，正是因为服用了有毒的丹药。雍正皇帝做梦也没有想到，那些在他看来能让自己延年益寿的"灵丹妙药"，会成了索命的毒药。不过，他的继承人倒是看出来了。据《清高宗实录》记载，雍正皇帝死后的第三天，刚刚继位的乾隆皇帝，就将后宫那些炼丹的道士全部扫地出门。

不管怎样，雍正去世了，而且是如此仓促，甚至没有留下什么话来。他死之后，遗留下来的最大问题，便是继承者的人选。谁来继承帝位？

还好，雍正有先见之明。我们在前面已经说过，这位在帝位上坐了十三年的大清君主，创立了一种前所未有的"秘密立储"之制。早在雍正元年（1723），他就手书密旨确定了帝位的继承人，并藏于"正大光明"匾额之后。皇位的继承人选，早已定下！

雍正驾崩后，庄亲王允禄、果亲王允礼、大学士鄂尔泰、张廷玉等国之重臣，率领群臣一起来到乾清宫，迎取早在十三年前雍正皇帝就已写好的密诏。谁都知道，这份密诏，将决定大清朝的命运。

总管太监战战兢兢地爬到顺治皇帝手书的"正大光明"匾额之下，取出一个锦匣，当众宣读雍正生前留下的密诏：

宝亲王皇四子弘历，秉性仁慈，居心孝友，圣祖皇考于诸孙之中，最为钟爱，抚养宫中，恩逾常格。雍正元年八月间，朕于乾清宫召诸王、满汉大臣入见，面谕以建储一事，亲书谕旨，加以密封，收藏于乾清宫最高之处，即立弘历为皇太子之旨也。其后仍封亲王者，盖令备位藩封，谙习政事，以增广识见，今既遭大事，着继朕登极，即皇帝位。

虽然诸大臣早已猜到遗诏内容，但还是忍不住松了一口气。继承人选，关乎时局发展，关乎国之命运，一个不慎，就有可能会出乱子。弘历，早已是众人心中公认的皇位继承者。

弘历有了皇帝的身份，立即宣称先皇雍正当年有指定允禄、允礼、鄂尔泰及张廷玉四人为辅政大臣的遗命。做了十二年的皇孙和十三年的皇子，弘历一直在冷眼观朝廷，他清楚地知道什么人可堪重用。在他看来，这四个人，就是自己的左膀右臂。新君的话自然不会有人怀疑，于是允禄、允礼等四人便成了辅政大臣。于是，国家领导核心机构由此建立。

八月二十七日，清廷向全国颁布雍正皇帝的遗诏。

九月初三日黎明时分，百官齐集于朝，皇太子弘历派遣大臣分别祭告天、地、宗庙、社稷后，身着素服庄严地走到乾清宫雍正皇帝梓宫前，行九拜礼，恭敬默告父皇即将受命继承皇位。礼毕，弘历更换礼服，赴太和殿，升座，即皇帝位。随后，清廷宣布大赦天下，改明年乾隆元年，颁乾隆新历，铸乾隆通宝新钱，一切井然有序。满朝文武大臣，以及朝鲜等国使臣，皆进表行祝贺礼。

至此，弘历成为大清王朝的最高统治者。

这一年，他刚满 25 岁，正是最富创造激情的年龄。大清王朝的辉煌，正是要因为他更进一步。

初见帝王之威

应该说，乾隆皇帝是清朝历史中最为幸运的皇帝。这点，从他前面几位清朝皇帝的坎坷命运中就可以看出。

满清入关后的第一位皇帝是顺治，他的命运最令人同情。他6岁时登基为帝，成了天下之主。可惜天下其实并不是他的，而是掌握在摄政王多尔衮手中。年幼的顺治帝手中不仅没有权力，还得看多尔衮的脸色行事，就连他的生母孝庄也不得不委身于多尔衮。对于一位帝王来说，这是奇耻大辱。幸运的是，多尔衮死了，他终于拿回了属于自己的权力。可是有什么用呢，他最终却又为情所殇，24岁时便郁郁而终。

乾隆的祖父康熙似乎幸运一些，但是这些幸运也极其有限。康熙帝自小便不被父亲宠爱，甚至不能由生母亲自抚养。幼时一场天花，差点夺去了他的性命，幸好他意志坚强终于挺了过来。他8岁登基，只过了几年太平日子，便与四大辅臣中最勇猛的鳌拜起了冲突，朝政被鳌拜所左右。及至除掉鳌拜之后，他的困难更是开始一件一件接踵而来。三藩之乱、台湾郑氏为患、沙俄挑衅、噶尔丹意图分裂、西藏蠢蠢欲动、国内水患不断……这些事情，任何一件如果处理不好，便会影响清廷安危。可以说，康熙的丰功伟绩，全都是被"逼"出来的，他必须打起精神化解这一个又一个撞到眼前的危机。

至于乾隆的父亲雍正皇帝，似乎更为可悲。他竭尽心力、机关算尽，却只能在45岁时一登大宝。可以说，他一生最美好、最有潜力的岁月，全部都浪费在争夺储位上了。争过来之后呢？他已经垂垂老矣，只做了十三年皇帝，便不得不饮恨而终。

在登基年龄上，乾隆就要比以上几位先祖优越得多。25岁之前，他既不用操心国事，又无须忙于争斗，唯一的任务便是学习。他着实比先祖们多了更多的学习时间和悠闲时光，甚至可以恣意享受生活。

乾隆所受的教育，在大清开国以来的历代皇帝之中，是最完整、最严格的。雍正对皇子们的教育抓得很紧，故而从6岁起，弘历便开始接受正规的教育。从6岁到25岁，他在书房中整整度过了十九年光阴，每天学习的时间长达十个小时。可以说从早到晚，没有停歇。更为难得的是，弘历又天资聪颖，在学业上处处胜过兄弟一筹。这些，都是他的优势。

及至登基，他恰好又处于人生中最美好的年龄段，于是他的帝王之路一片光明。其实他的帝王之路早就已经一片光明了，先辈们已经为他扫清了太多不利的障碍，他走上的几乎就是一条平坦大道，要多安稳有多安稳。

命运的如此安排，我们只能用"幸运"二字来解释。

其实就连乾隆自己，也不得不用"幸运"来看待自己的帝王之路。他遍览群书，知道在整个中国的历史上，任何一个帝位交接的那一刻，都会出现一些云谲波诡、明枪暗箭。尤其是大清朝开国以来的五位皇帝，他们的登位过程各有腥风血雨，各有剑拔弩张。而他自己的登位过程，则是一片平和，波澜不惊。他真心感谢命运的慷慨厚赐！

他用实际行动表达了自己内心的感激之情。

第一个行动，是痛哭。没错，是痛哭，真情实意，痛快淋漓地痛哭。

据张廷玉在《年谱》中回忆说："新皇帝乾隆听到是自己继承大位后，立刻伏地大哭良久，王公大臣再三劝解，新皇帝仍不起来。"他早已知道自己会继位为帝，缘何还要如此激动？他其实是在用哭表达自己内心澎湃的感情。

虽然早已猜到自己将是大清王朝的继承人，但他却没有想到这一天会来得如此之快。他实在是一点儿准备都没有！在潜意识里，他把自己的继位年龄放在了40岁到50岁，因为他的父亲雍正就是在45岁时登基为帝的。他已经习惯，将皇子的生涯看作是一场耐力比赛，允许自己漫不经心地向前小跑。可是现在，他居然"提前"继承了帝位，这怎么不是命运的安排？所以他痛哭，哭皇父的早逝，更哭命运如此让人措手不及的安排。或者，他只是在用哭宣泄自己内心复杂的感情，悲伤只占了一小部分。

但他还是表现得很悲恸，哭得也很悲痛。

雍正大殓之际，他"痛哭失声，擗踊无数"。什么意思？这是说，他无数次挣扎，拦着不让人盖上棺盖。侍臣们好不容易拉住了他，他却还是痛哭不止："从头一天夜半到第二天日暮，皇上哀恸深切，哭不停声，一整天水浆不进，群臣伏地环跪，恳请皇上节哀，皇上悲不自胜，左右都感动哭泣，弗敢仰视。"

或许他对雍正的感情是真的，但是在他的痛哭声中，却着实包含了很多东西。其中最重要的一点，就是对命运的敬畏和感激。

第二个行动，是"忤逆"。古人讲求"敬天法祖"，上天当然不能得罪，祖先的一切想法与政策也要效法，不能随便舍弃或者更改，否则就是忤逆，是不肖，是罪人。乾隆登基为帝，对上天是崇敬不已，但是对于皇父雍正的很多行事作风与政策命令，却并没有效法或者是遵行。一方面，他对于雍正的死十分悲恸，另一面却"悖逆"了雍正所走的路，这让人有些费解。其实说到底，这只是他感激命运厚赐的一种方式。他希望能用自己的想法和见地，报答上苍的厚爱。

雍正十三年（1735）八月二十五日，也就是雍正去世第三天，还未正式行继位大礼的弘历，便以新君的身份颁发了一道诏书，其内容如下：

> 皇考万几余暇，闻外省有炉火修炼之说，圣心虽知其非，聊欲试观其术，以为游戏消闲之具，因将张太虚、王定乾等数人置于西苑空闲之地，圣心视之如俳优人等耳，未曾听其一言，未曾用其一药，且深知其为市井无赖之徒，最好造言生事。皇考向朕与和亲王面谕者屡矣。今朕将伊等逐出，各回本籍。若伊等因内廷行走数年，捏称在大行皇帝御前一言一字，以及在外招摇煽惑，断无不败露之理，一经访闻，定行严行拿究，立即正法，决不宽贷。

很显然，这道诏书里所涉的"主角"，是那些雍正皇帝生前宠信的道士。他这一举动，颇有忤逆不肖的意思，老子刚死，他便迫不及待地将其生前信赖的人驱逐出宫。他为什么要这样做？是立威吗？自然不是！他之所以会冒天下之大不韪，将那些道士驱逐出宫，是因为心中恼到了极点。他尊敬自己的父亲，更愿意遵行父亲的一切，但却打心眼儿里无法接受父亲的这些作为。说到底，他根本就不相信术士丹药那回事，认为那只是无稽之谈。

在驱逐道士出宫的同时，他还赶走了一批和尚，那批和尚，也同样是雍正生前信赖的人。据说，那些和尚"日侍宸扆，参密勿，雍正帝倚之如左右手。传闻隆、年之狱，允禩、允禟之死，皆文觉赞成。"文觉是雍正生前最为倚重的一个和尚，虽然朝廷内外皆以"禅师"称之，但乾隆却并不喜欢他，把他一并赶了出去。那个时候，文觉已经 72 岁了。由此可见，乾隆对于宫里那些和尚道士的厌恶之深。

乾隆皇帝这些打击僧道的举措，自然都是不"法祖"的行为，而且办理得如此之快，绝非孝行，亦可以用"忤逆"称之。这些都表明了乾隆皇帝正在用自己超然的思想，感谢上天的厚爱。他要整肃朝纲，创造出一个真正的大清盛世。

我们知道，康、雍、乾三代，是清朝历史上的盛世。虽然皇权时刻都会受到严重的威胁，譬如亲王、藩王、外戚，等等。但是在这个时候，这些威胁都已经被削弱到最低的程度，基本上不能牵制皇权。原因很简单，经过康熙和雍正的努力，大清朝的万仞大厦已然基本定型。就连乾隆也说："国家继续百年，累给重熙至于今日，可谓承平无事。"他似乎只是以一个继承者的身份，坐享祖辈们带来的一切。

这个时候，大清国在政治上没有强大的反对势力，没有大规模的抗清起义；在经济上，大清国国库充裕，国内并没有紧迫的经济财政问题，亦没有严重的自然灾害；在军事上，虽然西北地区准噶尔割据政权带来了连年的征战，但在雍正皇帝去世之前，清廷与准噶尔之间的关系已然趋于缓和；在吏治方面，雍正皇帝更是做足了工作，他以雷霆手段和养廉制度共同出击的方式，使得朝廷腐败之风大大敛迹，行政效率也有所提高。

一句话，不用乾隆如何卖力治理，大清朝已经是盛世的局面了。那么，这个年仅 25 岁的小伙子该如何去做，才能使大清盛世锦上添花？或者只是保持住盛世之树常青？他极为可能沉醉于安逸的享乐之中，骄纵奢侈，恣意享受，毫不吝啬地挥洒着自己手中庞大的权力。他有资本这样做，因为在他身后有一个盛世大国。

如果这样做了，那么大清朝就危险了。事实上，他也并没有这样做。刚刚继位，他就用自己的行动表明了立场。什么立场？他要做一位勤政爱民、洁身自好的开明君王。

第二篇／揽权

第三章 ／ 尽显超世之才

翻案

继位之初，乾隆皇帝就显示出了他那无与伦比的政治天赋。

雍正猝亡，权力交替，国为之荡。正当众大臣忙乱不知所措的时候，乾隆皇帝却以新君的身份处变不惊，有条不紊地做好了权力的平稳过渡工作。关键时刻，他一点儿也不含糊，镇定自若。

承嗣帝位后，他立即布告天下，详述大行皇帝患病及死因。他清晰地认识到，必须要给天下人一个很好的解释，否则难安民心。

八月二十四日，他还未正式登基，便颁布了数道谕旨，晓谕内外大臣。谕旨内容大致有三项：其一，朕受皇考付托，凡皇考办理未竟之事，皆朕今日所当敬谨继述；其二，诸王大臣均是深受重恩之人，各宜殚心竭力，辅朕不逮；其三，外省文武大臣，如果因皇考"龙驭上宾"，将本已上奏的本章"中途赶回，另行反改，或到京后撤回不进者，经朕查出，定行从重治罪"。这几道谕旨，雷厉风行，既安大臣之心，又立新君之威，可谓攻守兼备。这位25岁的嗣君，通过果敢刚毅的政治手段，很快稳住了宫内和宫外大局。因雍正猝死引起的混乱，在嗣君的控制之下，终于平息了。

国不可一日无君。君主的首要任务，便是处理政事。新登皇位的乾隆从雍正手中接过担子之后，甚至连一天也没有耽搁，便风风火火地忙碌起来。他白天料理先皇丧事，事无巨细，皆处理得井井有条；晚上则召见大臣处理政务，发布政令，即便是伤痛父逝之时也不例外。有些时候，他在雍正灵前哭过之后，还要退回上书房继续披阅奏章。他精力旺盛，休息几个时辰，五更时又要回到上书房继续工作。如此周旋，从不言苦。这可苦了鄂尔泰、张廷玉等一班老臣，因为他们要待候君侧。几天下来，这几个老大臣便支撑不住了。其实何止是老大臣，就是乾隆的兄弟弘昼等人也觉得难以支撑。他们不是乾隆，自然没有乾隆超人的意志和耐力。好在乾隆能够变通，发觉他们体力不支后，便让他们轮流待候，才没有再出岔子。乾隆的勤政作风，从即位之初，便显露出来。

作为一个想要大展拳脚的君主，仅仅勤政显然不够，还要有独到的思想和强硬的政治手腕。雍正皇帝生前很迷信，特别喜欢大臣们报告地方上发生祥瑞的事，例如天降甘露、地生灵芝、麒麟生、凤凰出，等等。每每听到这些报告，他都会龙颜大悦，以为这些祥瑞的事，都标志着国家在自己的统治下，政治清明、人民安乐。大臣们察言观色，知道他喜欢这些，便经常投其所好，捏造一些祥瑞之事奏报上来。反正这些虚无缥缈之事，真真假假无从对证，不怕会露出了底子，还能获得奖励，何乐而不为呢。于是，雍正当政期间，"祥瑞"现象不断，花样层出不穷。

乾隆却知道，这些所谓的祥瑞，根本就是投机者捏造出来的。身为皇子的时候，他不能言，也不敢言，否则必然会引起雍正的反感。但是现在不同了，他要制止这种现象的再度出现。雍正死后不到一个月，他就降谕禁止大臣奏陈祥瑞：

兹朕缵绪之初，仔肩伊始，深巩未能继述万一，岂能遽召嘉详？唯当与中外诸臣以实政实心，保守承平大业，时深乾惕，日凛凡康，切不可务瑞应之虚名，致启颂之饰说也。

这道谕旨的意思，再明显不过了：那些奏报祥瑞的行径，都是不务实的虚妄之说，所以中外大臣应当慎言慎行。他这几句话说得虽然客气，但内心深处却着实厌恶这些行为。他传谕各省文武长官，此后"凡庆云、嘉谷一切祥瑞之事，皆不可陈奏"。这一做法，虽然违了雍正的意愿，但却显示出乾隆治国的决心。他要拿这些虚无之事开刀，以正朝堂之上的不实之风。

即位一月之后，乾隆又做了一件有违雍正之意的事。这件事的影响之大，远远超过了他所颁布的其他谕旨。是什么事会有如此之大的影响力？

这要从雍正的为人说起。历史上的雍正，是清朝最为勤勉的一位皇帝，他在位时间虽然只有短短十三载，但却一直兢兢业业，从不放松。可尽管如此，后人对他还是多有诟病，最主要的原因就是因为他冷酷无情。他的冷酷，多体现在对自己兄弟手足的态度上。

在雍正之前，虽然满洲皇族内部也多有纷争，但却少有撕破脸皮，直至兄弟手足相互残杀、相囚的地步。但是这些事，却一个不落地发生在雍正身上。雍正登基之后，随即展开了令人发指的手足相残，不管有多少必要性，他的手段总是过于残忍了一些。据史料显示，雍正上台以后，当初那些和他争夺帝位的兄弟都没有善果。大阿哥和二阿哥在雍正年间被囚禁至死；三阿哥、十阿哥、十四阿哥，亦被终身囚禁。最惨的是八阿哥与九阿哥，他们两个人当年在争夺帝位时比较活跃，故而所受的惩罚也最重。他们俩被夺爵受审不说，还被强迫改名为"阿其那"、"塞思黑"，受尽侮辱，最后被折磨至死。"阿其那"和"塞思黑"都是满语，意谓"猪"、"狗"。对待自己的同胞兄弟，这种手法确实是阴毒了些。

对于手足能够如此，那么雍正对于其他宗室成员就更不会心软了。据清史料显示，雍正年间，爱新觉罗家族的很多宗室成员，或被夺去爵位，或被削籍离宗，或被贬为庶民，甚至是抄家流放，不计其数。最让人惊骇莫名的是，雍正皇帝连自己的亲生儿子弘时也不放过，处死了事。在亲亲为上，崇尚孝悌的宗法社会，无论雍正有多大的无奈和苦衷，他的做法都有些过了。正因为如此，他的行为引起了皇室，乃至天下人的不满。雍正在位时，虽然有很多人心生不满，但是却没有人敢表露出来。原因是，没有什么人能够承受得住雍正的雷霆手段。

很显然，乾隆也认为皇父雍正的行为有些过了。同时他也认识到，很多大臣同样不满意雍正的所作所为。那么，这是不是说，只要自己能够纠正雍正的这些错误，就能在心理上取得那些大臣们，甚至是天下人的支持？他的想法是对的！所以在即位仅仅月余之后，他就发出了一道震动天下的谕旨：

阿其那、塞思黑存心悖乱，不孝不忠，获罪于我皇祖圣祖仁皇帝，我皇考即位之后，二人更心怀怨望，思乱宗社，是以皇考特降谕旨，削籍离宗。究之二人之罪，不止于此，此我皇考之至仁至厚之宽典也。但阿其那、塞思黑辜由自作，万无可矜，而其子若孙，实圣祖仁皇帝之支派也，若俱屏除宗牒之外，则将来子孙与庶民无异。当初办理此事，乃诸王大臣再三固请，实非我皇考本意，其作何办理之处，着诸王满汉文武大臣翰詹科道，各抒己见，确议俱奏。

这道谕旨的意思是说，允禩、允禟等人虽然是咎由自取、罪有应得，但是都已经死去，祸不及子孙，他们子孙的血管里流的毕竟都是爱新觉罗的血。如果继续把他们开除于宗籍之外，与普通百姓一样，实在不妥。当初之所以会把他们尽皆开除宗籍，是基于办理这件事的王公大臣的再三请求，而非出于先皇的本意。现在重提这件事，是希望诸位大臣各抒己见，拿出一个能够妥善处理的方法来。

大臣们再傻，也能看出乾隆的意思：这是要翻案了。一时之间，朝野上下，对这位新君的胆魄无不惊讶。事情虽然不大，但却偏偏要站在先皇的对立面，对于一个刚刚即位为帝的人来说，这确实需要很大的勇气。

皇帝的旨意一下，大臣们自然知道该怎样去做。他们做做样子商议了一番，便建议皇帝恢复允禩、允禟等人子孙的宗室身份。很快，那些曾被雍正摒出宗籍之外的人，又恢复了天潢贵胄的身份，而那些被囚禁于高墙之内的王公亦重见了天日。乾隆代父"还债"，更是给允禩、允禟等人的子孙拨付了一笔相当丰厚的产业，以资生活。雍正的那些兄弟们，多数已经死去，当然还有活着的。雍正一母同胞的兄弟十四阿哥允禵就还活着，只是被雍正囚禁了起来。乾隆也释放了允禵，并且赐给爵位，给予优越的生活待遇，让其安享晚年。据《朝鲜李朝实录》记载，乾隆为了补偿这个十四叔，想把允禵被囚十三年的俸禄一一给还，但却遭了允禵的反对，最后只得作罢。

乾隆的种种作为向朝臣及天下人传递了一个信息：新君将会是一个宽厚待人的好皇帝。这些，更坚实了他的帝王基础。

温柔的手段

如果说大清王朝是一艘万吨巨船，那么乾隆的身份就很奇怪了。刚开始时他是旅客，忽然之间却又变成了掌舵人。没错，雍正在位的时候，他只能是一个"旅客"。

雍正发明了"密立储君"制度，这种制度有利也有弊。最优越的地方是，这种制度悄悄地确立了皇位继承人，让人知道有这回事，却不知道谁才是真正的储君，有效地避免了因为夺位而产生的混乱。当然它的"弊"也不小，因为一直不能确定谁才是真正的储君，故而真正的"皇太子"也丧失了一定的处理政事机会。例如，康熙年间皇太子被废之前，就曾数次以"监国"的身份处理国事，这些都是很好的学习和锻炼机会。即位之前的弘历，显然没有这个机会。所以，在这艘"大船"上，他只能是旅客，是看客。

忽然间，他由"旅客"变成了"掌舵人"。这个转变实在太大了，大得让他有些不知所措。好在他心理素质不错，没有闹得个手忙脚乱。但是这个时候，他分明感到，自己有些势单力薄了。他知道任何一个君王，都必须有一个可靠的班底，这是政治资本。他还知道，倘若想要更快、更好地驾驶这艘巨船，就必须争取更多的官僚集团对自己效忠。

那么应该怎样去做？

其实从一开始，他就打出了一张极漂亮的牌。雍正逝世，满朝文武都在看着新君乾隆，想要看看他到底是怎样的一个人。而他，终究也没有让大臣们失望。他温文尔雅，宽厚待人，显然与老皇帝大不相同。雍正在位时，君与臣之间，是典型的猫鼠关系。雍正的多疑和严苛，使大臣们都得战战兢兢地过日子，谁都知道，在这位喜怒无常的皇帝面前，稍有不慎便有可能会万劫不复。大臣们诚惶诚恐，雍正也总是喜欢以恶意去忖度大臣们，对他们的一举一动都苛刻明察，一丝错误也不放过。这显然是一种恶性循环，君臣之间的关系越来越恶劣。当然，这种恶劣关系只能存在于各人心中，表面上君臣之间依然融洽。但是，这至少造成了一种恶果：大臣们只是被迫臣服在雍正脚下，而非真正地心服口服，更毋庸说推心置腹了。

可是乾隆却不同，从一开始，他的作为就让人心生温暖。可以说，即位之初乾隆颁布的那些谕令，使他的形象一下子在诸大臣心中鲜明起来。大家开始感觉到，新皇帝将会是一个好相处的皇帝。

但是大臣们还是不大放心，尤其是那些老臣们，更是有些害怕。他们在害怕什么？害怕被取而代之。一般来说，一朝天子一朝臣，每代君主即位之初，总会想方设法罢黜一批旧臣，启用一批新人，以巩固自己的权力，推行自己的执政理念，这是亘古不变的真理。新皇帝会不会这样做？谁也不知道，所以满朝文武大臣都在忐忑中翘首等待。

随后，他们放心了。乾隆显然没有这样做，他十分尊重皇父时期留下的国家重臣，对那些高位老臣尤为尊重。他不仅借雍正之名，使鄂尔泰、张廷玉等老臣成为辅政大臣，更是尊称他们为"先生"而非"卿"。"先生"为师，"卿"为臣，一个小小的称呼之别，道出了新皇的敬重之意。老臣们又岂能听不出来？这使得那些老臣心怀感激，更加卖力工作。

说到底，乾隆只是一个政治上的新手。他虽然有学识、有抱负、有头脑，但却欠缺经验。而那些老臣们，则个个经验老到。乾隆非常明白这一点，所以常常虚心向他们请教。有时他出宫办事，便放心地把国事交由那些老臣处理。他的抚恤和信任，赢得了老大臣们的效忠。

另一个争取官僚集团效忠的策略，就是"宽"。这一点，他与皇父雍正背道而驰，有些靠近祖父康熙。雍正的驭臣策略是"以严立威，以威服人"，他认为只能用严苛的手段，才能让大臣们不敢怀有二心。在雍正的严刑峻法之下，一大批官员戴罪狱中，更有很多官员因为要追赔贪污款项而倾家荡产四处流离。乾隆即位之初，便开始宽大待下，每每能够从大臣的角度出发，替他们考虑问题。他用"从宽得众"的驭臣之道，争取到了很多大臣的效忠。

比如，著名将领傅尔丹、岳钟琪都因为贻误军机被雍正判处死刑，囚于牢中。经过调查，乾隆发现他们罪不至死，便释放了他们。再比如，查嗣庭、汪景祺等人因为同情文字狱要犯，被雍正处决，他们的家人也被流放充军。乾隆亲自下旨，放回了他们被流放的家属。

雍正去世时，还有一批因被追赔赃款而倾家荡产的获罪官员。雍正刑罚太严，使得那些获罪官员多因无力承担罚款而流离失所。乾隆即位不久，便颁发谕旨免除了一些人的罚款，并明令禁止不许株连亲友。在即位后的三个月里，他陆续免除了六十九名官员的欠款。据《清高宗实录》记载，他下令清查历年的亏空案，并谕令："其情罪有一线可宽者，悉予宽免，即已入官之房产未曾变价者，亦令该衙门奏给还。"从诸多清史料统计来看，乾隆初年，从轻处理的官员多达两千多名。

毫无疑问，乾隆以"宽"赢得了官僚阶层的欢心，这为他的施政打下坚实的基础。在这一点上，乾隆无疑是一个很聪明的人，他明白新君即位赢得人心有多重要，更明白要想赢得人心，最直接的手段就是让大臣们马上得到眼前的利益。事实上，他所颁发的每一道政令，都能从大臣利益的角度考虑。

虽然有学者指出，乾隆后期朝政的腐败，正是因为乾隆过于柔仁的性格和宽仁的施政纲领。但毋庸置疑，也正是因为宽仁，使乾隆稳稳当当地迈出了统治大清王朝的第一步。

经过雍正十三年的风霜之治，大清朝在高压统治之下，已然政治纪律严明，贪污腐败得到有效控制，百姓在王纲之下战战兢兢，根本就没有什么作乱的念头。这个时候，清廷需要用宽松一些的政策，舒缓人们的神经。

事实上，宽仁政策的确效果明显。暴雨过后，突然风和日丽，所有人对乾隆的感觉都是春风拂面，心情舒畅。《啸亭杂录》说："乾隆皇帝即位时，正是雍正皇帝严厉治理之后，他凡事皆以宽大为政，罢开荒，停绢纳，重视农业，限制僧尼。万民欢悦，颂声如雷。江南出现了'乾隆宝，增寿考；乾隆钱，万万年'这样的歌谣。"从百姓对乾隆的拥护程度，我们可以看出，这位年轻皇帝赢取人心的策略多么成功。他要的，就是四海归心。

不止是官僚拥护，百姓爱戴，就连外国使臣也对新君乾隆赞不绝口。当时，有许多外国使臣进京朝贺，一位朝鲜使臣说："新主政令无大疵，或以柔弱为病，边境故无忧。"另一位使臣则说："雍正有苛刻之名，而乾隆行宽大之政。以求言诏观之，不以论寡躬缺失，大臣是非，至于罪台谏，可谓贤君矣。"这两位朝鲜使臣的话，至今收录于《朝鲜李朝实录》中，由此可见乾隆仁政的影响之深。

无论如何，即位之初，乾隆就打了一场漂亮仗。他不仅在人们心中树立了贤君的形象，更赢得了官僚集团和百姓的支持。大清朝中最后一个盛世时期，由此拉开了序幕。

聪明的抓权方式

说到底，皇帝的威严以及政令的有效颁布，都需要用权力来维持。权力，是捍卫国家机器正常运转的工具。自古以来，无论贤君抑或是庸君，都知道要把权力紧紧抓在手中。乾隆是个聪明人，当然知道紧紧抓住权力。

皇帝是国家的最高统治者，大权在握岂非理所当然？理虽如此，但是在中国历史上，却不乏大权旁落的皇帝。一旦真正的权力落入旁人之手，那么皇帝的威严势必会荡然无存，颁布的政令也很难有效实施。乾隆的曾祖父顺治、祖父康熙就是很好的例子，他们在即位之初都因为没有抓住权力，从而不得不受制于人。

乾隆当然不想重蹈祖辈覆辙，事实上，他也比曾祖和祖父多了一些资本。顺治和康熙，都是幼龄登基，在处理国事上不得不依赖他人。但是乾隆不同，他25岁时登基，已然具备了牢抓权力的资本。

当然了，25岁只是代表他早已成年，不再是什么也不懂的孩童。至于怎样牢抓权力，这还要依人的智慧而定。乾隆是个聪明人，为了牢牢抓住至高无上的权力，他采取了几项加强皇权的措施。具体是：在行政上，他采取了秘密奏折制度，恢复了军机处；在舆论上，他抓住百姓迷信的心理，把自己神化为罗汉；在人事上，他在宽仁的大前提下，严厉地处理了一些前朝不服新政的官吏。三管齐下，他慢慢地把权力牢牢抓在了手中。

中国历史上的那些皇帝们，无不尊崇"朝纲独揽"，乾隆也不例外。整个国家机器就好比一个金字塔，任何一个皇帝都愿意高坐顶端，俯瞰全局。但问题是，大清王朝是泱泱大国，百姓既多，国土又广，各级官吏自然也是多不胜数。有道是"鞭长莫及"，这些都对管理造成了一定的困难，尤其是以一人之力领导全国官吏，更是难上加难。那么，他这位势必要久居深宫的皇帝，又如何能够通晓庶务、明察官吏呢？

像大多数皇帝一样，他也施行了"广布耳目，收取信息"的策略。既然需要管理的人多，那么他就多给自己安插了一些"眼睛"和"耳朵"，自然能够做到"眼观六路，耳听八方"。不过，在前人广布眼线的基础之上，他又把这种策略加以改进，以便收到更好的效果。他的具体做法是：第一，实行密折制度，使信息能够充分流通，以便更好地监督与控制官吏；第二，恢复军机处，让它能够更有效地为自己服务。

为什么要实行密折制度？最重要的目的，是为了实现信息的保密。过去传递信息，除了口口相传外，就只能依靠文字传递了，这使得信息内容很容易外泄。乾隆开始想尽办法，把信息的保密工作做到最好。为了加强奏折的保密程度，他又实施了几项措施。首先，他坚持满族官员奏事用满文，而不是用汉文，这就有效地限制了认知群体。其次，他下了谕旨，严禁任何人将皇帝的批语泄露出去。皇帝批过的奏折毕竟还要给大臣们看，而大臣们喜欢议论的批语，有时候则会成为泄密点。最后，他在大臣们送奏折时，加入了一点儿自己的"发明创造"。很简单，他在奏折外面加了一个匣子，就是递奏折时需要将其放入匣子之中，而匣子则只有递奏折的人和皇帝才能开启。这等于给奏折加了一道保密装置，传递奏折的人固然要小心翼翼，护送奏折的人也要诚惶诚恐，这样一来，泄密的概率自然大大减小。

乾隆性子缜密，他做好了臣子们的保密工作，也做起了自己的保密工作。对于秘密奏折的批阅，他从不假他人之手，甚至不需要用近侍帮忙。收到秘密奏折后，他总是亲自拆阅，然后再行批阅。有时候，遇到一些事关重大的密折，他就多花费一些力气，把密折的内容记在心里，然后烧毁原折，这样就能做到万无一失了。

乾隆十三年（1748），乾隆废止了大清沿用已久的奏本文书制度，而改用密折汇报的形式。官员们如果有机密的事情要汇报，需要先以密折的形式呈上去，在获知皇帝的真正意图之后，再以题本的形式向专职部门请奏。可想而知，这个时候的请奏，只不过是走个形式而已，掩掩外人的耳目。请奏的真实内容，皇帝早已了然于胸，甚至做了批示。这种密折汇报的形式，就像是一只无形的大手，使乾隆牢牢抓住了权力。

为了紧抓权力，乾隆采取的另一个措施，就是恢复军机处。

乾隆二年（1737），乾隆颁下谕旨，裁撤雍正丧期内设置的总理事务处，恢复军机处。

军机处是清代官署名，亦称"军机房"、"总理处"，是清朝中后期的中枢权力机关。雍正七年（1729），因用兵西北，以内阁在太和门外，恐泄露机密，始于隆宗门内设置军机房，选内阁中缜密者入值缮写，以为处理紧急军务之用，辅佐皇帝处理政务。雍正十年（1732），改称"办理军机处"简称"军机处"。军机处本为办理军机事务而设，但因它便于发挥君主专制独裁，所以出现之后便被皇帝紧抓不放，而且其职权也愈来愈大。

乾隆即位之初，并没有意识到军机处的重要性，而是将其当作是前朝政治之弊来撤销的。但是很快，他就凭借敏锐的政治头脑，意识到了军机处的重要性。他得出了一个结论：前朝的政治积弊，并不是因为军机处的设立，而是由于亲王和权臣把持政务要职。换句话说，这个职能部门并没有什么不妥，前朝之所以会出现一些问题，还是在那些手握重权的王公大臣身上。于是，他又重新恢复了军机处。当然，此时的军机处职能更大，制度也更健全。

军机处的前身是处理紧急军务之用，那么又如何能够帮助乾隆掌握权力呢？其实军机处，更像是皇帝的秘书。乾隆是中国历史上的一代明君，可是首先他只是一个有血有肉的人。无论多么聪明睿智、勤于政务，他的精力总是有限。可是天下庶事繁多，而他又想把天下事尽皆掌控在自己手中，这是不是有些太难了？他一个人忙得过来吗？自然忙不过来，于是他需要依靠"秘书"代自己处理政事。

能够进入军机处的大臣，在忠诚度上都得到了乾隆的认可。他们紧跟皇帝之后，做的是贯彻皇帝旨意、出谋划策以及文字工作，有些类似于今天的高级秘书。军机大臣的重要性，体现在与皇帝的"亲近度"上，在密折问题上，他们同皇帝走得很近。但是论到实权，他们却根本无法与那些朝廷重臣相比了。尤其是遇到重大决策的时候，军机大臣们更是没有话语权，能够拍板拿主意的，只有皇帝一人而已。军机大臣所做的，就是把皇帝的决定移录到纸上，仅此而已。当然了，他们也可以提出一些实质性的建议，但那些建议仅供皇帝参考之用，根本左右不了局势。

虽然如此，但军机处的作用还是毋庸置疑。军机大臣们虽然左右不了局势，但却可以影响皇帝的决定。因此，乾隆在挑选军机大臣的时候，非常慎重。他定下了一个挑选军机大臣的标准，那就是不任用皇族，但首席军机大臣必须是满人。为什么要这样做呢？不任用皇族，是出于皇族内部容易出现窥伺权力的考虑。而首席军机大臣必须是满人，则是为了保证满人在清政权中占据重要地位。

为了使军机大臣更忠于自己，乾隆对他们格外恩宠。他曾颁下过一道谕旨，规定凡军机大臣者，可不以资历高低为标准，提拔自己的亲信。意思就是说，军机大臣可以随意提拔亲信而不被人指责以权谋私。仅此一项，就可以看出乾隆对于军机大臣是多么重视。

确实应该重视，军机大臣位高而权不重，言轻而责任重，真正构成了皇权的核心力量。为了更牢固地独揽大权，乾隆还一改雍正时军机大臣不超过三人的惯例，而让六名军机大臣分割军机处的事务和权限，使他们互相监督、互相牵制。这样一来，就不会有越轨的现象发生了。

尽管如此，乾隆还是不太放心，他把军机处的工作做到了极致。军机处权力的象征是大印，而大印是死物，很容易被图谋不轨之人所用。乾隆为了消除这个可能，管理大印极为严格，印文钥匙分别由值事太监和军机章京保管。为了保密起见，他还规定只能由 15 岁以下不识字的少年充任军机处听差，还派御史往来检查，消除一切泄密的可能。

通过一系列措施，乾隆把军机处牢牢控制在手里。而通过军机处，他则牢牢掌握了权力。但是，他想要独揽大权，这些措施似乎还有些不足。为了弥补这些不足，乾隆通过各种方式大肆削弱中央和地方其他机构的权力，并把权力集中于军机处，由自己亲自领导。军机处权力的扩大，等于皇帝手中的权力也在扩大。随着军机处权力的越来越大，前朝最重要的权力机构议政王大臣会议以及内阁都形同虚设。乾隆颁发的谕旨，可以直接从军机处发出，而下面的奏折可以直接递交军机处，由军机大臣转呈皇帝。

军机处的恢复及职能范围的扩大，使国家权力如同百川汇海，最后都悄悄流入乾隆手中。当然，从另一个侧面看，军机处往返于乾隆与大臣之间，大大提高了办事效率，这实在是一个很大的进步。

总而言之，密折制度和军机处的恢复，为乾隆独揽朝纲打下了坚实的基础。在乾隆的督促下，密折制度和军机处制度得到了空前的完善，从而使得皇权得到了空前的集中和巩固。当然，权力是集中在乾隆手中。

堂堂天子化罗汉

　　乾隆不赞成皇父雍正迷信。即位之初，他把雍正生前宠信的僧人赶出了皇宫，以儆效尤。但是，他却懂得利用百姓的迷信心理为自己造势。

　　儒经《尚书》中说，天神改变了他对自己的长子、大国商国君主的任命。从周代开始，社会的最高统治者都被称为"天子"。所谓天子，自然就是天神的儿子，这当然是统治者统治百姓的一种手段。乾隆别出心裁，把自己神化为罗汉。他宣传自己是金身罗汉转世，是上天派到世间来的，直接接受佛祖的意志。他是罗汉转世，那么他的命令也就成佛祖的命令了。这种转化，使他在百姓心中的威望更高，更有震慑力。

　　在乾隆之前，大清王朝的皇室成员中有不少崇信佛教之人。乾隆的皇父雍正是一个，不过他虽然笃信佛教，但却还分得清信仰与现实的区别。他从没有因为信佛而心慈手软，大行仁政。乾隆的祖父康熙对佛教也很有兴趣，六下江南期间，但凡名山大寺，他总要去烧香拜佛，有时还会书赐匾额。乾隆的曾祖顺治笃信佛教，他曾先后召憨璞性聪、玉林琇、木陈忞和溪森等禅师入内廷说法。后来因为笃信佛教，他差点儿舍弃皇位遁入空门。由此可见，大清王朝的那些皇帝们，大多都礼信佛教。

乾隆也信佛。不过对于佛教，他没有雍正信得那么切，也没有康熙信得那么真，更没有顺治信得那么虔诚，但毫无疑问，他比那些祖辈们更会利用佛教，他比他们更懂得用百姓信佛的心理控制百姓。

在百姓心中，他不仅是皇帝，更是金身罗汉转世。

佛教认为，人修行后可达到不同的果位，有一、二、三、四果之分。其中四果成就最高，取名罗汉，达到了涅槃的最高境界，可以消除一切烦恼，不用再入轮回道进行生死轮回。另外，在意译上罗汉还有三层解释：一说可以帮助人除去生活中的一切烦恼；二说可以接受天地间人天供养；三说可以帮人不再受轮回之苦。而这些解释，正是乾隆宣传自己是罗汉转世的目的所在。既然他是罗汉转世，那么就有帮助人们除去生活中一切烦恼，帮助人们不再受轮回之苦的能力。他有吗？如果他是金身罗汉转世，那么他就有。人们一旦相信这些，自然会顶礼膜拜。

据佛经记载，罗汉原有十六位，都是释迦牟尼的得道弟子。后来，在十六罗汉的基础之上发展成为十八罗汉，又补上了两位。关于这两位后补的罗汉，说法不一。一说是著《法住记》的庆友和尚与译经和尚玄奘。前蜀张玄和五代僧人画家贯休分别画了十八罗汉图，宋代时苏东坡分别为上述的画赋诗题赞。他认为，后补的两尊罗汉，一是"庆友尊者"，即《法住记》的作者；二是"宾头罗汉"，即第一尊罗汉的异名。还有人说，这两尊罗汉应该是迦叶与布袋和尚。

到宋代、元代以后，十八罗汉之说已广泛流行于民间，连中国古典神魔小说《西游记》中也出现了"十八罗汉斗悟空"的故事。不过，宋代志磐撰《佛祖统计》认为，宾头尊者为重复充数；庆友尊者是《法住记》作者，故都应该排除在外。《佛祖统计》指出，以正当身份受佛祖嘱咐的最后两位罗汉应该是迦叶尊者和君徒钵叹尊者。

对于这种言之凿凿的说法，乾隆并不买账。清朝的《秘殿珠林续编》中，乾隆题颂最后两位罗汉，分别是降龙罗汉迦叶尊者和伏虎罗汉弥勒尊者，并由章嘉活佛所考定。虽然乾隆和章嘉活佛渊源颇深，但能够对后补罗汉提出不同意见，至少说明了他对佛教经典的认识之深。由此可见，乾隆将自己神化为金身罗汉转世，并非全是出于迷信百姓。

事实上，到了后来，他认为自己的修行已经达到了罗汉的程度。他曾说过："圣心与佛心无二别"，他是以"圣心"修成罗汉的。他自认虽然不敢与观音、普贤、文殊、地藏等菩萨相比，但也修行出了一定的成就，不为世间一切所惑。严格来说，他的这种想法有些自大，但却并不过分。作为一代贤君，他确实修行出了一定的成就。

乾隆十年（1745），他在《寄题独乐寺诗》中说："丈六金身应好在，春风过后偶相思。"什么意思呢？他认为罗汉金身可以长久存在，可以永远受人们的供养，叫人思念。那么，他既然把自己神化为罗汉，是不是应该也留下金身？

这种想法使他怦然心动。

于是，在乾隆十三年（1748）兴建罗汉堂时，他下令把自己挤入罗汉中。

于是，碧云寺罗汉堂中的第四百四十四尊罗汉便变了样。第四百四十四尊罗汉名为"破邪见尊者"，是佛祖释迦牟尼的弟子，正直慈和，好静善思，道行也很大。养正在《五百罗汉谱》中说："第四百四十四破邪见尊者，正面而坐，右脚高架，双手交叉置于腹前，方面大耳，体形丰硕健壮，神态从容高贵，宁静思索貌。"那么，碧云寺罗汉堂中这尊罗汉变成什么样了呢？虽然还是名为"破邪见尊者"，但脚不高架，双手置于腿上，胸前护心镜上的两条龙在飞腾。这分明就是乾隆，他真的让自己"金身留世"了。

抛开私心不说，乾隆有意神化自己，甚至让自己"金身留世"，还是为了稳固自己的权力。可想而知，当他以皇帝兼罗汉的身份深入人心之后，全国臣民又岂能不对他顶礼膜拜呢？神化自己，正是乾隆的高明之处。

宽严并济

甫一即位，乾隆就以"宽"和"仁"赢得了全国臣民的欢心。在臣民心中，他是一位不折不扣的仁君。

但是，他明白凡事过犹不及的道理。他的父亲雍正治国过严，有"暴"的倾向。他想要改变这种状况，但却也明白，过于柔仁就会变成懦弱和无能了。他当然不能允许这种情形出现，否则如何管理国家？

即位之后，他对皇父的治国策略做了调整，提出了"宽严相济"的主张。他说："治天下之道，贵得其中"，"中者，无过不及，宽严并济之道也。"他认为，治理天下应该取"中"，也就是说有宽也要有严，宽严并济，才能真正治理好国家。

可以说，乾隆的治国纲领是以"宽"和"仁"为主线，以"严"为辅线的。他翻旧案，释放了还在囚牢中的叔叔，使那些被雍正开除宗籍的皇室子孙恢复身份；他释放了一批获罪官员，更是免除了很多人的欠款，使他们不再受流离之苦；他颁布政令，采取了一些利国利民的措施，使得百姓能够安居乐业。怎样看，他都是一位以宽仁治国的贤君。

雍正死后第三天，即八月二十六日，他下令将贵州苗疆用兵视为"紧急之事"。

雍正末年，贵州地方苗变。由于当地官兵剿抚不力，应变欠妥，以致变乱扩大。无奈之际，清廷派出钦差大臣，赶到贵州统筹全局。但是，钦差大臣张照行事乖张，不懂军事，而且气量狭小。他"挟诈怀私，扰乱军乱"，结果使得变乱更是难以收拾。天高皇帝远，雍正管不着，便有了"弃绝苗疆"的念头。

雍正死前，乾隆一直在以皇子的身份负责苗疆军事事务。他对于这件事的内情，知之甚清。他虽然不赞成"弃绝苗疆"，但却不敢违背雍正的意思。直至登基之后，他便"违反"父意，开始想办法解决苗疆之乱了。他知道，动乱一天不能平复，百姓就得继续受苦。

对于苗疆之乱，他做了很多的工作。他认为，过去对苗疆用兵之所以会失利，除了文武不和、剿抚未定之外，主要是兵力没有集中攻苗，以致效果极差。计议已定，他任命张广泗为经略，让他拥有政军大权，率领六省支援官兵，直奔苗寨。乾隆元年（1736）六月，清军平定了贵州的苗变。

战争不是乾隆的目的，之所以出兵平苗，是为了让更多的百姓能够过上太平日子。贵州苗变平定之后，他免赋设屯，尊重苗俗，安定苗区，对待苗民施行了极为优厚的民族政策。结果，苗民生活是越来越好，自然也都遵纪守法。

即便是发兵平乱，乾隆还是不忘施行宽仁政策。他奉行儒家思想，决心以仁治国，以宽揽权。但是，他并非一味宽仁，对于那些胆敢反对新政的官员，他也能够严厉处理。

乾隆即位以后，户部尚书史贻直多次上书，陈述河南垦荒的危害。他说："河南一带，因垦荒导致民不聊生，百姓卖儿卖女，就是为了应付国家的劳役。"乾隆听说后大为动容，遂下旨指责雍正苛严政治的积极执行者田文镜。他说："河南自田文镜为巡抚总督以来，苛刻搜求，严厉相尚，而属员又复承其意旨，剥削成风，豫民重受其困。"意思是说，河南地方自田文镜为巡抚、总督以来，苛刻搜求，以严厉政策为主，实行高压管理。下属官员们，秉承了田文镜严苛的施政作风，使得当地百姓深受其苦。乾隆这几句话，尽显儒家仁政思想，官员们大多都能够揣摩圣意，改变施政作风。

河南巡抚王士俊认为，朝廷所谓的新政，其实就是推翻旧有的施政策略，以新充好。他并没有按照乾隆的旨意办事，督促州县开垦依然非常严厉。为此，乾隆把他调到四川任巡抚。

王士俊生于康熙二十二年（1683），贵州平越（今福泉）牛场渚浒人。他于康熙五十六年（1717）考中举人，康熙六十年（1721）赴京会试，中进士改庶吉士，入翰林院任检讨。雍正元年（1723），他被雍正看中，到河南任许州知州，从此开始了官宦生涯。雍正年间，他以耿直闻名天下。

被调往四川后，王士俊不服，于是便上疏指斥时政。他说："最近的一些奏折，都意图翻前朝的案，甚至有传言说，只需要将世宗皇帝（雍正）时候的事情翻案就是好的奏折。如果这个言论传到天下，后果将不堪设想。"这几句话说得很严重，所涉及的面极广，暗指乾隆即位之后实行的一些新政。乾隆即位之后，实行新政，以宽仁治国，确实翻了一些前朝旧案。王士俊的胆子的确很大，他以指责群臣翻驳前案为名，影射新君，甚至暗指乾隆翻案实为不孝。

实际上，王士俊是一个好官，但是他的思想却有些过于守旧了。他完全否定了乾隆以宽代严、革除弊政的施政理念。更要命的是，王士俊为官耿直，而且久享盛誉，他的言论有一定的影响力。如果不加制止，让他的言论流传开来，那么新政不仅难以继续实施，乾隆也会成为"不法祖德"的不孝子，支持新政的大臣们也会变成"趋炎附势之徒"。王士俊还是一个耿直的好官，只是他看问题的眼光过于狭隘了。

乾隆看到王士俊的密奏，十分震怒。他马上在奏折上严批申饬，将奏折发于大臣们传阅。随后，他在养心殿召见王士俊，将其痛骂一顿，称其言论是"欺君悖理"。乾隆对大臣们说："新政的施政方针与前朝并无二致，祖父、父亲与我的想法，原本就没有丝毫的差别。之所以要翻一些旧案，是因为任何政策实行久了，都会产生一些弊端，造成一些错误。因此，必须要根据实际情况进行必要的调整，以维护国家法律的有效性，这是自然规律。但是这个王士俊，分明在指责我别有用心，他到底是什么居心呢？"

　　这一段话，显示了乾隆内心的愤怒。他确实应该愤怒，违反祖制，这对于一个帝王来说，是多么重大的失德之行！乾隆即便再宽容，也不能容忍这种指责。他是真的发怒了，准备严惩处王士俊。在大清律法里，王士俊的确构成了犯上之罪，仅这一条，他就有被斩首的资格。

　　不过，乾隆始终是一个宽仁的贤君，他免了王士俊的死罪，将其驱逐返籍为民。

　　尽管乾隆一心推行新政，但朝廷中的阻力还是很大，像王士俊一样反对新政的官员还有很多。他们已经习惯了雍正时期的严政，一时间很难更改过来。甘肃巡抚许容反对新政，也视乾隆的谕令为无物。

　　甘肃发生旱灾，庄稼歉收，乾隆闻之立即下令赈恤灾民。这本是件好事，但事情从许容身上往下执行的时候，却出现了意外。许容恪守雍正时的旧规，仅借给贫民三月口粮，大口每日三合，小口每日二合。合是古时的计量单位，一斗为十升；一升为十合。按每升一点五公斤计算，那么一合就约重一百五十克。大口人家，每日仅有三合救济口粮，确实有些太少了。乾隆知道后，十分不满，下谕说："宽政莫先于爱民，甘肃用兵以来，百姓为国踊跃捐粮。现在遇到粮食歉收，国家应该加恩赈恤，怎么如此刻薄呢？你做事有些太过斤斤计较了。"他实在无法重罚许容，因为其是按照雍正旧规在办事，只是略加警示，希望其能以百姓为重。

然而，许容并没有按照乾隆的谕示办事。当然，他并不是故意抗旨不遵，而是认为自己做得没有错。

这又是一个顽固的守旧大臣！

乾隆恼火了，他不能容忍这样的人横亘在新政的路上。于是，他决定严惩许容。他先是降旨痛斥了许容，然后又暗示大学士查郎阿弹劾许容隐匿灾情，祸害灾民。在过去，暗示大臣进行弹劾，是皇帝惯用的伎俩。借着这个由头，乾隆下令将许容押解来京，并交由刑部治罪。他虽然并没有处死许容，但却凭借着雷霆手段，重重地警告了满朝文武——谁再敢抗旨不遵，阻碍新政，将绝不容情。

乾隆说，对那些"以苛为察，以刻为明，以轻为德，以重为威，此则拂人性、逆人情者"，要严以查办。这几句话，显示出他宽仁施政的决心。在他的坚持下，朝廷中一大批官员因"严刻"而被处置。

事实上，乾隆以严厉手段处置那些反对新政的官员，其最终目的还是为了独揽大权。通过这一系列的严厉惩处，前朝大多数官僚越来越惧怕他，再也没有人胆敢挑战他的权威。当那些顽固守旧的大臣们被肃整之后，他对手中权力的运用，便越来越顺畅了。

第四章 ／ 感情与权力

太后也要防

在中国历史上，每一代帝王都对自己手中的权力极为重视。权力，是一切的基础，帝王手中的权力如果旁落，那么结果将会非常凄惨。

乾隆采取一系列手段，独揽了大权，使自己稳稳坐在大清朝的龙椅之上。但是，他却并没有因此而掉以轻心。因为他知道，权力是一道诱人的大餐，总会有人在一旁虎视眈眈。皇权最容易出现漏洞的地方，一是被大臣们分权，二是被皇室成员分权，而后者尤为可怕。

确实如此，如果皇室成员觊觎皇帝手中权力的话，那么后果就很可怕了。因为，这将引起血腥的夺权斗争。康熙年间，康熙皇帝的那些儿子们，只是因为争夺储君之位，便已闹得天翻地覆，日月无光了。由此可见，皇室成员之间的权力争斗有多么可怕！

在这一点上，乾隆做得也很出色。他通过种种手段，把大臣手中的权力统统紧握在自己手中，杜绝了大臣弄权现象的发生。对于皇室成员，他"预防"得也很严。

即位之初，乾隆的儿子们都还年幼，自然无法争权夺势，他也无须小心防范。那么他要去"防范"谁呢？除了兄弟之外，他最要紧"防"的是皇太后。他要"防"皇太后，并不是无的放矢。纵观中国历史，太后干预朝政的现象屡见不鲜。从汉朝的太后吕雉到清朝的孝庄，太后干预朝政的现象似乎从来没有停止过。究其根源，是因为皇帝同皇太后之间关系太过密切，这使得皇太后干预朝政有了可能。

皇帝同皇太后之间的关系，自然十分密切，世上任何一对母子都是如此。

康熙在世时，就曾预言弘历生母钮祜禄氏是"有福之人"。看来确是如此，他说完这句话的第二年，雍正即位，钮祜禄氏被封为熹妃，后来又晋为熹贵妃。及至乾隆即位，她自然而然成了太后，尊号为"孝圣宪皇后"。

她的福气，自然不全是因为成了大清朝的皇太后，更多是因为有一个孝顺的儿子。在中国历史的皇族之中，乾隆是著名的"孝子皇帝"。孝为德之本，乾隆孝母，纯系天性，并没有因为自己是皇帝而有些许做作和掩饰。他对母亲的深挚感情，完全是发自内心。《乾隆帝及其时代》中记载，登基之后，国务繁忙。但是，乾隆仍坚持像以前那样"三天问安，五天侍膳，对母亲的生活起居，关怀备至"。对于一个日理万机的皇帝来说，这不仅是难得，更是难能可贵了。

还有一些小事，也能体现出乾隆对母亲的孝顺。即位之初，乾隆为了作好表率，在平时生活中十分节俭。他甚至拒绝臣子过年过节给自己进献贡品，以减少不必要的浪费。但是，他的节俭却没有用在母亲身上。每一次皇太后过生日，他都大操大办，绝不心疼银子。乾隆六年（1741），皇太后50岁大寿，乾隆为了让母亲开心，效仿康熙五十大寿时的做法，把寿诞场面操办得热热闹闹。那天，皇太后由圆明园返回宫中，他便组织了许多60岁以上的老人，在路边"瞻仰跪接"。据《清高宗实录》记载，那一天，仅仅赏赐那些跪接之人，就花费了十多万两白银。至于皇太后的六十大寿，乾隆更是花钱如流水，极尽铺张之能事。而他铺张的根本目的，就是为了博得皇太后的欢心。

当然，除了在生日时博得老太太欢心之外，乾隆还从来不吝惜自己的"空闲"时间。乾隆很忙，几乎没有什么空闲时间，但是他总能想尽办法挤出一些时间，多陪陪母亲。有时候，即便是出巡，他也要带上母亲，陪她散散心，看看湖光山色。而老太太呢，也愿意跟儿子一起外出"旅游"。据《乾隆帝及其时代》中记载，每次跟儿子出巡，老太太总是"乐此不疲，不管年龄已大，路途遥远，总是高高兴兴地出外旅游。一路上供应侍候，自然十分周到、殷勤，但风尘仆仆比在宫中园中无事静养，总要辛苦得多。也许正是因为她不喜欢宫廷中寂寞刻板的生活节奏，她宁愿跟着儿子到处奔走，游山玩水"。从这些记载中我们不难发现，乾隆对于母亲的眷恋和关爱。

但是，孝顺是一回事，权力又是另外一回事。乾隆极为孝顺，只要能让母亲开心，他愿意背上挥霍奢侈之名，甚至什么都愿意去做。除了一点，他一直都能把住权力关，不让母亲碰触自己手中的权力。对于他来说，这是忌讳！

据《清高宗实录》记载，雍正十三年（1735）八月二十六日，也就是雍正死后的第三天，乾隆就以新君的身份，发出了一道谕旨，用以告诫宫中太监宫女：

凡国家政事，关系重大，不许闻风妄行传说，恐皇太后闻之心烦。皇太后仁慈抚爱朕躬，圣心切至，凡有所知，母子之间岂有不告之理？但朕与诸王大臣所办政务，外人何由而知？其应奏闻后者早已奏闻矣。宫禁之中，凡有外言，不过太监等得之市井，传闻多有舛误。设或妄传至皇太后前，向朕说知，其事如合皇考之心，朕自然遵行；若少有违，关系甚钜，重劳皇太后圣心，于事无益。尔等严行传谕，嗣后凡外间闲话，无故向内廷传说者，即为背法之人，终难逃朕之觉察，或查出，或犯出，定行正法。陈福、张保，系派出侍奉皇太后之人，乃其专责，并令知之。

很显然，这道谕旨针对的是后宫里的太监宫女，不让他们"闻风妄行传说"。他们是说者，那总得有听者吧！听者是谁？自然是皇太后。所以，乾隆这道谕旨的根本目的，是不让皇太后参与政治。不让她知道，不就什么事也没有了吗？孝顺和参政，根本就是两码事，乾隆懂得这些。

乾隆确实有先见之明。虽然从即位之初，他就做出了预防措施，不让皇太后参与政治。但是，皇宫本就是政治的聚集地，要想完完全全地把皇太后杜绝于政治之外，似乎也不太可能。有些时候，皇太后还是会在有意无意之间触及政治的边缘。

《清高宗实录》中记载了这样一件事：

有一次，太后在和乾隆聊天时偶然提到，顺天府东面有座庙宇很灵验，不过年久失修，已经快要倒塌，希望皇帝能够拨一点钱，加以修缮。老太太一心向佛，有些念头，实属正常。但是她的提议却无可避免地触及到了政治。后宫不得干政，这是乾隆的底线。

乾隆听见母亲这样说，满面堆笑地应承下来。可是一转身，他就狠狠地斥责了太后寝宫的首领太监陈福："张保糊涂不知事务，陈福随侍圣祖多年，理合深知体统，几曾见宁寿宫太后当日令圣祖修盖多少庙宇？朕礼隆养尊，宫闱以内事务，一切仰承懿旨，岂有以顺从盖庙修寺为尽孝之理？"虽然生气，但太监张保和陈福毕竟是皇太后身边的人，不宜重责。他再次警告陈福："嗣后如遇此等事务，陈福等不行奏出，轻意举动，多生事端，朕断不轻恕。"事情或者并不严重，皇太后只是无心提了一句，但在乾隆看来，皇太后这几句无心之言，却正好与政治有关。他不允许这样的事情发生。

这件事自然也瞒不过老太太，她知道儿子为什么生气。自此之后，对于朝政，她再也没有多加妄言了。历史上乾隆皇帝与孝圣宪皇后之间子孝母慈，乾隆固然孝顺，而他的母亲也十分明理，一生从不干预政事。

亲王宗室靠边儿站

乾隆曾言："盖权者，上之所操，不可太阿倒持。"

这句话是说：权力必须操纵在皇帝手中，千万不能倒拿着权力之剑，把剑柄递给别人。别人一旦操纵了权力，那么皇帝的地位就危险了。

确实如此！自古以来，权力就是一把利刃，谁掌握了权力，谁就有了凌驾于万人之上的资本。

从这个角度来看，皇权极度自私。正是因为这种自私性，所以无论哪一朝哪一代，皇权都会成为人们觊觎和窥伺的目标。尤其是那些有野心的人，他们会想："皇帝轮流做，明年到我家，掌握了权力，我也可以做皇帝！"有这种想法的百姓可能不多，但是在皇室中却大有人在。

原因很简单，皇室成员离皇权最近。以雍正朝为例，很容易弄清楚这个问题。雍正为什么能够坐上皇位？他是通过种种手段，击败了众多竞争对手。事实上，当年他的那些兄弟们，都极有可能登上皇位，君临天下。他们的成与败，仅在一线之间。可以说，皇权曾经离他们每个人都很近，但只有雍正抓住了。正因为离皇权很近，所以皇室成员最容易心动。而作为皇帝，乾隆也一直在小心翼翼地预防皇室成员心动。

当然，这并不是说，皇室成员非要有心夺得帝位，才能对皇权产生威胁。历代以来，皇族成员往往都容易左右朝纲。一旦出现这种情况，皇权就已经受到威胁了。

还以清朝为例。大清王朝在崛起的过程中，最倚重的就是家族力量。这很容易理解，打虎亲兄弟，上阵父子兵，血缘关系使得合作关系更为融洽。从努尔哈赤到皇太极，他们都是依靠如狼似虎的兄弟和儿子，打出了天下，争得了江山。但是，问题也出现了。在南征北战的过程中，皇帝那些兄弟和儿子们，手中的权力也越来越重。这会导致什么样的后果？那些手握重权的皇室成员们，开始左右朝政，甚至是觊觎皇位。

于是，皇室宗族之间的内斗就产生了。事实上，自大清朝立国以来，这种斗争就在不断发生。当年还在关外之时，努尔哈赤就同舒尔哈齐、褚英之间发生了激烈的火并斗争。舒尔哈齐是努尔哈赤的同母弟弟，而褚英则是努尔哈赤的亲生儿子。及至进关，顺治又与叔叔多尔衮之间展开了斗争。离乾隆最近的，莫过于雍正和兄弟们的相互残杀了，他甚至还得为这个血淋淋的故事收尾。

前朝之鉴，使乾隆心生警惕。他不得不考虑，如何才能杜绝这种现象的发生。对于母亲，他可以用"后宫不得干政"的借口，使其远离政治。但是，怎样预防其他皇室成员呢？

乾隆即位时，他的兄弟大部分已经逝世，只剩下弘昼和弘瞻两个弟弟。同为雍正之子，两个弟弟对他的皇位威胁最大。当然，他不是雍正，没有像雍正一样，想方设法除掉兄弟以绝后患。他有自己的方法。

即位之前，乾隆同两个弟弟之间的感情都很深，尤其是弘昼。他与弘昼同年，小时候两人同吃同住，同师读书，手足之情笃深。就连雍正传位弘历时，还殷殷期望弘昼能够辅佐兄长。由此可见，乾隆与弘昼之间，感情确实非同一般。登基之后，乾隆曾言："（弘昼）与吾自孩提以至于今，且孺且耽，怡怡如也。"弘昼也说："同气之欢，岂语言文字所能尽载乎？"他们兄弟两人之间的感情，已然超出了语言文字所能描述的范畴。

帝王有帝王的苦衷，正是因为乾隆与弟弟弘昼之间的感情过于深刻，所以他要提防弟弟。谁能保证，弘昼不会恃宠而骄？谁又能保证，弘昼不会心生忌妒生出二心？两人同是雍正之子，且年龄相同，结果一个是天子，一个是臣子，如果说弘昼心里没有一点儿不平衡，恐怕连乾隆都不能相信。

结果，乾隆登基之后，君臣之分压倒了兄弟之情，提防之意压倒了亲爱之心。他纵然还是很爱弟弟，但却不能像之前一样无所顾忌了，他要提防不在弟弟身上发生前朝之祸。而提防的最佳方法，就是杜绝。没错，他开始像对待母亲一样，把两个弟弟隔离在权力之外。

平日里，他对两个弟弟极为优待，金钱爵位，毫不吝啬。他甚至还能在百忙之中抽出时间，与弟弟们赋诗饮酒，谈天说地。作为兄长，他对弟弟们确实是呵护备至。但是有一点，他绝不让弟弟们染指朝政。据《啸亭杂录》记载，他与弟弟们在一起时，经常会提醒他们不要干政。"时加训迪，不许干预政事，保全名誉"，他时时在两个弟弟耳畔敲响警钟，防止他们行差踏错。

看起来，他对弟弟们确实是优待有加，但却在无形之中把他们推进了另一种生活。他的两个弟弟，表面上是天之骄子，尊崇无比。但实际上，他们却不得不徘徊于政治权力之外，无所事事。过去不比现代，一个人除了参政之外，很难有施展才干的机会。事实上，乾隆的两个弟弟都很有才干，但他们却只能混吃混喝等死。这样的现实，使弘昼和弘瞻在心理上发生了扭曲，弘昼性格骄纵，盛气凌人；弘瞻骄纵跋扈，任性贪婪。

据《清高宗实录》记载，有一次，弘昼和军机大臣讷亲闹意见，竟然当众对讷亲拳打脚踢。乾隆知道弘昼性格中的缺点，故而不断借事加以敲打，希望其能有所收敛，认清君臣之分。

还有一次，弘昼与弘瞻到后宫给皇太后请安。闲来无事，母子三人便闲聊起来。弘昼一时忘形，不小心跪到了太后座椅旁边的藤席上。这本是小事一件，却犯了皇帝的大忌，因为这个藤席是乾隆平日跪坐的地方。按照大清律历，弘昼的行为属于"仪节僭妄"。乾隆知道这件事后，毫不留情，罚了弘昼三年的俸禄。弘昼实属无心，但是乾隆对其的严厉惩罚，却恰恰显示了乾隆对皇权的重视。任何人，都不容许有一丝僭越行为，哪怕是至爱兄弟。

这件事，使弘昼彻底灰心。他从精力充沛的青春少年开始，终日在王府中花天酒地，醉生梦死。实在无聊时，便挖空心思，想出各种匪夷所思的游戏，以供娱乐之用。直到60岁病逝，他一生从来没有染指政治。

乾隆的另一个弟弟弘瞻，也是一生从未触碰过政治。他在乾隆的刻意"恩宠"和时时提醒下，自觉远离了朝政。只是，他的性格同样有些扭曲变态。身在帝王之家，一生富贵无限，但他却极度贪婪。他仅仅活了32岁，便郁郁而终。

说到底，弘昼和弘瞻都是乾隆的亲生兄弟。乾隆虽然不允许他们触及政治权力，但在其他方面却对他们恩宠有加。至于皇族中的其他人，可就没有这么好的"待遇"了。对待其他皇族，乾隆从来是不假辞色，极为严厉。

在乾隆以前，满清皇室一直都是政治的中坚力量。但是，从即位之初，乾隆就开始有意打破这个格局，尽量让皇室成员远离政治。即便到了避无可避之时，他还是想方设法地去减弱皇室成员手中的权力。

据清史料记载：乾隆刚刚即位时，曾奉雍正遗命，以自己的叔叔庄亲王允禄、果亲王允礼以及大学士鄂尔泰和张廷玉为顾命辅政大臣，组成御前临时机构"总理事务处"。但是，这个"总理事务处"却没有存活几天便"夭折"了。居丧期后，乾隆便撤掉了这一机构，恢复了军机处。为什么要以军机处代替"总理事务处"？乾隆自有考虑。军机处恢复以后，大学士鄂尔泰、张廷玉等人成为了军机大臣，而庄亲王允禄、果亲王允礼则被排除在外。这，才是乾隆的真正目的。

自此，清政府便出现了一个不成文的规则：亲王宗室不入军机处。这一规则自乾隆初年开始，经嘉庆、道光，直到同治年间才被打破。由此可见，乾隆的这种做法对后世影响之深。

那么，这种做法起到相应的作用了吗？当然！亲王宗室不入军机处，有效地限制了亲王宗室手中的权力，为稳固皇权提供了有力保障。

但是，刚开始时，他的这种策略却差点引起了皇族的动荡。自即位以来，乾隆屡施仁政，对宗族极为优厚，该赏的赏，该赦的赦，本来已经赢得了皇族的好感，获得了整个皇族的支持。但是，他却突然中断了皇族干政的权力，这又引起了皇族的不满。对于皇族成员来说，他们从太祖皇帝努尔哈赤时起，已经习惯了手握重权。如今突然失去了权力，就好像背后突然没有了依靠，这让他们惶恐不安起来。

康熙在世时，最钟爱两个孙子，一个是废太子之子弘皙，一个是弘历。康熙驾崩后，曾在遗诏中嘱托雍正，善待弘皙。事实上雍正也做到了这一点，无论他对自己的其他兄弟侄多么残酷，始终没有处理弘皙。但是很不幸，弘皙却不慎卷入了乾隆引发的这场政治风暴中。

新政实行之后，皇族成员基本上无事可做。闲来无事，弘晳和几个叔伯兄弟，经常聚在赋闲在家的庄亲王家里，谈论朝政，发泄不满。

很快，这事被乾隆知道了。据《清高宗实录》记载：乾隆四年（1739）十月，乾隆以"结党营私，行动诡秘"为由革去庄亲王双俸。对于弘晳，乾隆忌讳更深，他以"胸中自以是旧日东宫嫡子，居心甚不可问，即如本月八日，遇皇帝诞辰，制一鹅黄肩舆进呈，似欲待皇上不要，自己留用"的罪名革去其亲王爵位，将其永远软禁。至于其他几个叔伯兄弟，也同样没有逃脱乾隆的惩处。

至此，宗亲王室成员才真正感受到乾隆施行新政的决心，再也不敢妄起干政的念头。

太监不得干政

宦官是皇帝的家奴，同样也是离皇帝最近的人。如果皇帝一不小心，将君主权力赋予一部分给宦官，让他们去干预朝政，就会形成宦官祸乱的局面。中国历史上，宦官专权干预朝政的现象也有很多，其中最为有名的当属明朝魏忠贤之乱。魏忠贤得势时，被称之为九千岁，仅比身为万岁的皇帝矮上一级，由此可见其对朝政的影响之深。

乾隆自然不会允许这种现象发生。事实上，乾隆是中国历史上防范宦官干政最成功的皇帝之一。

所谓宦官，就是指太监。太监是中国封建社会的特殊产物，是专供皇帝及其家族役使的官员。他们的特殊性就在于，同皇帝以及皇室走得很近。确实很近！以皇帝为例，皇帝身边佣人，除了宫女之外就是太监，而太监往往又能胜任许多宫女不能做的工作。这样一来，大多数时候，皇帝身边的近侍就只有太监了。

这使得太监掌权成了可能！

乾隆清楚地明白这一点，所以从即位之初，他就开始迫不及待地敲打太监。他发布上谕，提及雍正时期一些太监不遵守既定礼制，妄自尊大。他提到了苏培盛，狠狠斥责了这个太监。

苏培盛是雍正的近侍，深得宠信，甚至破例获赏当铺。因为被雍正宠信，他手中便有了一些权力，故而在庄亲王、弘历、弘昼等人面前颇为不敬。乾隆说："以前在朕兄弟面前，或半跪请安，或执手问询，甚至与庄亲王并坐接谈，毫无礼节。"又说道："前朕与和亲王等在九州清宴瞻礼时，值苏培盛等在彼饮食，伊等不但不行回避，且复延坐共食，而阿哥等亦有贪其口腹，与之同餐者。朕躬后至，稍坐而出，嗣是朕即不复在九州清宴用饭。"

身为宫中的老太监，苏培盛等人不会不知道宫中的规矩。可是，他们为什么这么大胆，敢"半跪"向皇子请安，"执手"向皇子问询？因为他们背后是皇帝，是大清朝的最高统治者，皇帝的宠爱使他们间接也有了权力。所以，他们才可以晓规矩而不遵。如果再进一步，他们可能就要干政了。

乾隆说得很明白，"太监等乃乡野愚民，至微极贱，得入宫闱，叨赐品秩，已属非分隆恩。"他警告太监："尔等当自揣分量，敬谨小心，当怀畏惧，庶几永受皇恩，得免罪戾……嗣后尔太监等各自凛遵制度，恪守名分……寻常以公事接见王公、大臣时，礼貌必恭，言语必谨，不可稍涉骄纵，以失尊卑之大体。即在街市行走，不可出言詈人父母者，许被詈之人即行重责。至于奉内廷阿哥等事件，必当庄重敬谨，不可曲意顺从。"

或许正是这种太监是"贱民"的思想，使乾隆把对太监的预防措施做得极为到位。可是，中国历史上每一代皇帝都认为太监是"贱民"，但为什么鲜有人把预防太监干政工作做得如此到位？最重要的原因，是因为宫廷典制并不完备。乾隆深知，提点和痛斥宫中的太监，只能是治表不治根，要想真正做好预防太监干政工作，必须让太监们有"法"可依。

鉴于现状，他下令编纂了两本典籍，一为《钦定宫中现行则例》，一为《国朝宫史》。这两部典籍，除了详细规定太监的等级、职权和待遇外，还对太监的管理及处分做了详细而严格的规定。总而言之，太监们有任何行差踏错，甚至是言语规矩不合礼仪，都能依这两部"宫廷法典"，得到相应的惩处。

规矩有了，接下来要看执行的人。事实上，乾隆所编纂的这两部"宫廷法典"，只是在前朝管理的基础上加以完善而成。这也就是说，前朝历代，宫廷里都有一套管理太监的制度。之所以无法杜绝太监干政，主要在于执行人身上。皇帝是人，太监也是人，当皇帝与太监朝夕相处久了之后，难免会发生感情。一旦皇帝对太监有了维护之意，那么再完善的法规制度，也就没有作用了。

在这一点上，乾隆做得很好。虽然他很重感情，也与不少随侍太监建立了不错的个人关系。但是关系好归关系好，太监一旦犯错，他决不宽赦。

有一次，他在更换夏衣时，被藏在袖口处的一根缝衣针划伤了手臂。他龙颜大怒，马上责令调查。原来，这是因为当值太监马虎，没有认真检查衣服。虽然他很喜欢当值太监张玉和蔡勋，但还是依法对他们施了鞭笞之刑，并罚他们做苦力。他并非心狠之人，但却知道，如若有法不依，那么不法的现象将愈加难以控制。自即位以后，他以严厉手段处置违法太监的事，不胜枚举。正是在他的严格控制下，宫中太监才不敢稍有违规之举。

虽然宫中法规森严，但是太监干政的现象还是时有发生。这是因为太监的地位非常尴尬，他们虽然在宫中活动，接触皇帝的机会很多，但是地位却非常低下。一些大臣稍微向他们施加些压力，或者给予一些好处，他们就有可能卷入到政治的旋涡中。

乾隆三十九年（1774），奏事处太监高云从向当朝大臣们泄露了职官任免档案。乾隆在获知这一消息后，雷霆震怒。他立即下令，对这件事展开全面调查。结果，大学士于敏中、军机大臣舒赫德、尚书蔡新、总管内务府大臣英廉等高官都受到了乾隆的痛斥；左都御史观保、侍郎吴坛等人则受到革职的处分；而太监高云从，则被立即处斩。

乾隆的怒火，震惊了满朝文大臣，更是震慑了宫中的太监们。所有人都意识到：太监不能干政是底线，一旦越过这个底线，那么平时看起来温文仁厚的皇帝，便会成为凶神恶煞。

事实证明，乾隆的严厉手段极其有效：乾隆当朝六十年里，太监们始终没有对皇权构成任何干扰和威胁。太监祸乱朝政现象，完完全全被乾隆排除在外。

最后的胜利者

为了集专制大权于一身，乾隆巧施种种措施，将皇室宗亲赶出了中央权力的核心。他甚至不惜运用严厉手段，惩处了欲有妄举的叔伯兄弟。这虽然有违他亲厚宽仁的作风，但却有效地维护了皇权不受侵犯。

除了皇室宗亲以外，对皇权最有影响力的，莫过于朝中重臣了。

皇帝是国家的最高领导者，大臣们就是他的左右手。皇帝要想更好地治理国家，必须分出一些权力给这些"左右手"。当这些大臣们分到的权力越来越多时，便也能左右朝政了。所以，皇帝必须找到一种方法，既能利用大臣的才干为自己办事，又能不让他们左右朝政。这也就是说，皇帝必须懂得防范大臣分权。

乾隆同样是防范大臣分权的个中高手。

雍正末年，朝中大臣里有两大支柱，一是鄂尔泰，一是张廷玉。这两个人，颇得雍正信赖，位高权重。据清史料记载，雍正在弥留之际，特别对鄂尔泰和张廷玉的政治品质予以表彰，并说"朕可保其始终不渝"。他显然对儿子不放心，怕其迫害老臣。为了更加保险，他又以"将来二臣可配享太庙"的方式来保护二人。雍正的苦心，显示了他对这两位大臣的钟爱之心。

鄂尔泰的官做得很大，到雍正末年，他已经官至保和殿大学士、军机大臣，居内阁首辅地位，更是晋爵一等伯。他与雍正的关系非常亲密，常常称雍正为慈父，雍正也对他说："朕与卿一种君臣相得之情，实不比泛泛。"事实上，鄂尔泰比雍正没小几岁。早年鄂尔泰在官场上并不得志，没有受到康熙的重用。直到雍正即位以后，他才一路高升，做到内阁首辅的位置。他很感激雍正的知遇提携之恩，所以对其非常忠诚。而雍正也因他的"居官奉职，悉秉忠诚"，对他宠信有加。

张廷玉没有在边疆或边地建立过什么殊功，但是他谨慎敏捷、文采出众，且拟旨得体，在内廷帮雍正筹划机务出力很多。还有一点，张廷玉在修《圣祖仁皇帝实录》时删削了许多不利于雍正的文字，因而很得雍正信任。雍正七年（1729）军机处成立时，已经成为保和殿大学士的张廷玉就成了军机处第一批成员，而且排名第二，仅次于怡亲王允祥。由此可见，雍正对于他的青睐和信任。

因为信任，所以雍正在弥留之际要保护他们；因为信任，所以雍正死后他们成了顾命大臣，辅佐新君。可以说，在乾隆初年，鄂尔泰和张廷玉两人，是名副其实的一人之下，百官之上的元老重臣。

本来，皇族中还有几个亲王能与鄂、张二人相互制约。但是，乾隆即位之后实施了新政，把皇室宗亲赶出了中央权力的核心。这样一来，鄂、张二人就真正大权在握了。大清王朝的金字塔，自乾隆以下，就以他们二人居首。

问题也随之而来。中国古代官场，一直存在着互相援引、互相攀附的不良风气。换句话说，就是朝中大臣们多喜欢拉帮结派，寻找靠山。鄂、张二人原本出身不同，受雍正知遇的背景各异，于是两人各有一批追随者。雍正年间，他们两个人都是雍正信赖的人，但由施政理念不同，二人又各有主张，因此常常"阴为角斗"。当然，雍正对这些不可能不知道。不过，雍正并不反对大臣间的明争暗斗，只要不太过分，不影响到朝政，他并没有严加干涉。当然了，雍正是位严厉的君主，他们两人虽然争斗不休，但却一直不敢明目张胆地拉帮结伙。乾隆的即位，使他们的争斗有了生存的空间。他们都是聪明人，看出新君的施政作风与其父大不相同，非常柔仁。

于是，他们凭借前朝老臣的身份，又有拥戴新君之功，便变得嚣张起来。他们开始拉拢党羽，"明争明斗"起来。连乾隆都看得出来，认为当时"事之大者，莫过于鄂尔泰、张廷玉之门户之习"。所谓"门户之习"，指的就是拉帮结派，互相争斗。

虽然看出来了，但是新即位的乾隆却颇为无奈。原因之一，就是这两位大臣手中握有实权。他必须依靠这两位实权派大臣处理国家事务，稳定政权。当然了，还有另外一个因素：这个时候乾隆的当务之急，是要解除皇族内部的威胁因素，防范后庭失火。所以，对于鄂尔泰和张廷玉的争斗，他采取了睁一只眼，闭一只眼的方法，容忍了他们。甚至，他还巧妙地利用了他们之间的争斗，让这两大派系互相制约。

但是，这毕竟不是长久之法。鄂尔泰同张廷玉之间的斗争，已经慢慢影响到了皇帝的权力。乾隆不能容忍这样的分权现象继续下去，他决定要采取行动了。

乾隆四年（1739），乾隆整肃允禄等皇族势力后，开始实施对鄂、张两大权臣的打压计划。当然，鄂、张二人是前朝元老，他不会无缘无故去找他们的麻烦。事实上，当皇帝要想打压大臣的时候，总会有许多冠冕堂皇的理由。

他先打压了鄂尔泰的嚣张气焰。

雍正死后，王公大臣允禄、鄂尔泰等人上奏，准备把雍正的棺木停放在寿皇殿东面果园地方暂时安奉。但是乾隆不满意他们的想法，认为先皇棺木应该停放在雍和宫最为妥当。在他的坚持下，雍正的棺木暂停雍和宫一年之久。后来，雍正安葬易州陵寝，雍和宫便空了下来。

雍和宫系雍正和乾隆两代君主居住的吉地，是龙兴之所，空下来便空下来了，谁也不敢妄加多言。但是，鄂尔泰为了讨得和亲王弘昼的欢心，竟然主张将雍和宫赐给弘昼居住。事情不大，鄂尔泰最多只是提了个建议，采纳与否还得由乾隆决定。但是，这个建议跑到乾隆耳朵里，味道就变了：龙兴之所，鄂尔泰难道不知道吗？赐屋是皇帝专有的权力，鄂尔泰如何能够擅做主张？盛怒之下，乾隆断然拒绝了鄂尔泰的请求，并借机将其痛斥一顿。这件事最终不了了之，但乾隆却已经大挫了鄂尔泰的锋芒，使他知晓君臣之别。

乾隆即位后，违反雍正"弃绝苗疆"的做法，转而对动乱的苗疆用兵。为什么雍正末年苗疆之乱久平不息？根源还在于鄂、张之争。

苗疆动乱发生后，张廷玉一党为打击鄂党，制造舆论，迫使雍正将鄂尔泰革职夺爵。同时，张廷玉党人张照又自请到苗疆督战理事。张照本不是个庸才，原不至于会使平乱频繁失利。只是他到了贵州以后，一心要打倒鄂尔泰，收集其罪状，故而根本就不能专心用兵。这才使得平乱失利，毫无成效。就连"改土归流"的策略，也被他废除了。

乾隆即位后，决心要对贵州苗疆用兵，同时继续施行改土"归流"政策。这个时候，鄂尔泰已重回中央掌权。"改土归流"政策原本是鄂尔泰提出的，所以乾隆又谕示他主持贵州平乱。鄂尔泰派遣心腹张广泗前往贵州平定苗乱，而张照则成了众矢之的，被逮捕下狱。

依照鄂尔泰的平乱策略，张广泗很快就平息了苗变。张广泗腾出手脚，开始在贵州寻找攻击张廷玉党的证据。他们想，张照在苗疆督战时，军需银两上出现了一些问题。依照大清律例，张照的罪名已经很大了。但奇怪的是，当张广泗将张照的这些罪状呈报给乾隆的时候，乾隆只是略施小惩，便赦免了张照之罪，并让其入值南书房。难道乾隆特别钟爱张照，抑或张廷玉？

都不是！乾隆知道，"鄂尔泰与张廷玉素不相得，两家亦各有私人"。而张照、张廷玉、张广泗和鄂尔泰四人之间的关系，他亦知道得清清楚楚：盖张照即张（廷玉）之所喜而鄂（尔泰）所恶者，张广泗即鄂所喜张所恶者。他更是坦言："余非不知，既不使一成一败，亦不使两败俱伤，在余心固自有权衡。"其实他是心如明镜，懂得如何平衡两派之间的争斗。他知道，张广泗之所以要置张照于死地，还是因为两党争斗。所以，他不能让鄂党占据上风，也不能让张党落于下风，反过来亦然。所以，当张照获罪时，他反而能放其一马，赦免其罪。他的赦免，其实是一记警钟，他在告诉鄂尔泰和张廷玉：你们斗吧！大权最终还是掌握在我手里。

皇帝的警告和震慑，使鄂尔泰和张廷玉开始意识到，这位看起来宽仁敦厚的主子，其实一点儿也不简单。他看似静若处子，实则不"动"则已，一"动"惊人。他们两个，开始对自己的行为有所收敛了，乾隆的"敲山震虎"彻底地"震"醒了两人。

但是，树大了，根叶总是很茂盛，他们想要完全控制住已经很难。

乾隆七年（1742），鄂尔泰长子鄂容安出了问题。陕西道监察御史仲永檀因弹劾步军统领鄂善有功，升任左副都御史。仲永檀是鄂尔泰党人，而鄂善则是张廷玉党人。仲永檀升官之后，气焰极为嚣张，经常与鄂容安私下交通。鄂容安当时在南书房行走，担任詹事府詹事。虽然鄂尔泰多次警告儿子要收敛行事，但鄂容安并不在意，他与仲永檀一起，利用京中与内廷的资料，弹劾打击异己。

这件事最终被乾隆获悉。乾隆怒将他们二人拿问，并斥责鄂尔泰"不能训子以谨饬"，也"不能择门生之贤否"，也将其治罪。

经此打击，鄂尔泰心力交瘁，再也兴不起分毫拉帮结派的念头。乾隆十年

（1745），68 岁的鄂尔泰因病逝世。乾隆遵行皇父雍正的遗命，准他配享太庙，入贤良祠，并赐"文端"谥号，恩礼隆厚。

至于张廷玉，也早已想退出党争。但是，身居高位，想退也并不容易。自乾隆十三年（1748）以后，张廷玉每每因乞休、配享等事与乾隆发生争执，并遭到猜忌。其实张廷玉是真想告老还乡，但却很难全身而退。鄂党残余大学士史贻直借张廷玉请求归老还乡一事，斥责其一生未建大功，没有资格配享太庙，并上书皇帝从众意罢其庙享。乾隆本有此意，但却极不愿意被大臣左右，因而没有理会史贻直的请求。但自此以后，张廷玉一党也渐渐沉寂下去了。

乾隆二十年（1755），张廷玉卒，谥号文和，配享太庙。在清代，汉大臣配享太庙者，仅其一人而已。

鄂尔泰同张廷玉倒下之后，两党的争斗自然也烟消云散，乾隆又紧紧独揽了大权。权臣会分享皇权，党争会破坏皇权，在集权专制的皇帝看来，这些都必须清除。乾隆的聪明之处在于，不动声色地清除了权臣和党争。

"乱花"岂能"迷眼"？

整个朝廷，就如同一座品类繁多的大花园。乾隆是管理者，可以高高在上俯瞰整个大花园。每座花园里，总会有几株花开得特别娇艳，惹来争斗无数，鄂尔泰和张廷玉就是其中最出色的两株。但是，除了他们之外，这座花园并不见得就能宁静下来，争斗和混乱在所难免。

这实在是无可避免的事实。据资料显示，乾隆年间，全国约有两万名文官，七万名武官。这是大花园的全部阵容，这实在是太过庞大了。身为管理者，管理和操纵如此庞大的官员队伍，是绝对的难题。可想而知，漏洞和空子必然会产生。

如鄂尔泰、张廷玉之流，因为身居高位，所以备受瞩目，连皇帝都会经常审视他们。因此，他们的小动作往往瞒不过乾隆的眼睛。但是，如何盯紧那些藏在犄角旮旯儿的官员？这似乎很难，很不容易做到。

但是乾隆做到了。

戴逸先生在《乾隆皇帝及其时代》中说："新皇帝一旦从前一代统治者手中接过权力，他立即会发现自己置身于变幻莫测的官僚政治的旋涡中。周围充满着欢呼和赞美，欺骗和谣言，摇尾作态和献媚乞恩，诚惶诚恐的畏惧和战栗。这一切往往会使一个不够老练的统治者头晕眼花。"

乾隆的老练，似乎是与生俱来。从雍正手中接过权力，他就开始冷静地环视四周，并没有因为"乱花"而"迷眼"。他深知，这些官员绝对不像表面表现的那样忠诚，他们每一个人都在打着自己的如意算盘。他们来讨皇帝的欢心，无非是为了满足隐藏在自己内心深处的野心和欲望。一旦欲望同现实发生碰撞，他们就会原形毕露。所以，他得出了一个结论：这些人既是皇帝的政治工具，又是皇帝的政治天敌，必须善加利用，小心防范。

这样想很简单，但做起来却很难了。可不是吗，那些能在宦海惊涛中占据一席之地的人，个个都是身怀绝技，要想同他们较量确实很难。好在乾隆不是一般人，能够运用非常手段处理非常之事。

乾隆知道，他的对手不是个人，而是官僚集团。鄂尔泰和张廷玉两党，就是两个较大的官僚集团，除此之外，朝廷里的官僚集团还有很多。为什么会出现官僚集团？原因很简单，那些心怀野心又有欲望的人，也想同皇帝"斗"。

但是，皇帝毕竟是皇帝，处于权力的最巅峰。作为个体，一个臣子再狡猾、再有实力，也斗不过皇帝。斗不过怎么办？自然不能罢斗。于是，一些怀有同样野心的官员便结合起来，形成官僚集团。有道是人多力量大，官僚集团一旦形成，也便有了与皇帝相斗的资本。

这种现象很有意思：官僚体系是皇帝亲手建立起来的，但是一旦建立和运转起来，它便有了与皇帝相抗的力量，甚至很难控制。事实上，中国历史上寿命较长的大王朝，几乎无一例外地丧命于一些官僚集团之手。乾隆虽然知道自己的对手是官僚集团，但他斗得过吗？

当然斗得过。乾隆的优势有两个：第一，他是政府权力的最高掌控者；第二，他站在了正义的一方。第一点很好理解，乾隆是大清王朝的天子，掌握着对天下人生杀予夺的权力。那么第二点怎么说？什么叫作他站在了"正义"的一方？

这也不难理解。既然乾隆在和一些官僚集团相斗，那么他们的目的自然不同。乾隆的目的是天下长治久安，国富民丰，一家一姓的统治永远不变。虽然"一家一姓的统治永远不变"稍显自私了一些，但是他的大前提还是为了天下的长治久安。于公于私，他都要为天下百姓的生计着想。从这一点来看，他确实是站在"正义"的一方。

官员同皇帝争斗得再厉害，归根结底，天下是皇帝的天下，官员们只是挣份工资。所以，官员们为天下百姓着想的思想要淡薄得多，他们更关心如何利用政策空子，占皇帝的便宜，"饱自己的私囊"，为自己和亲人朋友捞取最大的好处。所以，当没有利益驱使的时候，官员们执行皇帝的政策，总是倾向于被动应付；当有空子可钻的时候，他们便开始想方设想地捞取好处。最可怕的是，官僚集团的形成，使得官员之间存在着一张错综复杂的关系网，相互通风报信，默契协调行动。如此一来，官员总能最大限度地捞取好处，而国家政治则陷入腐败的泥沼。官僚集团的危害，莫过于斯。

手握两个优势，年轻的乾隆皇帝高坐金殿，以敏锐的眼光洞察一切，以强硬的手段肃清障碍。他虽然彬彬有礼，宽仁待人，但是对于那些危害国家利益的"硕鼠"，却从来不会心慈手软。

乾隆四年（1739），工部奏报，为修理太庙里面的"庆成灯"，申请领银三百两，并二百串钱。只是三百两银子而已，对于费用浩繁的皇家来说，这不过是九牛一毛，夹杂在工部上报的几十件大事当中，根本就不引人注意。更何况，这笔费用"做"得极为真实，有整有零，甚至连"二百串钱"都算上了。

但是，乾隆却发现了问题。他一天要批阅上万字的奏折，处理的大多是国家大事，但却偏偏从一道毫不起眼的奏折中发现了可疑之处，确实很了不起。其实乾隆的"了不起"，是建立在仔细的基础之上，他只是仔细地批阅这道奏折，感觉这笔钱用于"粘补"灯具，似乎稍多了些，其中似有弊端。于是，他在奏折下面批道："此灯不过是小小粘补修理，怎么至于用银如此之多？"

每次批阅奏折，遇到不明之处，乾隆总要朱批询问，官员们也已经习以为常。而且三百两银子的款项，工部官员根本就没有当回事。皇帝询问，工部官员便含糊其辞地回奏说，这是预支银，将来按实用金额再行报销，余下的银两自会交回。他们虽然心有忐忑，但却以为不会出什么事，皇帝日理万机，怎么会把这等小事记在心头？

但是，他们却忽视了这位年轻皇帝的厉害。自登基以来，乾隆一直在想着如何巩固手中的权力，最怕的就是被大臣们欺骗。所以，他最痛恨的，也是被大臣们欺骗。工部大臣的含糊其辞，使他怒不可遏，他说："万几待理，而甘受人欺，弊将百出。"大臣们低估了他的智慧，以为他不出金殿，便什么也不知道，其实他是万事皆在心中。

他下旨说，凡有工程，都是先估后领，但从来也没有交还。朕查遍工部档案，从没见到有交还余钱的记录。难道，每次估得银钱都是恰巧够用吗？说白了，多余的银钱被人贪污。乾隆生气，一是大臣们贪污银两，二是大臣们欺瞒自己。他说："该堂官等竟以朕为不谙事务，任意饰词蒙混，甚属乖谬。"皇帝的怒火，大臣们往往很难承受。

据《清高宗实录》记载，这三百两银子的小事，波及了整个工部。乾隆小题大做，杀一儆百，惩处了整个工部衙门。就连工部尚书来保、赵殿最、侍郎阿克敦、韩光基等人，也都受到了降职的处分。

此事一出，满朝震悚，大臣们战战兢兢，开始收敛自己了。

乾隆的过人之处，就在于智商、情商超于常人。一些官僚集团自以为非常高明的权术谋略，在他面前往往无所遁形，而他又能够当机立断，用雷霆手段震慑群臣。三番五次过后，大臣们惊讶于他的精明，再也不敢耍花招了。

在与官僚集团的争斗中，他总是稳占上风。

第三篇 ／ 十全武功

第五章／金川之战

乱起

相较于皇祖康熙，乾隆在武功上稍显不足。当然，这并不是因为他的能力不够。事实上，在清代历史上，乾隆也是一位极其出色的军事家。之所以武功稍逊于康熙，是因为时代不同。康熙恰好处于大清国建国初年，百废待举，兵祸不断，所以他需要不停地南征北讨。但是乾隆不同，历经康熙、雍正两朝盛世，及至乾隆登基，天下已是一片太平。

不过，以大清朝之地大物博，不可能举国上下尽皆太平，动乱总是时有发生。于是，乾隆也就有了用武之地。他虽然没有开国之功，却有护疆之劳。他统治大清王朝六十年，平定了许多起动乱。

乾隆即位初年，大、小金川之间的矛盾日益激化，社会局势动荡不安。

金川在蜀西，位于今四川西北阿坝藏族羌族自治州境内，是大渡河上游的支流，因沿河有金矿而得名，为内地通往西藏、青海、甘肃的桥梁和咽喉，分为大、小金川。大金川，当地藏语称为浞浸，意谓大川。据载："浞浸水源来自松潘口外，经过从噶克、党坝而入其境，水势颇觉深阔。"小金川，当地藏语称为攒拉，史料上也有记载："攒拉之水，发源于孟笔山、巴朗拉等处，水源不远，水势亦比浞浸较小。"

大、小金川人口不多，乾隆初年仅为三万多人，且都是藏民。因为地理位置原因，金川与西藏关系密切，金川人多信奉喇嘛教，定期往西藏熬茶，求医拜佛。

在地势上，金川虽为内地通往西藏等地的咽喉，但却地势险恶，悬崖绝壁，急流险滩随处可见。当地人形容：金川本身就是一座天然堡垒，易守难攻。金川人更是善于利用地势，以石块垒石碉，仄于路中，层次林立，形成坚固的石碉群。

在乾隆及朝中大臣眼中，金川无疑是蛮荒之地，管理既难，弃之也毫不可惜。所以，针对大、小金川之间日益加深的矛盾，乾隆决定暂时不去理会。他曾在四川巡抚纪山的奏折中批示道："于进藏道路塘汛无梗，彼穴中之斗，竟可置之不问。"意思就是说，如果大、小金川之间的争斗不影响朝廷与设入藏台站的军书联络，那么就让他们窝里斗吧，我们暂时不用理会。

当然了，作为一代贤君，乾隆也不可能真的弃大、小金川于不顾。他还对纪山说过，如果双方的仇杀争斗过甚，就"当宣谕训诲，令其息愤宁人，各安生业"。如果两方的仇杀太过，纪山就要去做"和事佬"，以巡抚的身份去调停，把矛盾给解决了。

他始终没有提到用兵，这是为什么？按照他的理解就是："苗蛮顽梗无知，得其人不足臣，得其地不足守。"这分明就是一块鸡肋，食之无味，弃之可惜。所以，他只好采取了保守策略，既不取亦不弃，任其自然发展。

但是，当这个"自然发展"过度的时候，他还是用武力去干涉。因为这个时候，大、小金川已经影响到了国家的稳定，这是他不能容忍的。

乾隆十一年（1746），大金川土司莎罗奔劫持小金川土司泽旺及其印信。四川总督获知后，立即对大金川发出檄谕，迫使莎罗奔释放了泽旺。此后，莎罗奔因怀恨在心，依仗地势多次派人进攻清军驻防军队。这位土司在赢得几次胜利之后，居然私立名号，自立为王。

即便是乾隆再不重视金川之地，但这毕竟也是大清国土，金川人也是大清的臣民。如此明目张胆地自立为王，已经属于公开叛乱了。这口气乾隆如何能够咽得下？

正当乾隆计划出兵大、小金川之际，又发生了一件事，这更坚定了他的出兵计划。乾隆十二年（1747），莎罗奔起兵攻掠革布什札和明正两土司地区，公然挑起战乱。乾隆知道，如果再不解决金川问题，必定会酿成祸端。于是，他断然谕示四川巡抚纪山，令其派兵弹压莎罗奔。

纪山接到乾隆命令后，以大金川"小丑跳梁"相责，为讨逆安边之借口，派遣泰宁协副将张兴带兵弹压。同时，他又命令副将何启贤领兵在杂谷脑等处设防，对大金川进行南北夹击。但是因为轻敌，清军反遭大金川土司莎罗奔的伏击而失败。

初战失利，使乾隆大为光火。要知道，这次交战的双方，是清军与金川蛮族，而金川蛮族则是大清王朝的臣民。结果清军反而吃了败仗，这叫乾隆颜面何在？他立即任命云贵总督张广泗为四川总督，统兵三万，分两路由川西、川南进击大金川。至此，历时两年之久的第一次金川之役开战。

乾隆以为，大金川土司莎罗奔所恃者，无非是彪悍的金川人以及复杂的金川地形。金川人不多，在数目上远逊于清军，所以只要能够摸清地形，这场战争应该能够很快获得胜利。但是，他太乐观了。

张广泗到达金川地区，受莎罗奔胁迫而参与叛乱的小金川土司泽旺及其弟良尔吉率众投降。同时，他们也归还了所抢的沃日土司三寨，以示诚意。张广泗大发喜，以为有了他们的帮助，定然可以很快攻破大金川。

不过小金川并非大金川，泽旺等人虽然熟悉小金川地形，但却对于大金川地形不很熟悉。莎罗奔所居住的大金川，南北不及三百里，东西不足二百里，中间有大金川河，自北而南流入大渡河，地形十分复杂。莎罗奔知道清军要来，便派出亲信占据了有利位置，固守勒乌围（今金川县东）。他又令其侄郎卡居噶尔崖，倚山临河，随时掌握清军动向。这样一来，清军的一举一动，皆在莎罗奔的掌握之中。

军事家孙武在《孙子兵法》中曾有言："凡处军相敌：绝山依谷，视生处高，战隆无登，此处山之军也。"什么意思呢？这句话是说，凡是安排军队设营扎寨判断敌情，都要仔细周密地勘察。行军的时候，要靠近有水有草的山谷；扎营的时候，要选择向阳的高地；如果高地被敌人占领，那么就不应该仰攻，而是应该再做打算。从孙武的谋略中我们可以看出，在山中行军，高地的重要性。

莎罗奔是天生的军事家，他没有读过《孙子兵法》，但却以山里人特有的战略眼光，看出了高地的重要性。于是，他派人占据了大金川所有的战略高地，居高临下抵御清军。

所以从一开始，清军就处于被动地位。清军不仅在动向上被莎罗奔摸得一清二楚，还要抵御金川人修筑的石碉。在这场战争中，莎罗奔更是利用天险地势，据险而守，牢牢地扼住了清军前进的脚步。

为了攻克石碉，清军费了九牛二虎之力，"穿凿墙孔以施火球，及积薪墙外围焚"，但"贼皆防御严密，不能近前"。什么意思呢？为了破除金川人的石碉，清军想尽了种种办法，他们或把石碉墙壁凿穿，施放火球，或把木柴堆在石碉外面，放火焚烧，无所不用其极。但即便是这样，清军依然很难前进。

乾隆谕令张广泗，务必要在十月份之前，攻陷大金川，平息叛乱。但是因为大金川实在太难攻克，所以直到九月中旬，清军仍在途中。更糟糕的是，天气忽然变冷，大雪飘飞。如果清军继续贸然前进，将极有可能被大雪堵在山里，全军覆没。

无奈之下，乾隆只得命令清军撤到向阳的平坦之处暂时休整，以待来年春暖雪化之时再图进兵。

莎罗奔极会用兵，他趁清军撤退之际，反守为攻，狠狠地袭击了清军。大金川人仗着熟悉地势，夜袭清军驻地、抢劫清军粮草，甚至夺回了部分失守的地方。这一仗，以清军失利告终。

第一次金川之战

乾隆十三年（1748）春，张广泗抖擞精神，率领清军继续进剿大金川反叛势力。

但是，经过一冬天的休整和准备，大金川的防守更加严密了。莎罗奔在山梁河口堆砌重重石卡，堆集垒石以加强守卫。张广泗屡次进军，屡次受挫。对于清军来说，战局又陷入了被动境地，进不得，退不得，还要时时提防大金川人的偷袭。张广泗心急如焚。

乾隆更是着急，他一直想要迅速解决大金川战事，却不曾料到会久攻不下。战事不利，责任重在主将，他命大学士讷亲前往四川前线接替张广泗，还起用傅尔丹为内大臣，岳钟琪为四川提督。

讷亲是满洲镶黄旗人，钮祜禄氏，额亦都的曾孙。从血统上来说，他同乾隆母亲钮祜禄氏是亲戚。在朝廷中，讷亲的官一直做得很大。雍正五年（1727），讷亲袭二等公，授散秩大臣。虽是世袭，但因为勤谨廉洁，他被雍正看中，从此一路高升。雍正十一年（1733），他晋升为军机大臣，参与机务。乾隆即位后，讷亲协力总理事务，晋封一等公，乾隆称他为"第一宣力大臣"。乾隆元年（1736），讷亲任镶黄旗满洲都统；次年迁兵部尚书，乾隆三年（1738）迁吏部尚书，乾隆四年（1739）五月，加太子太保。乾隆十年（1745），讷亲为保和殿大学士。左都御史刘统勋曾上疏乾隆，认为讷亲领事过多，任事过锐。乾隆却说："讷亲为尚书，模棱推诿，固所不可，但治事未当，亦所不免，朕时时戒毋自满。今见此奏，益当自勉。"

从讷亲的"简历"中很容易能够看出，这个人任过很多官职，而且颇得乾隆信赖。就连有人上疏，指出他身兼职位过多时，乾隆也并没有多说什么。可见，讷亲的能力还是不错的。

正是因此，乾隆才让他接替张广泗。但是乾隆这次弄错了，他忘记了讷亲只是一个文官，处理政务还行，带兵打仗可就差远了。

讷亲初至，锐意进取，督军竭力攻噶尔崖。孙武在《孙子兵法》上说得很明白，如果高地被敌人占领，就不应该仰攻。讷亲的仰攻，致使清军伤亡惨重，总兵任举、参将买国良战死。不久，讷亲又采取以碉逼碉、逐碉争夺的战法与莎罗奔相抗，但也没有达到预期的理想战果。新官上任三把火，讷亲的这几把火，并没有烧起来。

无奈之下，讷亲只好采取了张广泗的策略，分十路进军大金川。何谓兵分十路？他将清军分成十支小队，分别从党坝、美卧、甲索、乃当、正地五路进攻勒乌围，从卡撒、腊岭、纳喇沟、纳贝山、马奈五路进攻刮耳崖。他的用意，是期望以这种方式，使莎罗奔应顾不暇。但是这种战法，明显不可取。要知道，清军虽然有三四万人之众，但是山道艰险，单单运粮压粮就用掉了一万多人。这也就是说，能够参与战斗的士兵，仅仅有二三万人。分散兵力，每路的人数就更少了，这等于给了莎罗奔逐个击破的机会。

果然，清军的各路人马陆续遭到大金川人的袭击，伤亡惨重。

三番五次的战事失利，使讷亲锐气尽消。他害怕了，打算修筑石碉，与叛军共险。不过，他的这一策略呈交朝廷，却遭到了乾隆的反对。乾隆说："彼之筑碉以为自守计，我兵宜决策前进，奋力攻取。"意思是说，大金川人修筑石碉，是为了自守，而我军则是为了攻取。所以，我军应该奋力攻取。乾隆看得很准，知道在大金川这种险地，奋勇前进才是取胜之道。

但是，讷亲已经信心全无了。建议遭拒之后，他还是不敢贸然进取，反而上疏朝廷，要求增饷增兵。他甚至对乾隆说，如果再给自己三万精兵，那么两三年后可望全部剿灭叛军。大、小金川的人口加起来才三万多人，如果讷亲的提议被采纳，那么大金川聚集的清兵人数将达到六万。而讷亲还称，需要两三年后才能剿灭叛军！乾隆虽未亲至，但对大金川的实际情况也知之甚详，讷亲的消极畏战让他极为愤怒。

大金川真是如此难以攻克吗？不尽然！乾隆了解到，每次临战，讷亲唯恐遭遇危险，总是避于帐篷里，在军队后方进行"遥控"指挥。讷亲的做法，不仅无法统筹全局，更大大削弱了清军的士气。大清以武力开国，故而清军将士多敬服勇者。譬如康熙年间伏诛的鳌拜，他之所以能够权倾朝野，横行一时，就是因为勇猛过人。既然讷亲指挥军队不能使人信服，那么无所作为，也就在所难免了。

不过这个时候，乾隆仍然希望讷亲能够奇兵突胜，挣回一些颜面。毕竟讷亲是前朝元老，又是他信得过的人，如果继续吃败仗，于他的颜面也不好看。他甚至暗地里嘱咐讷亲，遇事要多加思考，多与部将商量商量，尤其要与带兵经验丰富的张广泗商量。他希望能在讷亲小胜一两次后将其召回，这样就皆大欢喜了。他已经不奢望讷亲能够攻克大金川了。

讷亲也很听话，主动找到张广泗，与其商量出战一事。论带兵经验，张广泗确实高出讷亲很多，但是这个人的心胸却不够开阔。对于讷亲，他一直心存芥蒂，原因就是讷亲取代了自己主将的地位。他表面上积极与讷亲配合，出谋划策，实际上却总是引导讷亲走上歧路。讷亲兵分十路的策略，正是出于他的误导。有这样一个人在讷亲身边，能打胜仗才怪。

清军进剿大金川半载，败仗连连，寸功未建。

由于清军连吃败仗，这使得金川的形势也发生了变化。小金川土司泽旺及其弟良尔吉本已投降清军，但亲睹清军屡战屡败后，良尔吉后悔了。他暗地里勾结莎罗奔，偷袭吞并了小金川，生擒了自己的哥哥泽旺。莎罗奔十分得意，将小金川土司印信交良尔吉掌管，让其成为小金川土司。良尔吉自然对莎罗奔感恩戴德，誓言与大金川共存亡。

这一变故，使得大、小金川联成一片，势力大增。

这件事传到乾隆耳中之时，已是九月份。乾隆勃然大怒，断然决定，严惩一批金川将领。他很快下旨，以张广泗信用贼党良尔吉，泄露军事机密，庇护属下，玩兵养寇，贻误军机罪，将其逮捕；以讷亲身为大学士经略大臣，却懦弱畏战，贪图安逸，不亲临前线指挥打仗，致使战事失利罪将其逮捕。乾隆虽是仁君，但是因为对张广泗与讷亲的行径大感痛恨，所以并未宽赦。乾隆十三年（1748）十二月，乾隆处死张广泗；乾隆十四年（1749），斩杀讷亲。

随后，乾隆改授大学士傅恒为经略，领兵平乱。

对于傅恒，乾隆是寄予了厚望的。清军连番在金川失利，已经不能再失败了，否则大清朝将颜面难存。乾隆十四年（1749）十二月，乾隆改命傅恒为川陕总督，不久又将其升为首席大学士经略大臣。他给了傅恒八千在京满洲精兵、两万陕、甘、云、贵、两湖绿营兵，再加上原来所余清兵，共计五万人之多。这个人数，差不多是大、小金川人口总数的两倍了。他希望傅恒能够一举攻克金川。

傅恒也确实没让乾隆失望。刚一抵达金川，他就立即抓捕了小金川土司良尔吉，以及奸细王头等人，并将他们处死，解决了清军的隐患。随后，他废除了讷亲专攻刮耳崖的路线，采取了岳钟琪的策略，先攻勒乌围。他调一万清军从党坝河及泸河水陆并进，调一万清军攻马牙冈、乃当西沟，与党坝清军合攻乌勒围。同时，他又留下部分清兵驻守卡撒，以防金川人偷袭。他的计划是，打下勒乌围后，再举兵进攻刮耳崖。

他的这一策略非常有效，清军以众敌寡，节节胜利。大金川土司莎罗奔在反抗无效的情形下，只好向清军讲和。此时是乾隆十四年（1749）底，清军平叛已经两年有余。

接到莎罗奔愿意讲和的消息，乾隆十分欣慰。他本想拒绝讲和，命傅恒直接荡平大金川。但思前想后，还是果断放弃了这一计划。两年用兵，即便只是小规模的用兵，也对清朝财政造成了很重的负担。粗略估计，国家已经投入两千两白银进来。而一旦拒和，战事必将还会持续下去。

说是讲和，其实就是清军以宽大政策接受莎罗奔的投降。乾隆赦免了莎罗奔，仍命其为大金川土司，但加强了对其的管制。同时，他采取了"以番制番"的策略，利用大金川周围其他土司的力量，牵制莎罗奔，使其不敢轻举妄动。当然，最重要的是，他使莎罗奔被迫接受了几项约束：永不侵扰诸番；定期向朝廷进贡；归还所夺临番土地；归还此前掠夺的人丁及马匹；交出私藏的军械。这几项规定，实际上已经完全限制了莎罗奔。

至此，第一次金川之战结束。

不安分的大金川

毫无疑问，乾隆主动"掐断"第一次金川之战实属明智。

自古以来，战争必然同经济紧密相连。任何一场战争，都必然会引起经济动荡，小则地方不宁，大则举国不安。战争就如同缠绕在经济的藤蔓，规模愈大，时日愈久，经济就愈萎靡。以此为喻，可以看出战争对于经济的依赖程度。古人用"日费千金，然后十万之师举矣"来说明战争对于经济的损耗，一点儿也没夸张。乾隆正是深知这一点，因此告诫自己，非不得已，不可兴兵作战。

也正是因为此，他才及时停止了金川之战。他希望经过此次战役，大、小金川能重回宁静，那样百姓也能安居乐业了。作为一代贤君，百姓的安乐生活远比战争带给他的快感要大。

但是，大、小金川并没有彻底安宁。

金川战役后，大、小金川也安宁了几年。但是，随着大金川土司莎罗奔年事已高，他的侄子郎卡主持土司事务，大金川又开始不安分起来。郎卡很有野心，多次起兵攻打小金川及革布什扎土司，并拒绝开泰的和解。乾隆二十三年（1758），在郎卡的挑唆下，莎罗奔与革布什扎土司四朗多勃因联姻而反目结怨。随后，莎罗奔发兵攻打革布什扎土司。得到讯息后，四川总督开泰等将领调集章谷、明正、绰斯甲布、巴旺等其他土司，帮助革布什扎击退了莎罗奔。开泰同其他将领商议，认为只有联合其他土司，才能牵制蠢蠢欲动的莎罗奔。

很快，开泰将金川的情况呈报了朝廷。他给乾隆上疏说，革布什扎土司四朗多勃被解救出来后，莎罗奔又回攻丹多吉地，野心不小。我们已经想办法，让其他土司牵制莎罗奔。

乾隆非常赞成开泰的做法，密谕开泰，让他通知金川周边土司："尔等果能攻打金川，其地即行赏给，额外还有赏赐。"乾隆也预感到莎罗奔待不住了，必然会采取行动。所以，他开始用"赏赐"纠集其他土司的力量。对于其他土司来说，乾隆的谕令，确实让人兴奋。大金川土司蠢蠢欲动，朝廷欲要将其剿灭，而他们只需要站在清军一方，就能获得丰厚赏赐，甚至能得大金川的土地。土司们沸腾了，开始集兵与大金川土司莎罗奔相抗。

莎罗奔因为身体原因，已经很少参与大金川事务。乾隆二十五年（1760），莎罗奔病死，大金川土司事务完全由侄郎卡主持。郎卡真正掌权后，愈发为所欲为，经常挑起争端。小金川土司泽旺也因身体原因，慢慢将小金川土司事务交由儿子僧格桑主持。大、小金川之间的争斗并没有因为权力更替有所停滞，反而愈演愈烈。

郎卡接管大金川土司事务后，立即上书朝廷，要求朝廷颁发土司印信。虽然郎卡早就在主持大金川土司事务，但实际上却并不算是真正的大金川土司。原来按照惯例，土司印信应该由邻近土司出具甘结，朝廷才能颁发。所谓甘结，其实就是交给官府的一种字据，表示愿意承担某种责任，如果不能履行诺言，甘愿接受处罚。说白了，甘结就是担保。谁愿意给野心勃勃的郎卡担保？自然没有土司愿意做这样的傻事。

但是为了安抚郎卡，使其心存感激，少生事端，开泰果断破例，在没有邻近土司甘结的情形下，给郎卡颁发了土司印信。开泰希望能以此优厚待遇，使郎卡听命于朝廷。

乾隆获知开泰的做法后，大为赞赏，但也指出了其中的不足。他对大臣说："该督等如此办理，意在直接简便，且不令土司等、复因此通同附和，所见固是。然不为郎卡等人明白宣谕，恐此等土舍不知怀畏，转疑开泰对郎卡有意迁就，一似徇其所请，竟不待各处甘结者然，或致潜生骄纵，殊非控驭之道。"乾隆的眼光毕竟超人一等，他一针见血地指出了开泰做法的利弊，并点明了解决方法，那就是向郎卡"明白宣谕"。

于是，开泰同其他官员一起，向郎卡传达乾隆谕旨："谓邻近土司与尔素有嫌隙，今因承袭之事，照例取结，伊等定不乐从。今据尔恳求，竟免其辗转取结，以示加惠土司之意。但袭职之后，在尔与邻境诸部，既不能相协，而封疆大臣，亦不断不肯为尔少贷。"乾隆明确告诉郎卡，之所以在没有出具甘结的情况下，同意了你的请求，只是怕你取结尴尬。袭职之后，你应该好好考虑一下自己应该怎么做了。郎卡如果能够感激，与邻境诸部和平相处，那么金川之地也就从此太平了。

但是，有些人的野心并不会因为些许恩惠而蛰伏不动。郎卡一直是个有野心的人，他期望能够吞并邻境诸部，壮大自己。

乾隆二十七年（1762），郎卡又开始了侵扰活动。他先是派兵侵占了党坝土司所属的部分领地，然后又偷偷袭击其他邻境山寨。

开泰早有准备，在郎卡袭击其他山寨后，他就联络了包括小金川在内的九个土司，联兵进攻郎卡的大金川。在绝对劣势下，郎卡节节败退，最终只能向开泰举起了和旗。打不过就和，是郎卡的惯用伎俩。

对于开泰来说，将领的最大目的，就是采用一切手段赢得战争。郎卡屈服，代表大金川势力此时已经到了强弩之末。他采用了一招"暗度陈仓"的策略，一方面极力安抚郎卡，另一方面却命令九个土司继续进攻大金川。开泰的做法或者有些不够光明正大，但是却能很好地利用战争达到摧毁郎卡大金川势力的目的。

　　乾隆并不赞同这种做法。他认为，朝廷采取以番制番的策略，本是一件光明正大的事情，不需要明里一套暗里一套。郎卡如果知道朝廷是这种态度，必定会垂死挣扎做困兽之斗，其他土司知道这件事后，也必定会暗自戒惧。他指示告诉开泰，应明确告诉其他九位土司："郎卡既得罪于众土司，尔等悉锐往攻。倘能剿灭番礩，亦免尔等后患。"意思是说，郎卡既然得罪了你们，那么你们就应该去攻打他，如果能将他的势力剿灭，那你们也就没有了后患。他相信，其他九位土司在认清楚这个事实后，必定会奋勇攻打郎卡。甚至不需要朝廷出兵，九位土司合兵，就能尽歼郎卡势力。至于郎卡的请和，乾隆认为不必理会。

　　遗憾的是，开泰始终不理解乾隆的用意。接到乾隆的谕示后，他并未多加理会，而是继续按照自己的策略行事。对于开泰的态度，乾隆大为恼火，他很快撤掉了开泰，让阿尔泰接任四川总督。

　　在大多数人眼中，乾隆驭人精明睿智，待臣子极为仁厚。但是，每每到了关键时刻，他总是能够当机立断，狠辣果敢。对于不服从自己的大臣，他能够立即撤换，毫不留情。正是这种性格，才使得他驾驭群臣六十载，从未出过什么乱子。

　　阿尔泰深明圣意，开始筹划九位土司合攻大金川一事。其实他的"筹划"，只是代传了乾隆的谕旨。乾隆承诺过，只要九位土司攻下大金川，就可以分食大金川的土地。只是这一项承诺，九位土司便欣然从命。

　　有了九位土司的大力支持，阿尔泰也并未轻敌大意。他搜集了这些年有关金川的全部资料，得出了一个结论："金酋小丑实有可图。"所以，他召集其他九位土司，以丰厚奖励为引，鼓励他们要奋勇拼杀，才能最终获胜。

乾隆也没有闲着。他想出了一条策略，即运官茶于打箭炉、松潘两处变卖，所获银两，全部奖赏给九土司各部番兵。他的这项策略，使得九部土司更是精神抖擞，准备全力进攻大金川。

万事俱备，只欠东风，又一场金川之战，轰然拉开了序幕。

乾隆三十一年（1766），在乾隆的授意下，金川周围九部土司合攻大金川。

有了朝廷的支持，更有土地钱粮为诱惑，九部土司如狼似虎，奋勇杀敌。乾隆甚至没有发动一兵一卒，此次金川之战便已取得了决定性的胜利。相较于前几次战役的辛苦，这次金川之战可以说是太轻松了。

十月，阿尔泰率军到达金川康八达地方，郎卡率领土舍头人跪迎叩首，畏罪忏悔，表示情愿将所占领的土地和强掠来的各土司人口一一归还，以后再也不滋扰各方。遵照乾隆指示，阿尔泰接受了郎卡的归降，遂命九部土司陆续撤兵。随后，郎卡如约归还了抢掠来的各部土司人口。至此，金川土区又现太平。

此次金川之战的胜利，是乾隆智慧的重要体现。他一改之前的强攻强占，采用"以番治番"的策略，没有动用朝廷任何兵力，便达到了平乱的目的。这标志着乾隆的军事掌控能力日趋成熟。

天子发怒了

乾隆三十六年（1771），大金川土司郎卡的儿子索诺木诱杀革布什扎土司，而小金川的僧格桑再攻鄂克什及明正土司，大、小金川内乱又起。乾隆接到奏报后，遂命阿尔泰率兵进剿。

很显然，这次金川之乱，罪魁祸首并非只有大金川，小金川及其他一些土司部落也牵涉在内。如此一来，就无法再采用之前"以番治番"的策略了。乾隆的意思是，该出兵进剿就要果断出兵。

然而阿尔泰却习惯了之前坐山观虎斗的策略，他期望能够再次不动一兵一卒取得胜利。作为朝廷重臣，阿尔泰深知如此胜利会有什么封赏，加官晋爵。不过，阿尔泰的如意算盘并没能打响，大、小金川局势混乱，根本无法调停。他四处调停，反而使进兵步伐停滞了半年之久。

乾隆一道谕旨，罢免了阿尔泰，改派尚书桂林为四川总督。为了能尽快平定大小金川之乱，乾隆又命大学士温福为定边右将军，由云南赴四川督师。这一次，清军来势汹汹。温福由汶川出西路，桂林由打箭炉出南路，夹攻小金川。

面对清军精锐，大、小金川的抵抗极其微弱，开始节节败退。清军虽然初战顺利，但是越往山里走，地形越复杂，仗越不好打。乾隆三十七年（1772）五月，桂林部将薛琮带领三千士兵在小金川墨龙沟全军覆没。这一惨败，严重打击了清军士气，致使人人畏惧深入。行军打仗，士气至关重要，清军的剿叛脚步出现了停滞。

获知这一情形，乾隆果断决定，派大将阿桂前往金川。

派阿桂出兵金川，可知乾隆对于此次金川之战的重视。阿桂字广廷，章佳氏，满洲正白旗人。他是乾隆年间的举人，仕途上极为顺利，历任伊犁将军、兵部尚书、吏部尚书等职，后又官至武英殿大学士兼首席军机大臣，是乾隆最倚重的大臣之一。乾隆倚重他，主要是因其杰出的政治、军事才能。《清史稿》评论阿桂说："乾隆间，（他）开诚布公，谋定而后动，负士民司命之重；固无如阿桂者。还领枢密，决疑定计，瞻言百里，非同时诸大臣所能及。"由此可见，这个人确非一般。

阿桂到达金川后，果断率军深入，直达小金川河南，用皮船渡江，连夺险隘，直捣小金川大营。阿桂的战略非常简洁，孤军深入，先擒贼王。很显然，他的战略非常有效，小金川土司泽旺甚至还没有来得及派兵抵抗，便已成了瓮中之鳖。清军俘获泽旺，就此平定小金川。

虽然初战告捷，但是乾隆知道，大金川不比小金川。相对于小金川而言，大金川土司多次起兵，也多次与清军对战，所以防御经验上要远远超越小金川。也就是说，大金川要比小金川难攻得多。为了谨慎起见，乾隆又授温福为定边将军，阿桂为副将军，合兵攻打大金川。乾隆希望，温福能顺利攻下大金川，夺回前番失利的颜面。

温福这个人，能力不差，但性格上过于刚愎。他不听阿桂等人劝告，固执地采用了碉堡战法，耗费时日修筑了碉卡，然后将二万兵力零散分布。在大金川地界上分散兵力，无疑是自寻死路，这等于给了叛军逐个攻破的机会。清军本来颇占主动权，但此时却被迫拉平，战事又陷入了僵局。

乾隆三十八年（1773）夏，温福屯兵大金川东边的木果木。郎卡之子索诺木集兵数千人，突袭军营，夺取了清军炮台。仓皇之中，清军四处溃散，温福在逃跑时中枪而亡。索诺木率军乘胜追击，大败清军，甚至夺回了小金川。自与金川交战以来，清军尤以此战败得最惨，不仅丢失小金川，更是损失了一名最高指挥官。

这简直是奇耻大辱！

乾隆从来未有如此愤怒过，他决心要荡平大金川！

他先是授命阿桂为定西将军，然后征调火器营官兵两千名、吉林索伦兵两千名、精锐士兵五千名，火速赶赴金川。历次金川之战，以此次清兵最为精锐。乾隆的用意很明显，以精锐之师，打到大、小金川投降为止。

他是动了真怒！

乾隆三十八年（1773）十月，阿桂统领各路军队，兵分三路合击小金川。双方甫一接触，便展开了激战。这场战斗打得极为惨烈，一直持续了五天五夜。最后，叛军寡不敌众，只得仓皇逃窜。

十一月初，阿桂大军再一次收复小金川。

接下来，应该收复大金川了。阿桂拒绝了部将一鼓作气，乘胜收复大金川的请求，反而命令部队驻扎下来。他上疏乾隆，说大金川地形复杂，军队需要养精蓄锐后再图打算。乾隆同意了他的请求。

乾隆三十九年（1774）正月，阿桂率领大军进攻大金川。

阿桂的平乱方略，仍然是兵分三路。他亲自率领中军，由谷噶站口深入大金川；副将丰升率领西路军由凯立叶深入大金川；副将明亮率领南路军由马尔邦深入大金川。三路大军像三把尖刀，刺入了大金川的心脏。

在清史料的记载中，大金川防御的严密程度，十倍于小金川。这确实是当时的实际情况，因为历年来大金川战火最为频繁。为了抵御清军以及其他诸部土司的围攻，大金川土司将更多人力、财力投入到了防御工事中去。结果，大金川凭借天险，已然固若金汤。

三月，清军已经深入大金川。阿桂率众攻打逊克尔宗。战斗开始，阿桂派海兰察、额森特攻剿逊克尔宗官寨，叛军纷纷抛石放枪。由于处于低处，清军极为被动，相持一段时间后，清军撤回。阿桂带兵，往往能够奇兵制胜，清军撤回时，他留下了一批精锐潜伏于逊克尔宗寨旁。黎明时分，在敌军防备最弱的时候，潜伏的精锐直上寨墙，与寨内叛军展开了激战。这一战，清军聚集在墙上尽力射击，歼敌无数。叛军闻讯，蜂拥前来支援，阿桂恐多有损伤，命令撤退。

这一胜仗，使清军将士军心大振。

随后两天，阿桂指挥军队乘胜进攻，渐渐逼近了大金川的心脏地带。而这个时候，叛军也展开了殊死挣扎。他们在寨墙下另外挖了一道壕沟，以阻截官兵的进程，并在沟沿上设置木板，以防御官兵的击射。这些还不算，叛军还在寨墙上堆满了石头，官兵逼近时，他们便居高临下用石头攻击。这样一来，在炮火上颇占优势的清军也开始出现大规模的伤亡。

战争进行到这里，变得惨烈起来。几乎每一座碉堡，每一个山头，每一座营寨，都有过剧烈、血腥的厮杀。

乾隆不仅仅是一位出色的政治家和军事家，更是一位出色的心理学家。他人虽然不在大金川，但却知道如何鼓舞清军将士的士气。他屡屡下诏，嘉奖奋勇杀敌的将士，将他们的行为形容得光荣而伟大。在皇帝的鼓励下，清军虽然也有很大的伤亡，但却往往能够取得胜利。

当然，最出色的还是一批清军将领。阿桂、海兰察、明亮、普尔普、福康安等将领矢志克敌，以身作则，带头领兵冲杀。气势如虹的清军，所到之处，接者披靡。战斗开始出现一边倒的形势。

面对如狼似虎的清军的强大攻势，大金川叛军胆怯了。大金川土司索诺木设计药死僧格桑，想要献出僧格桑的尸体，以及小金川头人蒙固阿什扎阿拉等人，企图故伎重施，要求投降，与清军议和。索诺木感觉到了失败的真正威胁。

平定金川

捷报传来，乾隆大喜过望。

乾隆传谕，犒赏三军。他嘉奖阿桂说："你不愧为国家的栋梁，你所做的事，深合朕意，都是在替朕分忧解难了啊。"他给了阿桂丰厚的赏赐，并指示他不能接受大金川土司的讲和。

为什么乾隆不接受大金川土司的讲和？这岂不是与他之前的策略背道而驰了？

乾隆自有深意。他认为，此前自己接受大金川的投降，是想以和平方式解决这一地区的争端。但是，他不得不承认，自己对大金川叛军太过姑息了。事实证明，大金川叛军反复无常，忘恩负义，实在不能对他们心存奢望，心慈手软。正因为如此，他下定决心，必须将大金川叛军尽数除去。

针对叛军的狡猾，他授意阿桂："如果遇到贼人请降，不必与他们交谈，继续剿匪。如果有人押送僧格桑到我军大营，马上将僧格桑和押送的人一举擒获。同时，不管他们如何花言巧语，我军攻城如故。"乾隆的意思再明白不过：绝不能被叛军的拖延之计所迷惑，加紧进攻才能最终让叛军土崩瓦解。

虽然身在金銮宝殿，但他却心如明镜。从前几次金川战役中，乾隆发现大金川头领多是反复无常之辈。清军逼近时，为了保存实力，他们会故意请降，以乞获得朝廷宽恕。事实上，在前几次战役中，大金川人就是依靠这种方式，获得了存活下去的机会。但是，他们并没有因为这些恩赐而有所收敛，而是继续背叛朝廷，忘恩负义。这次如果再接受他们的请降，那么朝廷就又入了他们的彀中。或许大金川能因此平息一段时间，但动乱还会再起。只有彻底消灭他们，才是解决金川问题的最佳途径。

因此，乾隆在给阿桂的谕令中强调：不接受请降，荡平大金川。

请降不得，大金川残余继续对抗清军。不过这个时候，他们已经是强弩之末，没有什么挣扎力度了。

乾隆四十年（1775）正月，阿桂率领西路军开始围攻勒乌围。阿桂的意思是，一鼓作气，拿下勒乌围，不给敌人喘息的机会。但是天公不作美，清军在围攻的过程中遇上了坏天气，连降雨雪，道路泥泞不堪。酷寒低温中，不断有士兵被冻伤。无奈之下，阿桂只得下令撤军，驻扎在背风向阳的平坦地区。

四月，天气转暖，阿桂首先派遣福康安、海兰察率军渡河，全歼河西叛军。清军再获大捷，士气高昂。

七月，阿桂与明亮合围勒乌围。勒乌围外壁垒石重重，难以攻破。阿桂定下计策，先令清军攻破卡栅数十重，然后又毁坏桥梁，切断叛军的退路。叛军没了凭借，又没有了退路，军心大乱。这个时候，明亮率军从河西攻入，对叛军形成四面夹击之势。叛军大败，退入寨中坚守不出。到这里，战争已经进入到最关键的时刻。

八月中旬，清军发起了总攻。勒乌围之外，清军遍野，人头攒动。清军在炮火的协助下，很快就攻克了勒乌围及转经喇嘛寺，并且攻获了六十多座碉房、寨落、石卡，等等，歼灭叛军数百人。眼看大势已去，索诺木率领大金川残余仓皇逃往噶拉依。

在噶拉依，索诺木继续派出使者向清军请降。他还希望能够通过这种方式，保存最后一点儿的实力。但是阿桂的拒绝，彻底打消了他的念头。从九月初起，阿桂指挥清军，四处追剿大金川残余。他派出军队，陆续攻占了西里山梁黄坪和科布曲山，并逐步扫清外围的叛军。他就像拿着一把大钳子，一颗颗拔掉了大金川的"毒牙"。

大势已去，大金川败局已定。从九月份起，不断有大金川头目前来投降。

乾隆四十一年（1776）正月，在清除完大金川外围势力后，阿桂聚集军队，发起了对噶拉依的总攻。而另一方面，明亮则攻占马尔邦，扫清西路叛军残余。战争进行到这里，已经没有什么悬念了。大金川区区两千人的残余，又岂是数万清军精锐的敌手？阿桂一面写信招降索诺木，一面指挥清军发起了进攻。

万般无奈之下，索诺木只得投降。这次，是真正的投降。

二月初四早上，索诺木跪捧土司印信，带领兄弟、妻儿以及大金川头人、喇嘛以及兵卒两千余人出寨投降。至此，大金川全境被彻底平定。

对于乾隆来说，第二次平定大、小金川之战胜得并不容易。这次战役，总共历时五年，调兵近十万，耗银上千万两。这笔开支，严重地影响到了国家经济的稳定。只是一个小小的金川动乱，危害却如此之大，实在让人惊心。

第二次金川之役胜利后，乾隆深刻反省了自己。他对大臣们说，如若第一次金川之战能够彻底剿灭金川反叛势力，那么第二次金川之战就不会发生。一步不慎，后患无穷。因为他的一时心慈手软，致使金川之乱前后延续长达三十年之久。对于他来说，这是决策上的失误。金川之战，给他上了深刻的一课。

战后，清廷改土归流，废除两金川土司制度，设厅委官，又派遣重兵镇守，加强了对该地区的管辖。乾隆痛定思痛，十分重视两金川的驻守工作，他不允许金川之乱再次发。他命令阿桂会同明亮、文绥、桂林等将领悉心筹划善后章程。乾隆四十一年（1776）三月，阿桂将其所拟章程《会商两金川设镇安屯善后事宜》共七条上奏乾隆。乾隆阅后称善，欣然允诺。

这七条善后章程，将战后的两金川处理得妥妥当当。其中包括驻守的官兵人数、田亩的分配、城池的拓建、喇嘛庙的设置，等等。这七条章程，从实际问题出发，具体问题具体分析，有驻扎部队保证镇边安全；有驻兵屯田保证粮食供给；有提督移驻，保证清廷的直接管辖，等等，总之是面面俱到。依照这七条善后章程，大、小金川将慢慢走上繁荣、安定的道路。

其实直到这个时候，大、小金川问题才最终得到解决。自此以后，金川及其邻近地区的人民都沉浸在一种安详、和谐、富足的氛围之中。大、小金川之战的胜利，是乾隆对国家安定、团结的政治局面做出的一大贡献。

第六章 ／ 准噶尔之战

内乱中的准噶尔

乾隆曾说："夫开边黩武，朕所不为，而祖宗所有疆宇，不敢少亏尺寸。"
意思是说，我虽然不愿意为了开拓疆土发动战争，但是对于祖宗所打下来的疆
土，却不敢使之丢失尺寸。清兵入关后，康熙、雍正两朝多次兴兵靖边。乾隆
虽然也多次兴兵，但他的侧重却在巩固前朝疆土上。

可以说，乾隆打得最多的是边疆保卫战，而这些战役之中最著名的，当属
准噶尔之战。

自古以来，准噶尔就是中国领土神圣不可分割的一部分。

准噶尔地处新疆。新疆古称西域，西汉汉武帝时设置西域都护府，将西域
正式纳入汉朝版图，自此以后，西域便成了中国这个统一的多民族国家的重要
组成部分。

明末清初，蒙古族分为漠南、漠北、漠西三大部。三大部又各自分为许多小部落，小部落之间则相互征讨，争夺领地。针对这种情况，清朝政府采取了一些积极有效的措施加以拉拢。入关前，漠南蒙古已经归附清朝；漠北、漠西蒙古也向清朝称臣纳贡。但是，蒙古三大部并没有因为受到清朝的统一管辖而出现宁静，相反战乱四起。导致这一现象出现的根源，是准噶尔部的崛起。

　　准噶尔、土尔扈特、杜尔伯特、和硕特四部，同属漠西蒙古。其中，准噶尔部是四部中最强的一支，游牧于伊犁河流域。

　　康熙十年（1671），噶尔丹夺得准噶尔部汗位。噶尔丹非常有才干，他通过武力征剿的手段，合并了和硕特、杜尔伯特部，并控制了南疆，将势力扩至天山南北和青海，成为一支实力强大的割据势力。随着领地的扩大，噶尔丹的野心也随之膨胀，他开始肆意侵略，意图统一蒙古各部，与清廷分庭抗礼。

　　康熙二十七年（1688），噶尔丹率军进攻漠北蒙古的喀尔喀，铁骑所到之处，喀尔喀抵御力量无不望风而逃。迫于噶尔丹的武力威胁，喀尔喀只得举部迁往漠南。康熙皇帝颁下谕旨，就在漠南安置了喀尔喀部。

　　但是，噶尔丹却不愿意就此罢休。康熙二十九年（1690）五月，噶尔丹以追击喀尔喀部为名，率军三万渡乌尔匝河，开始挥军南下。噶尔丹的野心极大，他竟然把目标瞄准了北京。他意欲以追剿喀尔喀余部的名义，对北京来一次正面侵袭。

　　面对噶尔丹的威胁，康熙皇帝果断调集兵力，围剿噶尔丹反叛势力。康熙二十九年（1690），康熙亲率军队，在乌兰布通大败噶尔丹；康熙三十五年（1696），康熙再次亲率精锐，在昭莫多大败噶尔丹。通过这两次围剿，噶尔丹精锐已经所剩无几。康熙三十六年（1697），康熙第三次亲征，歼灭了噶尔丹残部，噶尔丹兵败自杀。

康熙皇帝三次亲征，狠狠地打击了准噶尔反叛势力，维护了蒙古各部之间的安定局面。但是，准噶尔并没有因为噶尔丹的死亡而沉寂下来。

噶尔丹死后，他的侄子策旺阿拉布坦取得汗位。策旺阿拉布坦同样是一个极有野心的人，继承汗位之后，他由伊犁向外扩张，不断扩充准噶尔领地。前车之鉴，使康熙不敢大意，他又派出军队围剿准噶尔势力。不过这一次，围剿没有取得理想效果。策旺阿拉布坦凭借地形之熟，不断与清军周旋。

雍正五年（1727），策旺阿拉布坦病亡，其子噶尔丹策零继承汗位。准噶尔部的历任首领，都继承了噶尔丹侵略扩张的野心，噶尔丹策零也不例外，经常侵扰邻近部落。

雍正十年（1732），噶尔丹策零袭击驻扎于塔米尔河的清军。这次袭击，使雍正大动肝火，他迅速派出精锐追剿噶尔丹策零。八月初，清军三万精骑夜袭准噶尔军营，大败叛军。猝不及防下，噶尔丹策零只得带兵溃逃。清军紧追不舍，于光显寺（今蒙古人民共和国鄂尔浑河上游）全歼准噶尔军，噶尔丹策零被迫请和。为此，清政府两次遣使赴准噶尔谈判，双方划定游牧界，重新开始了和平贸易及贡使往来。

经过一系列的变故，准噶尔部终于安静下来了。数十年的南征北战，准噶尔人丁单薄，人才缺乏，大有衰败之气。噶尔丹策零在归降清廷之后，也逐渐消退了侵略的野心，专心治理准噶尔。如此休养生息，准噶尔渐渐又恢复了以往的生气。

乾隆十年（1745），准噶尔瘟疫流行，各鄂托克出痘死亡者甚多，人心惶惶。九月，噶尔丹策零因病去世。这个时候，汗位继承又发生了问题。

噶尔丹策零有三子，长子喇嘛达尔札，次子策妄多尔济那木札勒，幼子策妄达什。根据噶尔丹策零生前遗嘱，次子策妄多尔济那木札勒"因母贵而嗣汗位"。但是策妄多尔济那木札勒只有 13 岁，根本只是一个无知孩童，准噶尔内部权力斗争日趋严重。曾经出家当过喇嘛的长子喇嘛达尔札，虽为婢女所生，但却是个能干而颇有野心的人物。他趁噶尔丹策零生病之机，巴结和笼络了相当一部分有影响的台吉、宰桑和喇嘛，等待时机，准备取而代之。

策妄多尔济那木札勒即位后，年幼无知，无法处理政事，其姊鄂兰巴雅尔便代管了诸务。但是，策妄多尔济那木札勒却听信属下谗言，怀疑其姊欲自立为汗，于是便将其监禁，并处死了很多无辜的台吉和宰桑。这件事引起了很多人的反感。

策妄多尔济那木札勒虽然又昏又暴，但也并非全无见识，他看出了哥哥达尔札的野心。为了除掉达尔札以绝后患，他托言叫达尔札及其台吉宰桑们到沙喇擘勒行围，想要伺机动手。可是，鄂兰巴雅尔之夫赛音伯勒克，与掌握调遣诸鄂托克兵马印记的鄂勒哲依为首的诸宰桑商议，想要废除策妄多尔济那木扎勒。他们企图将计就计，趁行围之时将策妄多尔济那木札勒擒住，然后推举达尔札为准噶尔汗。

不过，他们的计划最终被策妄多尔济那木札勒知道，他派兵拿获了鄂勒哲依，想要将其处死。达尔札得知后，举兵发动叛乱，并攻打策妄多尔济那木札勒的牙帐，将其擒住，弄瞎了双目，禁于南疆阿克苏城。

乾隆十五年（1750），喇嘛达尔札成为准噶尔部最高统治者。为了使自己的统治合法化，达尔札从西藏达赖七世噶桑嘉措那里，取得"额尔德尼喇嘛巴图尔洪台吉"的称号。在准噶尔内部，大部分准噶尔族人也都对他寄予了厚望，希望他能够带领准噶尔部走向强大。

但是，即位不久，达尔札就原形毕露，他比弟弟策妄多尔济那木札勒更加凶狠暴戾。

乾隆十六年（1751），大策零敦多布之孙达瓦齐召集辉特台吉阿睦尔撒纳、沙克都尔（阿睦尔撒纳之兄）、杜尔伯特台吉达什及其弟车凌乌巴什和和硕特台吉班珠尔等人，商议举兵攻打喇嘛达尔札，欲立噶尔丹策零幼子策妄达什为准噶尔汗。

但是，达瓦齐的这一计划却没能实现。杜尔伯特台吉达什、车凌乌巴什和沙克都尔，暗中派人将密商事宜报告了达尔札。达尔札遂处死了幼弟策妄达什，以绝后患。同时，他又命令宰桑额勒哲依和博尔勒岱两人，率兵一万，开赴叶密立河畔的察罕呼济尔，与杜尔伯特台吉达什及车凌乌巴什、辉特台吉沙克都尔配合，攻打达瓦齐等人。杜尔伯特台吉达什诺颜奉命率兵封锁了阿尔泰各口，以防达瓦齐等人越过阿尔泰。

乾隆十六年（1751）九月，额勒哲依宰桑奉达尔札之命，率领一万大军来到达察罕呼济尔。达瓦齐、阿睦尔撒纳和班珠尔不敌，于是只得率领所属五千余人退到和通哈尔垓。这个时候，达瓦齐等人面临了绝境，后有杜尔伯特车凌乌巴什领兵追杀，前面有达什诺颜堵截了阿尔泰山口。万般无奈之下，达瓦齐等人只得向北逃入哈萨克地区。

乾隆十七年（1752）七月，达尔札要求哈萨克汗阿布赉交出达瓦齐和阿睦尔撒纳等人，阿布赉没有答应。达尔札大怒，遂命宰桑赛音伯勒克和纳默库济尔噶勒于九月初领兵三万，征讨哈萨克。听到这个消息，阿布赉汗害怕了，为了平息战乱，他打算将二人献出。但是，消息却走漏了，达瓦齐和阿睦尔撒纳逃出哈萨克，潜回叶密立河东北的察罕呼济尔和绰尔郭一带。

潜回察罕呼济尔和绰尔郭之后，达瓦齐和阿睦尔撒纳等人展开了秘密活动。阿睦尔撒纳怨恨其兄长沙克都尔，他潜回绰尔郭后，领兵袭杀了沙克都尔，夺取其部众，扩充了人马。紧接着，达瓦齐和阿睦尔撒纳精心制定了一项潜兵袭击达尔札的计划。他们瞒过了达尔札的耳目，暗中派人与伊犁方面取得了联系，又争取到了达尔札身边和硕特台吉沙克都尔曼济的支持。乾隆十七年（1752）十一月，达瓦齐和阿睦尔撒纳秘密带领精兵一千五百余人，由塔勒奇岭山路突入伊犁，袭杀了达尔札。

达尔札死后，达瓦齐登上了汗位。但是不久之后，登上汗位的达瓦齐却与阿睦尔撒纳之间发生了矛盾，而且愈演愈烈。乾隆十九年（1754），达瓦齐与阿睦尔撒纳之间的矛盾进一步激化，两方人马终于在伊犁发生了激战。结果，阿睦尔撒纳大败。于是，他率领残部两万多人，投降了清朝。这件事成了准噶尔之战的开始。

一战准噶尔

达瓦齐和阿睦尔撒纳合兵，打败了达尔札。可以说，在这场汗位争夺战中，阿睦尔撒纳居功至伟。但是到了最后，他却落得个兵败逃亡的下场，这让他很是不甘。一直以来，阿睦尔撒纳都是个有野心的人。他是和硕特部拉藏汗的孙子，准噶尔部策妄阿拉布坦的外孙，他的牲畜、牧场、属众都很多，是当时卫拉特蒙古王公中一个举足轻重的大人物。从辉煌到落魄，让他恨极了达瓦齐。他想要报复。

可是，怎样才能报复呢？达瓦齐已经继承了汗位，阿睦尔撒纳知道以自己的力量根本无法撼动汗位的位置。于是，他想到了借用清廷的力量。这才是阿睦尔撒纳投降清廷的真正目的。

阿睦尔撒纳投降清廷，让乾隆十分意外。为了表示重视，乾隆命专人带着赏赐去迎接阿睦尔撒纳等人。乾隆十九年（1754）十一月十五日，乾隆在承德避暑山庄设宴，以隆重的礼节接见了阿睦尔撒纳一行。在欢迎宴会上，乾隆更是当众任命他为参赞大臣。

乾隆如此重视投降而来的阿睦尔撒纳，不是没有理由的。其实早在即位之初，他就已经把平定准噶尔看作是头等大事了。虽说这些年来，准噶尔看似并没有抗清之意，但它始终是大清朝的一个隐患。它就像是一颗毒瘤，潜伏在大清朝的筋脉之中，稍有不慎，便会有发作的可能。事实上，自从圣祖康熙皇帝以来，每隔一段时间，准噶尔部都会肆虐一番，直至被武力打压才肯安静下来。所以，为了大清朝的长治久安，也为了秉承祖父和父亲的遗志，他必须要将这颗毒瘤彻底铲除。而阿睦尔撒纳的到来，正好为平定准噶尔带来了契机。

确实是一个很大的契机。乾隆一直在密切留意准噶尔的动静，他知道准噶尔在经历了将近十年的内讧之后，实力严重削弱，已经变得摇摇欲坠。所以这个时候，正是用兵的大好机会。更重要的是，熟知准噶尔内幕的阿睦尔撒纳也力陈"伊犁可取状"，请求尽速出兵。他知道，除掉这个困扰大清王朝多年的"毒瘤"的机会，真的来了。

他意识到机会来了，但并不是所有大臣们都意识到了机会。虽然很多大臣揣摩圣意，知道他想要发兵准噶尔，但反对的声音还是有很多。原因就是，康熙、雍正两朝，清廷都曾与准噶尔较量过。虽然清军屡屡获胜，但大多胜在数量，准噶尔铁骑的凶悍早已深入人心。正因为如此，故而很多大臣有些害怕，也有些犹豫，认为事不可为。还有一些大臣认为，这些年来清廷与准噶尔一直相安无事，准噶尔部臣服之心已定，应该不会再起事端。

面对这些反对的声音，乾隆力排众议，果断决定调集兵马，筹备粮饷，准备出师西北。他在朝堂上压住了殿下嘈杂的议论声，果断地表态："朕意机不可失，明岁拟欲两路进兵，直抵伊犁。"

皇帝都拍板了，谁还敢再反对？但是不反对，并不代表赞同明年出征，有些经验老到的大臣又提出了反对意见，认为出兵过于仓促了。

严格来说，乾隆决定年后出兵准噶尔，确实有些过于仓促了。清廷虽然一直对准噶尔有所防范，但却并没有想要出兵征剿，仓促之下，征调大军、粮草囤贮都是个问题。而对于一场远距离的战争来说，这些都是很重要的问题。这仗怎么打？根本就没有办法打。

或许大臣们考虑得很周密，但是他们却都没有像乾隆一样抓住重点。所谓的重点，自然就是机会，准噶尔部正在严重内乱。可想而知，一旦内乱平息，那么清廷想要征讨准噶尔，难度将会大大增加。作为一位战略眼光非凡的帝王，乾隆敏感地意识到了机遇的重要性。而满朝文武大臣，只有大学士傅恒表态赞同。无怪乎乾隆欣喜地说："在廷诸臣，只有大学士傅恒与我协心赞画，断在必行，朕心十分欣慰啊！"

虽然乾隆决心征剿准噶尔，虽然他力排众议，初步拟定了出征计划，但是还有一个最重要的问题亟待解决，那就是理由。也是，世间万事都抬不过一个"理"字，有道是"有理行遍天下，无理寸步难行"，庶民打架要有"理"，帝王打仗更需要有"理"。如若不然，堂堂帝王之师，岂非出师无名了？可是，这次征剿准噶尔，理由好像并不充分。达瓦齐对清廷并未显露恶意，对改善与中央政府关系也很有热情。就在不久之前，达瓦齐还主动派遣使者来到北京，以极为恭顺的态度向乾隆表示，希望获得清廷的谅解，愿与大清永久修好。如果真的师出无名，那么这仗可怎么打？

不过，乾隆皇帝却认为这仗该打，而且理由充分。他曾说过："堂堂大清，中外一统，而夷部乱臣，妄思视同与国。"他的意思是说，大清朝中外都统一了，而内部夷臣却在作乱，妄想自成一国。这岂有不打之理？在乾隆心中，达瓦齐既然是"夷部乱臣"，那就必须要打，而这个时候正是平息西北内乱的大好机会，不容错过。

乾隆二十年（1755）年初，乾隆正式颁下了平定准噶尔的谕旨，并决定"以新归顺之厄鲁特攻厄鲁特"。意思就是，让阿睦尔撒纳率军攻打达瓦齐。

这又是一招老辣的"以夷制夷"方略。"以夷制夷"虽然好用，但施用者必须胆大心细，睿智果决。乾隆使用这种方法的时候，至少要考虑到两个因素，一是阿睦尔撒纳是否真心归顺，二是阿睦尔撒纳有无带兵之才。当然了，阿睦尔撒纳长期在准噶尔执掌一方，手下有才干的将领也不在少数，所以有无带兵之才这点可以暂且不予考虑。但是，他却必须要考虑到，阿睦尔撒纳是否真心归顺。对方是准噶尔人，万一心怀不轨，又或者临战倒戈，那清军可就要损失惨重了。

小心，但不多心，是乾隆一贯的用人策略。他看出来，阿睦尔撒纳是走投无路才真心归顺的。用人不疑，疑人不用，他给了阿睦尔撒纳足够的权力。

二月，清廷西、北两路大军同时进发，前往伊犁。西路军由定西将军永常率领，萨赖尔为副将；北路军由定北将军班第率领，阿睦尔撒纳为副将。阿睦尔撒纳虽为副将，但乾隆仍然给他很大的权力，谕令班第凡事多听取他的意见。乾隆的重视，让阿睦尔撒纳欢欣鼓舞，一路上出力不少。

行军路上，阿睦尔撒纳凭借自己在部族的威望，广加宣扬皇帝的英明神武，结果"准噶尔部落人众，各带领鄂拓克，陆续前来投诚者甚多"，影响之大，甚至"四山草木，尽助威声，诸岭风云，俱增叱咤"。这仗还没有打，局势就开始出现了一边儿倒的情形。

四月，两路大军在博尔塔拉胜利会师，合为一军，然后浩浩荡荡地直逼伊犁。一路上，清军所向披靡，横冲直闯，而大量准噶尔守军则望风而逃。双方虽然有过战斗，但却并不激烈，准噶尔军斗志全无，总是一触即走。达瓦齐不甘心失败，率领亲兵且战且退，一直退到了格登山上，继续负隅顽抗。

阿睦尔撒纳熟悉地形，便建议清军采用合击策略。于是，清军兵分两路，分别从伊犁河的固勒扎渡口翻越推墨尔里克山岭和从喀塔克渡口翻越扣门岭，两面夹击格登山。在清军的突然袭击下，准噶尔兵营被攻破，达瓦齐趁乱逃走。至此，准噶尔部的主要力量被彻底击溃。

乾隆得闻捷报，大喜过望，赋诗一首表达喜悦心情："敉宁西极用偏军，天马人归敬受欣；每至夜分遥檄问，所希日继喜相闻；有征已是无交战，率附常称不变芸。"当机立断，用人不疑，是这次乾隆平定准噶尔的关键所在。

达瓦齐逃跑后，被清军所俘并押送至京。乾隆实行宽仁政策，并没有治他的罪，不仅赦免了他，反而封其为亲王，并赐予宅第。

至于领兵将领，乾隆也是论功行赏。傅恒因襄赞有功，加封一等公；班第封一等诚勇公；萨赖尔封一等勇公，阿睦尔撒纳晋双亲王双俸禄。其他随军出征将士，也一并封赏。

第一次平定准噶尔的战争至此结束。

意外风波

　　乾隆对于准噶尔部的重视，并未因为一次胜利而有所懈怠。处理完准噶尔之役的善后事宜后，他亲自撰写了《平定准噶尔告成太庙碑》碑文，立碑于北京国子监。他在碑文中，对清廷决定出兵伊犁，平定准噶尔部的缘由、经过及结果，都做了十分详尽的记述。他想要后世子孙都能记住此战，由此重视对"夷部"的管理。

　　同时，他又亲自撰写了《平定准噶尔勒铭伊犁之碑》碑文，石碑立于伊犁。碑文体现了清廷对准噶尔部的安抚感化和这一时期的民族政策，以及对准噶尔部的管理要求。乾隆希望，能够通过立碑宣扬的方式，让准噶尔部人民安心生活，不再有叛乱之心。这篇碑文内容如下：

　　天之所培者，人虽倾之，不可殛也。天之所覆者，人虽栽之，不可殖也。嗟汝准噶尔，何狙诈延以世而为贼也？强食弱，众凌寡，血人于牙，而蔑知悛易也。云兴黄教，敬佛菩萨，其心乃如夜叉、罗刹之以人为食也。故罪深恶极，自作之孽，难逭活也。先是分封四部，众建宰桑，四图什墨，廿一昂吉，盖欲继绝兴废，以休以息也。而何煽乱不已，焦烂为斯，终于沦亡胥尽，伊犁广袤万里，寂如无人之域也。是非我佳兵不戢，以杀为德也，有弗得已耳。西师之什，实纪其详悉也。以其反复无常，迟益久而害益深。则其叛乱之速，未尝非因祸而致福也，是盖天佑我皇清，究非人力也。伊犁既归版章，

久安善后之图，要焉已定者，讵宜复失也。然屯种万里之外，又未可谓计之
得也。其潜移默运，惟上苍鉴之。予惟奉时相机，今日之下，亦不敢料以逆
也。是平定准噶尔后，勒铭伊犁之碑所由作也。

这就是乾隆的手段了，先痛数准噶尔部以往所犯的过错，由此引出清廷出
征剿的目的。然后，他才告诫准噶尔部族民，要接受教化，方能安居乐业。他
很巧妙地用"敲山"的手段，震到了"老虎"，希望准噶尔部从此在大清朝的
管束下，能够太平。

身为一国之君，他所希望的，只是天下太平，百姓安居乐业而已。而他所
做的一切，都是在朝着这个愿望前进。然而，他的希望终归还是有些过于理想
化了，准噶尔部真的就此俯首接受管束吗？

很快，事端又起，而这次挑起事端的，则是阿睦尔撒纳。

达瓦齐兵败以后，树倒猢狲散，准噶尔残余势力也渐渐开始冰消瓦解。但
是，阿睦尔撒纳却从中看到了机会。阿睦尔撒纳一直是个有野心的人，也之前
投降清廷，甚至引清军攻入伊犁，主要就是为了铲除对手达瓦齐。他等的，就
是现在这个机会。很快，他就撕掉了臣服的假面具，开始举兵对抗清廷。其实
他也知道，凭借自己的实力，根本不足以撼动清廷根基之万一。他想要的，只
是让准噶尔归于自己的统治之中。

乾隆二十年（1755）五月，乾隆下旨，让阿睦尔撒纳在擒获达瓦齐之后，
到热河行宫觐见。乾隆对阿睦尔撒纳甚是器重，以平乱有功的名义，给予其极
为丰厚的赏赐。但是这个时候，阿睦尔撒纳已经有了别的想法了。所以，他迟
迟没有赶到热河。

乾隆的眼光何等敏锐，他从种种蛛丝马迹中已经看出，阿睦尔撒纳有了异
心。于是，他密令大臣班第，如果阿睦尔撒纳不肯动身前来热河，就设计将其

擒拿问罪。其时班第正和阿睦尔撒纳一起处理准噶尔善后事宜，接到密令后，他先是吃惊，而后又极为无奈。原因是，他没有想到阿睦尔撒纳会有异心，更没有足够的兵力对付阿睦尔撒纳。毕竟，伊犁是准噶尔的地方。

在乾隆的屡次催促下，阿睦尔撒纳只好于六月底，在哈萨克亲王的陪同下，动身前往热河。不过，阿睦尔撒纳也感觉到乾隆已经对自己起了疑心，所以他做了另一手准备。乾隆曾经派遣额驸色布腾巴尔珠监视阿睦尔撒纳，不过阿睦尔撒纳很会做人，经常送给额驸一些好处，所以两个人的关系非常好。在前往热河觐见乾隆的途中，阿睦尔撒纳请求额驸转奏乾隆，请求其将厄鲁特四部拨给自己。他与色布腾巴尔珠约定，如果乾隆允许，那么色布腾巴尔珠就提前通知自己；如果一直没有消息，那就证明乾隆不答应了。那个时候，他就要另想办法了。

为了等待消息，阿睦尔撒纳从六月底出发，慢慢悠悠地前往热河，一直走到了八月。可是这个时候，仍然没有色布腾巴尔珠的消息。阿睦尔撒纳知道，乾隆没有答应自己的请求。为了安全起见，他在路途中留下了清廷授予自己的副将军印，不辞而别。

这分明就是反叛！

当然是反叛，阿睦尔撒纳的做法，已经把自己逼上了反叛的绝路。准噶尔部许多残余势力，在听到阿睦尔撒纳叛走的消息后，纷纷前来附和。多股残余势力汇合之后，阿睦尔撒纳势力大增。他要开始行动了。

乾隆二十年（1755）八月底，多股准噶尔残余势力，开始攻击进入准噶尔地区的清军。八月二十三日，班第、鄂容安在伊犁遭到攻击。由于准备不足，他们在仓促中应战，被准噶尔势力击溃，被迫退却。他们两人带着亲兵，边战边退，于五日后被围困于乌兰库图勒。防御被攻破之后，班第和鄂容安两人自杀。

准噶尔被平定仅仅只有半年，便又回到了阿睦尔撒纳手中。随后，阿睦尔撒纳带领准噶尔军队，一路势如破竹，杀得清军人仰马翻。清军西、北两路军损兵折将，伤亡惨重，只得退出准噶尔。

乾隆雷霆震怒，决心重新调兵遣将，再征准噶尔。

其实事情发展到这里，已经不是仅仅平定准噶尔那么简单了。乾隆是中国历史上少有的伟大君主，这类君主最注重颜面。阿睦尔撒纳的挑衅，已经严重威胁到了皇帝的威严，所以他必须使用雷霆手段，打压一下这股反叛势力。

再战准噶尔

乾隆二十一年（1756）正月，乾隆任命玉保担任先锋，进入准噶尔追剿阿睦尔撒纳。

眼见清军势大，阿睦尔撒纳不得不小心应对。他是一个很小心的人，凭借着对地形的熟悉，他一次又一次避开清军主力锋芒，实行偷袭侵扰的策略。玉保等人暴跳如雷，却奈何不得阿睦尔撒纳。

阿睦尔撒纳知道玉保想要尽快擒获自己，于是便放出消息，让人四处传言自己已经被擒获。玉保听闻这个消息后，大喜过望，马上报告将军策楞，然后又会同策楞一起，将这个消息上报给了乾隆。可是三天以后，清军探子却获知，阿睦尔撒纳并未被擒获。无奈之下，玉保与策楞只得又上奏乾隆，报知阿睦尔撒纳并未被擒获。

前后两次得到奏报，但奏报的内容却正好相反，这让乾隆大为恼火。他认为，一个领兵将领如果连消息正确与否都弄不清楚，那根本就没有资格带兵打仗。他下令将玉保和策楞两人革职查办，押解到京城治罪。

要想取得一场战争的胜利，必须要有一个优秀的将领。乾隆自省用人不慎，又开始挑选平乱将领。

五月，乾隆任命达瓦党阿为定西将军、巴里坤为办事大臣，任命兆惠为定边右副将，前往准噶尔平乱。

达瓦党阿带领清军精锐，气势汹汹地开进了准噶尔地区，刚好与阿睦尔撒纳相遇。面对人数倍于自己的清军精锐，阿睦尔撒纳很快败下阵来，带着残兵仓皇逃窜。他甚至逃入了哈萨克人的帐营，希望能够逃过一死。危急之中，他又故伎重施，让哈萨克人谎报已经擒获自己，从而赢得了逃生的机会。

准噶尔军被清军打散，首领阿睦尔撒纳不知所踪，达瓦党阿等人只能班师回朝。这次出征，虽然狠狠打击了准噶尔部的气焰，但却并没有取得理想的胜利。

乾隆在骨子里同祖父康熙一样，天生有着一股韧劲。他下定决心一定要解决准噶尔问题，不惜任何代价。虽然这次出征无果，但他却做好了继续围剿准噶尔残余的计划。

从乾隆二十一年（1756）年底到二十二年（1757）年初，准噶尔地区更加混乱了。首先是内乱加剧，参与叛乱的台吉噶尔藏多尔济被其侄子袭击，双方拉开阵势，斗得热火朝天；其次，厄鲁特各地痘疫流行，被传染的人很多，以至于人心惶惶，很多叛军四处逃窜；最后一点，逃亡在外的阿睦尔撒纳一直没有回来，致使叛军成了无头苍蝇。

乾隆认为，真正的时机来了。

乾隆二十二年（1757）三月，乾隆派遣将军成衮扎布出北路，右副将军兆惠出西路，准备一举扫荡准噶尔残余。乾隆认为，天时与人和清军已经全占，主动发起进攻，则能弥补地势上的劣势，荡平准噶尔指日可待。

事实上也确实如此。清军大队人马还未开战，就已经接到了哈萨克汗阿布赉请求归顺清廷的降书。为了表示诚意，阿布赉表示愿意帮助清军擒拿阿睦尔撒纳。

阿睦尔撒纳闻讯大惊，连夜仓皇逃向额齐斯河，投奔了沙俄。虽然得以逃出生天，但他壮志未遂，一路上又担惊受怕，结果没多久就病倒了。三个月后，他在托搏尔斯克病死。

阿睦尔撒纳的逃亡及至病死，使得准噶尔部真正成了一盘散沙。那些小头目们，纷纷向清军归降。几乎没有花费什么力气，清军就荡平了准噶尔部。

至此，准噶尔地区才真正被乾隆平定。

准噶尔被平定之后，朝中大臣就治理问题，又产生了分歧。有些大臣认为，西域远在万里之外，沙漠辽阔，很难驻守。因此，守不如弃。大学士陈世倌也以"粮饷、马力、将帅"三大难题为由，反对朝廷建设西域。

但是，这些意见到了乾隆面前，却没有起到任何作用。既然选择了平定准噶尔，他就早已有了治理准噶尔的想法。他迅速挑选了几位赞同建设西北的贤臣，其中包括阿桂、舒赫德、明瑞等人，开始了建设西北的计划。

建设西北，最重要的驻守问题。这他早就想好了，他下令准噶尔军队驻守几座重要城市，然后又陆续从陕西、甘肃、北京、东北等地，选派满、蒙、汉族官兵，进驻西北。在出台了一系列的军事制度后，他又命令官兵们开始倾力建造城池。很快，惠远、绥宁、缓定、广仁、熙春、宁远、绥靖、迪化、巩宁、会宁、永定等城池相继被建设完毕。

驻扎军队，最重要的是城池和粮食问题。城池容易解决，那么粮食如何解决？乾隆也早有打算，那就是大兴屯田。天山北麓，人烟稀少，准噶尔部蒙古族人大多不会耕种，农业生产十分落后。当地百姓吃粮食都成了问题，更毋庸说军粮问题了。可是，乾隆却早就发现，新疆北疆地区，沙漠较少，草场茂盛，土地肥沃，适宜耕种。在他看来，垦荒屯粮的做法，既不增加财政负担，又能巩固西北国防，更为重要的是能够解决粮食问题，可谓一举多利。

于是，他颁布政令，招募当地民众到伊犁等处屯垦，还将免死之犯人遣去耕种。在他的努力下，很多荒地被有效利用起来，粮食供给得到了保证。当地百姓能够安居乐业，动乱也不再发生。

除此之外，乾隆还做了一系列改革措施，包括编建户籍，兴修水利，控制流沙，等等。这些改革措施，都为稳定西北提供了有力的保障基础。

为了纪念平定准噶尔叛乱这一历史事件，以昭示后人，乾隆二十五年（1760），乾隆下诏，在新疆昭苏县格登山上建立了一块纪念碑。这块纪念碑，用满、汉、蒙、藏四种文字书写，记录了乾隆平定准噶尔部的全部经过：

格登之崔嵬，贼固其垒。我师堂堂，其固自摧。格登之巉巑，贼营其穴。我师洸洸，其营若缀。师行如流，度伊犁川。粤有前导，为我具船。渡河八日，遂抵格登。面渒背崖，借一昏冥。曰捣厥虚，曰歼厥旅。岂不易易，将韬我武！将韬我武，讵曰养寇？曰有后谋，大功近就。彼众我臣，已有成辞。火炙昆冈，惧乖皇慈。三巴图鲁，二十二卒，夜斫贼营，万众股栗。人各一心，孰为汝守！汝顽不灵，尚窜以走。汝窜以走，谁其纳之？缚献军门，追悔其迟！于恒有言：曰杀宁育。受俘赦之，光我扩度。汉置都护，唐拜将军，费赂劳众，弗服弗臣。既臣斯恩，既服斯义，勒铭格登，永诏亿世。

这篇碑文的大意是：过去，汉朝设立西域都护，唐朝拜将西征，虽然都是名震千古的大事，但却都是劳民伤财并没有使敌人臣服。但是今天，准噶尔却臣服了，这个功劳可真是远超前代啊。所以，要在格登山上刻石记功，永远传世。

无论如何，准噶尔战事的平定，不仅巩固了乾隆的统治地位，也巩固了清朝的西北边防，更是巩固了多民族国家的统一，具有很重要的时代意义。战后，西北地区与中原内地经济及文化的交流更为畅通，发展也更为迅速。这些，都是乾隆皇帝对中国做出的巨大贡献。

第七章 ╱ 回疆之战

大、小和卓的野心

回部，亦称回疆，清代对天山南路的通称。

噶尔丹被康熙消灭以后，回部首领玛哈木特和卓木企图恢复自己的统治，但却被噶尔丹的继承者策旺阿拉布坦派兵征服。玛哈木特被俘，他的两个儿子波罗尼都和霍集占，即所谓的大、小和卓（"和卓"是波斯语的汉语音译，意思是"圣裔"），也都被当作人质，软禁于伊犁。

回部被准噶尔部役使了多年，直到乾隆即位后，这才出现了转机。

乾隆二十年（1755），清军第一次远征准噶尔，开始进攻伊犁。准噶尔汗达瓦齐不敌清军，开始节节败退。其时玛哈木特已死，他的两个儿子波罗尼都和霍集占乘机逃脱，召集回部族人三十余人，投奔了清朝军队。伊犁平定之后，达瓦齐兵败被俘，乾隆皇帝论功行赏。他对波罗尼都和霍集占的遭遇十分同情，特别降谕说："投诚之和卓木，原系叶尔羌、喀什噶尔回部之长，羁留为质，情甚可悯，着即令彼等前来入觐后，仍令复回回部。"一句话，乾隆想要放他们回去，让他们重新治理回部。

不过，波罗尼都和霍集占兄弟，并没有入京觐见乾隆皇帝。不是他们不想见，而是正好赶上了阿睦尔撒纳反叛事件，他们的行程被阻。尽管如此，乾隆还是信守承诺，"仍令复回回部"。但是，阿睦尔撒纳的反叛，让乾隆留了心，知道不能完全相信这些"夷人"。于是，他只派兵将大和卓波罗尼都送回了叶尔羌，"使统其旧部"，而留小和卓霍集占于伊犁"掌回务"。这么做说明，乾隆并不怎么放心回部，所以把霍集占留在伊犁做人质。

大和卓波罗尼都回到南疆之后，凭借其特殊的身份，一跃而成为全南疆军事、政治的领袖。

次年，小和卓霍集占从伊犁逃出，回到了乌什。他极力劝谏哥哥，反抗清廷，把南疆独立起来，成立一个新的王国。

乾隆二十二年（1757）年初，大和卓传令回疆："各城回目，整备鞍马、器械。"不久之后，"叶尔羌、喀什噶尔、和阗所属之数十万回户皆从之起事"。回疆真的反了。

对于回疆反清，乾隆并没有多大震惊。刚开始的时候，他甚至就没有出兵的打算。他以为，准噶尔被剿灭的事就在眼前，前车之鉴，只要派招抚使到回疆，就能平息叛乱。

但是，他错了。五月，清廷派出的招抚使阿敏道到达回疆后，被大、小和卓杀害，随行的一百多人也无一幸免。

乾隆震怒了，他决定要出兵征剿回疆。不过虽然愤怒，但他却不缺乏理智。他同大臣们商议，认为大、小和卓之乱必须予以武力征服，但是目前却不适宜出兵。理由就是，此时准噶尔阿睦尔撒纳之乱还没有平息，应该先解决准噶尔问题。再者，他认为准噶尔之乱是西北地区祸乱的根源，所以"厄鲁特等既皆剪除，则回部自可招服"。

乾隆二十三年（1758）正月，准噶尔叛乱大体上已经平定。乾隆开始着手对付回疆了，他在思索出兵谋略。回疆地区太远了，仅是一路行军就是问题。不过这一切，并没有难倒他。

乾隆先将大、小和卓的罪状告谕各城，讲出清廷发兵的原因。然后，安抚回疆百姓，凡是归来的"安居如旧"，助恶的则"悉行剿除"。意思是说，大家都要站好队伍，如果投降清军，那就既往不咎；如果帮助叛军，那么政府就不会手软了。

这个时候，因为轻敌，乾隆犯了一个致命的错误。四月，乾隆下旨，将镇守西北的大将军兆惠调回北京休整，让雅尔哈善代理回部事务。乾隆不是不相信兆惠的能力，相反，他是太相信兆惠的打仗能力了。他知道，这场战争如果让兆惠去打，那就没有什么悬念了。而他认为，一个弱小的回部，根本就不需要如此大费周章。因此，他派了雅尔哈善代理回部事务。

《啸亭杂记》中这样评论雅尔哈善："雅固书生，未娴将略，惟听偏裨等出策，令不画一。"这哪里是个领兵打仗的将军，分明就是一个一身酸儒之气的书生。其实这也怪不得雅尔哈善，他原本就是文人出身，不擅长指挥作战。平常在乾隆身边，他帮忙出出主意，献献计策还行，可是一上战场就成弱智了。这样的人，能打胜仗才叫怪事。

败困黑水营

乾隆二十三年（1758）五月，雅尔哈善率领清军精锐，开始进攻叛军据点库车。当然，库车并不是叛军的主要据点，叶尔羌才是大、小和卓的真正老巢。

实际上，这个时候大、小和卓也正在叶尔羌。得知库车被袭，他们便率领鸟枪队前来支援。雅尔哈善听从裨将的建议，悄悄派人埋伏在路旁，等待叛军援军的到来。结果，清军以逸待劳，打败了大、小和卓的鸟枪兵。一场激战下来，叛军伤亡了四千多人，情急之下，大、小和卓率领残军仓皇逃进库车城，坚守不出。

初战告捷，雅尔哈善意气风发，更加信任手下裨将，自己却毫无主意。在手下将领的建议下，他对库车城采取了只围不攻的战略，意图等到叛军弹尽粮绝前来主动投降。对于一个文人来说，如果围而不攻能够解决战斗，那确实是最上乘的策略——至少不用流血和牺牲。但是这样，却恰好给了大、小和卓逃跑的机会。由于雅尔哈善疏于戒备，大、小和卓连夜率骑兵逃脱了。大和卓波罗尼都逃回了喀什噶尔，小和卓则逃回了叶尔羌。

绝好的一次围歼机会，却这样白白溜走了，这让雅尔哈善后悔万分。为了亡羊补牢，他一改围而不攻的策略，命令清军将士向库车城发进了进攻。硬碰硬，库车城也并不容易攻取。库车城的城墙是用沙土、柳条筑成的，十分坚固，而且依山傍水，易守难攻。恼羞成怒之下，雅尔哈善根本就没有考虑过攻城策略，只是一味强攻，结果清军损兵折将，死伤无数。

这一场战役打了足足三月有余，清军损兵折将却毫无寸功。消息传到北京，乾隆忧心如焚。这个时候，他才意识到，自己有些大意了。他发谕旨，严厉批评了统帅雅尔哈善。可是，雅尔哈善为了推卸责任，却强词夺理，把战场失利的原因转嫁给了下属，认为是下属办事不力，才导致库车久攻不下。

库车城久攻不下，乾隆虽然焦急，但却并不如何气愤。他之所以派遣雅尔哈善前往回疆，主要就是为了磨砺其带兵打仗的能力。可是作为主帅，失败之后不仅不反思失败的原因，还四处推卸责任，这种作为却让乾隆怒不可遏。他终于发火了，他在谕旨中说道：

"前后奏报，情词矛盾，惟图左支右吾，始参顺德纳以卸过，继参马德胜以诿咎，并无一语引罪，殊不思身任元戎，指麾诸将者，谁之责欤？此而不置之于法，国宪安在！已降旨命兆惠就近前往库车一带办理回部，雅尔哈善、哈宁阿、顺德纳俱著革职，兆惠至军营日，即著拿解来京，将此先行通谕知之。"

过去君主的权力极大，虽然他们也要遵守国家法律制度，但生杀大权却总是操于己手。雅尔哈善虽然前线失利，但却罪不至死，无奈他的推诿狡辩，却引起了乾隆的强烈反感。故尔，雅尔哈善被押解回京之后，乾隆以贻误军机处死了他。在这里我们可以看到，乾隆皇帝虽然性子温和，但却有着很明显的底线。对于那些胆敢过线的人，他处置起来绝不手软。

另一方面，乾隆开始重新布置，解决回疆问题。他任命穆泰为靖逆将军，三泰、富德、阿里衮、舒赫德为参赞大臣。同时，他又命令兆惠率军由天山北路往征南路，并且说道："办理回部，仍于兆惠是赖。"他把解决回疆问题的重担，完全放在了兆惠的肩膀上。

他一直都很信赖兆惠。

兆惠是满洲正黄旗人，姓乌雅氏，字和甫。他和乾隆算是亲戚，他是雍正皇帝生母的族孙。雍正九年（1731），年仅二十四岁的兆惠初登仕途，以笔帖式的身份入值军机处，授军机章京。后来几经升迁，官越做越大。到乾隆九年（1744），他已官至刑部右侍郎，第二年又成为正黄旗满洲副都统。乾隆十一年（1746），他被再授为镶红旗护军统领。乾隆十五年（1750），兆惠赴金川军营督办粮运，功劳卓著，被乾隆嘉奖。乾隆十八年（1753），他赴西藏办理筹防准噶尔事宜。乾隆二十一年（1756），他被授予定边右副将军，筹办伊犁善后事宜。乾隆二十二年（1757），他率师至乌鲁木齐，以功封一等武毅伯。

可以说，乾隆即位后的数次战役，兆惠都有参与，而且功勋卓著。正因为此，他才成为乾隆出奇制胜的王牌力量，被其倚重。

责任大，担子就重。乾隆为了给兆惠打气，曾经传谕兆惠说："回人素称选懦，近来屡经剿捕，畏我军威，乞降相续。"又言："如擒获霍集占，各城自然归附，兆惠即加意奋勉，以奏肤功。"毫无疑问，乾隆的用意是好的，他想让兆惠抖擞精神，将回疆一举收复。但是，他的"示敌以弱"，却让兆惠感到了沉甸甸的压力。

乾隆二十三年（1758），兆惠率军来到库车时，大、小和卓已经决定放弃库车，叛军的主力退至阿克苏城。

八月二十日，兆惠指挥清军攻打阿克苏城。虽然阿克苏城也并不容易攻破，但战事却慢慢朝着有利的方向发展。原来，在平定准噶尔部时，兆惠带兵颇有声望，这使得一些回部头目因惧怕前来投降。在战争中，起决定因素的除了军力以外，最主要的就是人心所向问题。回部头目的投降，使得战争的天平开始向清军倾斜。消息传至北京，乾隆龙颜大悦，认为战争已经胜利有望。他们被将要到来的胜利蒙蔽了双眼，致使他们做出了一项错误的决定。

为了节约军需开支，他竟然下令，停止给兆惠增援。

按理说，他的决定并没有错误。如果两个人就可以打胜仗，那就不需要再派第三个人万里迢迢赶赴回疆了。但是他忘记了，战争局势往往会瞬息万变。

兆惠在攻下阿克苏城时，立即向叶尔羌进攻。但是在这个节骨眼儿上，朝廷的增援停止了。一般情况下，大型的攻城战争，军需耗费都比较严重。兆惠正在等待朝廷支援，却没有料到已经失去了后勤援助，于是这支清军队伍陷入了困境之中。

小和卓霍集占抓住了战机，使用坚壁清野的策略，下令将城外粮食尽数收割到城中，然后紧闭城门，拒不应战。没有后勤供给粮食，又没有援兵增援，战局登时逆转，清军由主动变成了被动，兆惠大军开始出现了危机。

霍集占善用兵，为了进一步牵制清军，他下令在叶尔羌城东北五里处挖掘壕沟，筑起土台，布置兵力，作为一个据点。这样，叶尔羌城、城北据点和大和卓占据的喀什噶尔城便互为犄角，能够互相照应了，这给清军的攻城又增添了很多麻烦。

最麻烦的还是补给问题。兆惠攻城既难，兵力不足，又不敢贸然撤退，便只好在城东有水草的黑水河边驻扎。大军没有补给，在河边驻扎，还能多坚持一些时日，等待援军到来。兆惠很清楚，等下去不是办法，谁也不知道援军什么时候才到，所以不能完全寄希望于援军身上。那么，就只有靠自己补给了。

主意已定，兆惠一方面派副都统爱隆阿分兵八百，守住喀什噶尔方向，以阻挡大和卓波罗尼都出兵突袭；另一方面，他派出探子四处侦查，希望可以找到粮食。这一找，还真让他找到机会了。探子侦查到，奇盘山下有牧群，牛羊不计其数。兆惠心动了，决定冒险劫掠牧群。

十月十三日，兆惠派出一队人马，准备渡过黑水河，劫掠牧群。可是，当清军队伍过桥渡河时，意外却发生了。刚刚过去四百余人时，桥断了，大批回部人马从周围杀出，对清军展开了疯狂反击。

原来，牧群的出现，只是小和卓的一项诱敌之计。他知道兆惠大军急需粮食，便故意用牧群引兆惠上当。兆惠求粮心切，果然入彀。面对回军的突然袭击，清军措手不及，伤亡惨重。总兵高天喜、副都统三保、护军统领鄂实、监察御史何泰等，都在这一战中身亡。残余清军慌忙往回逃，依托营地固守不出。

这一战，也让兆惠心惊胆寒，他再也不敢轻易出兵了。唯一的办法，是向朝廷求救。于是，他派出了几名士兵，从不同的方向突围，向朝廷告急。兆惠只希望在坚守之下，能够等来朝廷的援军。

好在对方也不敢轻易进攻兆惠大军。在西北地区，兆惠带兵凶悍早已声名在外，慑于其威名，大、小和卓采取了困而不攻的计策，只是在外围筑起土台，想要困死清军。战争进行到这里，这一计策，确实是最为实用。清军没有补给，已经能够坚持的时间不多了。

兆惠长年带兵打仗，早已磨炼出坚韧的心性。他知道，清军现在已经面临生死存亡的危急关头了，如果主帅不能稳定军心，那么后果将会极其恶劣。他不断地鼓舞士兵，告诉他们，援军很快就要到了。

可是那些鼓舞，终归是一些画在纸上东西，既不能做粮食吃，又不能当水喝，更不能变成枪弹用来御敌。难道，真的要全军覆没？兆惠苦苦思索计策。进入回疆地区之后，兆惠经常会同一些当地人沟通，打听一些他们的习俗。现在，他突然想到，曾经听过为了逃避准噶尔人的搜刮，当地人有掘地藏粮的习惯。病急乱投医，他下令士兵四处挖掘，居然还真找到了数百石粟米，解决了粮食问题。围营的敌军为了尽快解决战斗，引来河水想要灌营，这样一来，又解决了清军缺水的问题。

粮食和水都暂时得到了补充，兆惠大军士气大增，虽然"拒守日久，粮日乏，仅瘦驼羸马亦将尽"，但总算有了坚持下去的资本。这一坚守，就是三个月之久。

平定回疆

乾隆二十四年（1759）正月，弹尽粮绝的兆惠大军终于等来了援军。清军将领定边右副将军富德率领一支三千余人的队伍，由乌鲁木齐赶来支援。

其实，下令停止给兆惠大军增援之后，乾隆就隐约觉得有些不妥了。不过那个时候，他并没有太在意，总觉得以兆惠之善战，以回部之弱小，战争应该很快就能结束。直到兆惠告急，他才知道自己小瞧了回部叛军。情急之下，他只好紧急谕令乌鲁木齐守将富德，让其快速支援兆惠。

可是速度再快，富德赶到的时候，也已经是三个月之后的事了。可想而知，如果兆惠没有从地里挖掘出来粮食，如果回部叛军没有引水灌营，那么清军可能早就全军覆没了。这实际上，是乾隆决策上的失误。他小瞧了回部叛军，结果下了一步烂棋。

乾隆之所以能够名垂青史，成为一代圣君，并不是说他不会犯错，而是知错能改。圣人也是人，圣人都会犯错，帝王自然也会犯错。一个能够知道错能改的帝王，已经非常难得了。得知兆惠在黑水河被围，他曾写过一道长谕，表达心中的感慨，其中有几句是这么写的："向来之轻视逆回，乃朕之误，又何忍以妄进轻敌为兆惠之责乎？"他把战争失利的责任全部揽在自己头上，反而对兆惠进行封赏。相较于雅尔哈善，兆惠显然幸运得多。

认识到错误之后，就要赶紧补救。幸好，乾隆的补救还算及时。

富德大军在呼尔满（今莎车东北）与一路叛军相遇，双方展开了激战。在军力上，叛军占了绝对的优势，人数大约是清军的两倍。但富德率领的清军是生力军，士气正盛，所以双方也打了个旗鼓相当。这场战斗极为惨烈，一直激战了四天四夜，最后富德获胜。

这一场决定性的战役。富德获胜之后，便率军匆匆渡过了叶尔羌河，赶赴黑水河救援兆惠。听闻援军到了，被困清军军心大振，冲出营地开始突围。清军里应外合，打败了叛军，两路清军合为一处。直到此时，黑水营之围方解。

乾隆听到兆惠大军脱险的消息，十分欣喜。鉴于之前的错误，他很快又做出了几项重大决策。第一，坚持继续征讨，痛斥朝堂上那些有意"罢兵息事"的大臣；第二，改正自己之前的轻敌思想，加派两万精兵开赴回疆，另外，更是准备了三万匹战马，粮草无数；第三，重要回部降人，鼓励他们从征为国效力。这几项决策，尤其是兵马粮草的充足准备，为战争提供了坚实的后勤保障。可以说，这些为战争的胜利打下了基础。

乾隆二十四年（1759）六月，在兵力粮足的准备下，清军又开始了平叛战斗。

兆惠与富德两位将军，兵分两路，扫荡清军势力。兆惠进攻大和卓波罗尼都所占据的喀什噶尔，富德则率领大军进剿占据叶尔羌的小和卓霍集占。大、小和卓见清军势大，心生惧意，不战而逃。但是，在逃跑的时候，他们竟然将喀什噶尔和叶尔羌两地的居民尽数迁移，焚城砍树，然后携带兵马家眷逃往巴达克山。他们的用意很简单：不给清军留下一兵一卒，包括城池。

两路清军虽然都顺利地拿下了城池，但得到的却都只是空城。

不过，这一战并非全然无功。一方面，清军将大、小和卓逼进了巴达克山，战争胜负已定；另一方面，大、小和卓在逃跑之前，强行迁移居民，引起了各部族的反感。一些部族头领写信给兆惠和富德，表示愿意投降清军，并请清军速来援救。

兆惠等人当机立断，一方面接受请降，一方面快马加鞭，将这一军情上报给乾隆，并请其定夺。

乾隆指示兆惠等人：既然城已攻下，应速挑数千精兵，追剿大、小和卓。至于请降回民，应恩威并用，施以离间，敌必自溃。

兆惠等人得到乾隆谕示，依令而行，果然收效良好。他从军中挑选了数千精兵，每人带三匹马，备足了口粮，急行军追赶大、小和卓。清军追至巴达克山界伊西洱库尔西岸时，与其残部遭遇，双方展开了激战，清军大胜，大、小和卓趁乱逃走。但是，当地部族首领索勒坦沙为了避免战争，将大、小和卓诛杀，并通知了清军。

至于乾隆恩威并用的策略，也收到了很好的效果。

乾隆二十四年（1759）十月初，清军追剿队伍从巴达克山凯旋。至此，征回战役结束。

鉴于准噶尔与回部一再发生叛乱，乾隆意识到，应该想一个妥善的解决方法了。为了防止西北地区再生事端，他同朝中大臣商议，决定建立新的军事管辖制度，将天山南北直接纳入中央的管辖范围。他决定在天山以北原卫拉特蒙古地区设一总管伊犁等处将军（即伊犁将军），总管全疆军政财务一切事务，下设都统、副都统、参赞大臣、领队大臣、办事大臣、总管等官，分驻各地，防止异变再起。

很显然，这种军府制度在西北地区非常实用。这种制度不仅进一步加强了西北地区与清廷的联系，也增强了清廷对西北地区的控制。正是由于这种军府制度的出现，以后的西北地区才彻底安静下来。

回疆之乱被平定了，乾隆皇帝志得意满。对于他来说，平定回疆意义非凡。从圣祖康熙皇帝开始，西北地区的动乱就一直是清廷的头等大事。先是准噶尔，后来是西藏，再后来是回疆。但是，祖父和父亲两朝"筹办未竟之事"，却在他的手里被完美解决了。这些，又怎么不让他欢喜？更何况，他在西北地区施行的军府管理制度，以及大力推行的屯田政策等，都将带来西北地区的全新发展。

毫无疑问，平定回疆，是乾隆皇帝在中国历史上的又一大贡献。

第八章 ／ 四征缅甸

大清何事不可为？

元朝时，元世祖曾派兵出征过缅甸；明朝时，明朝政府曾设宣慰使司；清时初年，平西王吴三桂曾统军入缅，追捕明永历帝，后缅王缚永历帝送至清军，吴三桂即班师回朝。一直以来，中国都没有凭借强大的军事力量，强迫缅甸臣服。

乾隆初年，云贵总督张允奏请乾隆，请求让内地人出边开矿。乾隆允之，遂谕令张允全权处理。这引发了一股"出国热"，很多边民跑到缅甸，希望能够做点生意。一段时期后，云南石屏人吴尚贤在缅甸境内开采有成，事业非常兴旺，更是得到了卡瓦部长蚌筑的信任，赚了不少银子。张允得到消息，便任命吴尚贤为当地的矿场首长。

为了更好地经营矿场，吴尚贤游说蚌筑以厂课纳贡，向中国内属。什么意思呢？这就是说，他们在缅甸境内开矿经营，但却向中国内地缴纳税银。中国是大国，蚌筑当然乐意巴结。于是在乾隆十一年（1746），卡瓦矿地课银便解送到了云南省城，并进呈缅文禀书一纸，请求归诚纳贡。

张允立即呈上奏章，将这件事上报给了乾隆。他说："滇省永顺东南徼外，有蛮名卡瓦，其地茂隆山厂，因内地民人吴尚贤赴彼开采，矿砂大旺，该酋长愿照内地矿例，抽课作贡。"这段话的意思是说，在缅甸有个名叫卡瓦的人，因为内地百姓吴尚贤去他那里开矿，使得他的矿业生意非常兴旺。因此，他自愿按照内地的矿例，向朝廷缴税。

很显然，这件事的发生，源自于一个叫吴尚贤的开矿商人。他这么做的目的，无非是巴结朝廷，以获得更多的利益。张允将这件事报告给乾隆，也是为了邀功。谁都能够想到，一个"外国"商人愿意向清国缴纳税银子，对于皇帝来说，是一件极有面子的事。

果然，乾隆接到奏报后，龙颜大悦，嘉奖了张允，并在奏章后面批示道："应如该督所请办理。"事情就这么定了下来，自此以后，缅甸一小部分商人，开始向清朝纳贡。

作为这件事的"发起人"，吴尚贤自然受到了张允的奖赏。尝到甜头之后，吴尚贤有了更胆大的主意，他开始游说缅甸王向清廷入贡。巧的是，当时的缅甸正处于非常时期，使他有了"可乘之机"。当时，缅甸国内局势混乱，土司多有叛乱，小规模的内战时有发生。缅甸王想要解决内乱问题，但却顾此失彼，疲于应付。鉴于这种情形，缅甸王很想借助中国的力量来稳定自己的统治。于是，他跟吴尚贤一拍即合，确定了向清廷入贡事宜。

缅甸国再小，也是一个独立的国家，向清廷入贡何等重要。吴尚贤不敢怠慢，很快将这件事禀报了云南巡抚。他在奏报中说："缅甸国王情愿称臣纳贡，永作外藩。……彼国大臣一员，头目四人，象奴夷众数十人出境过江，于四月已抵边界，请代奏。"缅甸王不仅要称臣纳贡，而且已经派出了使者。

对于乾隆来说，这可是件大喜事。

接到奏报后，乾隆大喜过望，立即同意了缅甸王的请求，并命令云南巡抚派出官员护送缅甸使者进京。

乾隆十六年（1751）六月，乾隆皇帝在北京太和殿接受缅甸使者朝贺。自此以后，缅甸国开始向清廷称臣纳贡，正式成为中国的附属国。

缅甸王之所以愿意向中国称臣纳贡，主要是想借助清廷的力量，稳定国内动荡局势。但是事与愿违，缅甸向中国称臣纳贡，并没有能够缓解国内动乱的局势。缅甸王奔拉达先被得楞部酋长杀害，而另一木梳部长瓮藉牙则乘势起兵，联合其他部落，经过多次征战，灭掉了得楞部，统一了缅甸大部地区。

不过，在缅甸还有能与瓮藉牙抗衡的势力，贵家部就是其中之一。据清史资料显示，缅甸的贵家，其实是明朝末年随桂王逃亡缅甸的一些贵族后代。他们的祖籍本是中国，在缅甸定居后，凭借雄厚的财力，开采银矿，自成一部。贵家部反抗瓮藉牙，最终却被瓮藉牙击败。贵家首领宫里雁带领贵家残余，逃窜到了云南边境，苟延残喘。

瓮藉牙死后，他的次子懵驳真正统一了缅甸，成为了缅甸国王。懵驳很有野心，他为了扩展势力，置缅甸与中国的邦交关系于不顾，开始肆意派兵扰掠云南普洱府一带的土司。他往往并不恋战，总是一触即走，但却使得云南边境苦不堪言。

对于一些小规模的骚扰，乾隆还能忍受。还认为，中国毕竟是泱泱大国，应该有大国的风度，不应该为一些小摩擦就挑起战火。但是，新任的缅甸却似乎不知道进退，在他的默许下，缅甸侵扰中国的现象越来越频繁。

乾隆二十七年（1762）冬，缅甸军队居然对云南边境的清军发动了进攻。猝不及防下，清军伤亡惨重。泱泱大国，岂能受小国欺负？是可忍孰不可忍，乾隆一向认为"我大清国全盛之势，何事不可为"，于是谕令边境将领，全面抗拒缅军。

乾隆三十年（1765）十月，缅军又开始对云南普洱地区进行骚扰，向当地土司索要"花马礼"（即为贡赋钱粮，处于中缅两国边境上的各掸族土司，在历史上为了谋求自身安全，曾向两国都缴纳贡赋）。缅军在占据孟艮之后，又在九龙江一带进行骚扰。新任云贵总督刘藻，尽管已经年逾七旬，但仍然调兵遣将，亲赴思茅抵御缅军。随后，他又率兵辗转驻守茨通，命提督达启、总兵刘德成等人带兵驻守茨通。由于云南与缅甸接壤之处面积很广，战线拉得太长，他不得不采取分兵防御的策略抗击缅军。

刘藻的积极防御，最终却败在了"自己人"手中。由于云南多年无战事，军队缺乏训练，官员皆处于闲散状态，并且目无军纪。结果，军队根本就没有最基本的作战能力，各路清军均遭惨败。刘藻派遣参将何琼诏、游击明浩带领六百清兵支援猛阿。但是在行军途中，何琼诏部竟然将兵器捆起来用车拉运，徒手散行。结果他们在遭遇缅军袭击时，根本就没有任何抵御力度，仅仅一个回合，便被缅军杀得人仰马翻，四散逃窜。

清军战斗力如此之差，这仗就更没法打了。更糟糕的是，缅军总是化整为零，以小股部兵力游击清军。比战斗力，清军很差；比灵活性，清军更差。刘藻虽然东截西堵，但终仍是疲于奔命，起不到任何作用。

乾隆十分痛恨缅军侵扰中国，他颁谕旨给刘藻："缅军野性难驯，敢于扰害边境，非大加惩创，无以警凶顽而申国法。"意思是，缅甸军队太胆大了，竟敢无视中华国威，侵害百姓。所以，必须要重创他们，才能真正警示到他们。

可是现在警示了吗？刘藻并没有办到。

刘藻毕竟是上了年纪的人，已经失去了带兵打仗的能力。清军屡吃败仗，但是总兵刘德成却谎报战绩，声称大败缅军。刘藻欣喜之下，没有仔细调查，便奏报乾隆，声称破缅军大营七座，并将在普洱府迎战缅军等。

接到"捷报"及所呈进的普洱边境地图之后，乾隆先是喜悦，后又发现了问题。乾隆的聪明睿智，确实是少有人能及。他仅仅通过一张地图，便找出了刘藻奏报中的破绽。大怒之下，他颁下谕旨痛斥了刘藻，并指出了问题的根源："刘藻所奏并非实情，其中多是绿营兵虚讯欺饰故智。把弃兵张皇慌张，信为真实。"他本想再给刘藻一个将功补过的机会，但清军接二连三地抗击缅军失败后，刘藻居然又将责任推诿到下属身上。

这一次，乾隆是真的发火了，他重下谕旨，将刘藻革职，留滇继续效力。并勒令所有因调兵不合定例靡费的银两，全由刘藻补赔。

刘藻见差事难办，而自己又多次被皇上训斥，甚至是降职，心中忧虑，以至于寝食难安。乾隆三十一年（1766）三月初，他在家中自杀。乾隆得知刘藻死讯后，谕示地方官员通知其家人"将来旅榇回籍，止可照常人归葬"，不得立墓碑书刻原任总督及历官事实。对于这样一个不负责的官员，乾隆只有怜悯，没有惋惜。

错误的决策

乾隆三十一年（1766）正月，乾隆派遣大学士杨应琚从陕甘称督云南，开始征缅。

杨应琚字佩之，号松门，祖籍辽海。他是汉军正白旗人，初由荫生授户部外郎，然后仕途越走越宽。乾隆年间，他累迁两广总督，后调任闽浙总督，再移陕甘总督，拜东阁大学士。可以说，乾隆对他寄望很厚，希望他能够接替刘藻，肃清云南边境。

刚开始的时候，凭借运气，杨应琚打了几次胜仗。原来杨应琚刚到云南时，正好赶上缅甸境内瘴疠大作。为了躲避疫情，缅军只好渐次从边界撤退。缅军的"退"，给了杨应琚机会，他指挥清军趁机夺回了孟艮和车里等地。

随着失地的渐次收复，普洱地区开始平定下来。于是，杨应琚派出官兵正经界、集流亡、厘户口、定赋税，使这里的统治秩序渐渐恢复稳定。乾隆闻之大为高兴，颁下谕旨，下令加恩边地土司豁免钱粮。缅军滋扰边境的问题，总算是告一段落了。

前任总督刘藻至死没有办好的事，在杨应琚手中很快就得到了解决，这使杨应琚傲慢起来。回到昆明以后，他和下属官员一起商讨下一步应该采取的措施。他此时信心膨胀，很轻易地便听信了腾越副将赵宏榜的煽惑，以为缅甸首领势力孤单，容易征服，便决定出兵征缅。

抵御缅军和出征缅甸，根本就是两个层次的战争，必须要慎重。有些老成持重的将领劝他，认为"边衅不可轻开"。但是他却并不听取，他被胜利冲昏了头脑，想要博取更大的军功。于是，他向乾隆上奏，声称缅甸可攻取，并说有些土司怨缅王残暴，情愿归附。

杨应琚"缅甸可攻取"的依据，来自于腾越副将赵宏榜。可是，赵宏榜的依据又是什么？原来，赵宏榜年轻的时候，在缅甸做过波龙厂厂丁，对缅甸的情况略有了解，和当地的某部头人亦有往来。他的确知道一些缅甸的内幕，但所知却极为有限，毕竟是多年前的旧事了。这次他为了邀功，便极力宣扬缅甸容易战胜，极力陈述缅甸木邦等土司愿意内附。而杨应琚根本就没有做过调查，便轻信了赵宏榜的话。

战场上，消息的准确性，往往决定了战争的胜败。杨应琚的做法，已然犯了兵家大忌。

乾隆身在北京，自然不能对缅甸的情况了若指掌。他以为"杨应琚久任封疆，夙称历练，筹办一切事宜，必不至于轻率喜事，其言自属可信"，相信了杨应琚的奏报。但是，他还是慎重地告诫杨应琚："但其地究属辽远，事须斟酌而行，如将来办理，或可相机调发克期奏功，不致大需兵力，自不妨乘时集事。倘必须劳师筹饷，或致举动张皇，转非慎重边徼之道。"他甚至再三嘱咐："务须详审熟筹，期于妥善，以定进止。"

即便是非常信任杨应琚，乾隆还是有所保留。他是天生的军事家，知道一名将领在把握战机时必须做到慎之又慎，因为稍有不慎，极有可能就会面临失败的厄运。

但是，杨应琚显然没有做到"详审熟筹"，他已经迫不及待地想要出兵立功了。他再次上疏，声称"不敢坐失事机，亦不敢轻举妄动"。同时，他又特别强调，自己并不是冒昧喜功，只是缅兵屡次侵扰云南边境，若不乘时办理，恐怕土司地区不得安宁。为了让乾隆相信确实是"事有可为"，他甚至在奏折中说，已经派木邦土司可靠属人，潜至缅甸，将其地方广狭道路险夷，暗中详绘地图，不日即可进呈御览。而且，预备调拨兵马等事，也早已秘密布置妥当。言下之意，只要皇上一声令下，出兵缅甸必定会胜券在握。

乾隆传谕，嘉奖了杨应琚，但仍然不敢贸然出兵。乾隆不是不敢下令出兵，也不是迟疑犹豫，他只是想稳中求胜。毕竟，征缅是件大事。

杨应琚立功心切，见皇上迟迟没有回复自己，便再次递上奏章。为了打动乾隆，他在奏章中特别谈到了缅甸人的现状，说缅甸土司早已解体，内部十分混乱。而且，准备归降的木邦土司已将缅王监视人杀死，希望清军能够迅速至境。他还声称，自己已经调拨了三千兵马，准备前赴木邦受降。为了使乾隆更相信缅甸确实好打，他居然捏造信息，说缅甸王见大势已去，欲悔罪求降，故特请旨办理。

乾隆看到这道奏章后，龙颜大悦。既然缅甸王都"悔罪求降"了，那么大清王朝岂有不允之理？他颁发谕旨，称赞杨应琚"所办甚好"，对其进行了赏赐。当然，他也同意了杨应琚的请求。

三番五次上疏请旨，终于得到允准，杨应琚喜不自胜。他匆忙整顿军马，率军离开了普洱，前往永昌接受木邦土司投降。他以为，凭借清朝国威，出兵缅甸自然是手到擒来。

为了保证征缅更加稳妥，出兵前，杨应琚派人在缅方传说，声称天朝已经集结了陆路兵三十万，水路兵二十万，大炮一千门，驻扎于边境以待缅军投降。如若不降，则五十万大军将大举进攻讨伐。他是想以此来震慑缅人，使其不战而降。实际上，当时清军仅仅集结了不足两万人陆路兵，至于水路兵和大炮，则属于虚张声势了。

这招虚声恫吓，也确实收到了一定的效果。清军很顺利地便入了缅境，进据了蛮暮、新街等地。杨应琚窃喜，以为大功即将告成。可惜的是，缅王并没有"悔罪求降"，他得知清军进据蛮暮、新街的消息后，立即大举反攻。

缅王共集结了三万精兵，兵分四路，大举反攻，清军败退，后又乘势分别从边境的五个关口进行奇袭，声势浩大。清军兵弱，又加之准备不充分，仓皇应战中纷纷溃散。坚守新街的副将赵宏榜也遭到了缅军的强烈进攻，大败而逃。之前响应清军的土司见缅军势大，也只得随着清军残兵逃回云南境内避难。

杨应琚又惧又忧，犯了痰疾，他向乾隆报告了自己的病情，但却没敢如实报告战况。乾隆不疑有他，非常关心他的身体，调两广总督杨廷璋去云南暂代军务，同时让杨应琚长子江苏按察使杨重英去云南探视父亲并为监军。乾隆以为杨应琚是劳累所致，故派人为其分忧。为了能使杨应琚早日"康复"，乾隆甚至让大学士傅恒之子福灵安带着御医千里迢迢去云南为其"治病"。

但是乾隆万万想不到，杨应琚的痰疾根本不要紧，他患的是"心病"。

一战惨败，让美梦中的杨应琚彻底惊醒。之前在乾隆面前已经夸下海口，此时战败使他忧心忡忡，这该如何交代？为了挽回败局，他迅速调集一万五千余军马，分路出击，希望能够击退缅军。

但是，缅军却并不像他想象中那样不堪一击。永北镇总兵朱仑出铁壁关，攻楞木，企图进击蛮暮，收复新街，但是却在楞木失利。水顺镇总兵乌尔登额带兵攻打木邦，同样功亏一篑。相反，缅军却趁着清军败退之际，一鼓作气，先后攻下了铜壁关、万仞关、户撒、陇川等处。更使杨应琚心惊的是，清军游击马成龙、班等以及都司徐斌、守备高乾等人，尽皆在混战中身亡。

清军一路败退，杨应琚刚刚升起的希望又破灭了。他不敢、也不能向乾隆报奏实情，他清楚地知道乾隆的性子。那么怎么办？无奈之际，他想到了一个办法，那就是谎报军情。照理说，杨应琚不至于这么大胆，可是在兵败的打击下，他竟然愚蠢地以为，山高皇帝远，谁也不会知道真相。

于是，他向乾隆呈上"捷报"，声称清军大捷，斩杀缅军万余人，并说有缅军头目来营，恳请罢兵归降。杨应琚毕竟不傻，知道谎言就是谎言，终究会被拆穿，可是如果能够"议和"，那么就能很好地掩饰之前的谎言了。

可是，杨应琚还是低估了乾隆的智慧。带着御医来给杨应琚治病的福灵安，其实肩负着另一项使命，那就是探查前线战况。乾隆虽然信任杨应琚，但却还没有到偏听偏信的地步，他喜欢派出自己的"耳目"，眼见为实。结果，福灵安的奏报同杨应琚的"捷报"完全不同。乾隆知道，自己被这位信任的大臣欺骗了。

了解到实情之后，乾隆大为震怒，下令革杨应琚大学士与云贵总督职，将其逮捕入京，廷讯后赐其自尽。至于云贵一带有关与杨应琚一同造假欺罔的官员，都革职处死。

惨败

赐死了杨应琚，进征缅甸就此告一段落。不过，清军的败北，也坚定了乾隆征缅的决心。

他曾颁下谕旨说："蛮暮、新街等处，既已纳降，并遵定制薙发……皆为中国版宇，两处降附之人，即同内地人民，自当加意保护。木邦、整欠、整卖等处，前此恳请内附，并请我兵保护，焉能还与缅甸，听其欺凌！……至缅匪侵扰内地，则必当歼渠扫穴，以申国威，岂可遽尔中止？且我国家正当全盛之时，何有此区区缅甸而不加翦灭乎？"

从这道谕旨中，我们很容易看出乾隆一雪前耻的决心。他要"报仇"，堂堂天朝上国败给了一个区区小国，他在面子上挂不住。

乾隆三十二年（1767）三月，乾隆任命满族名将明瑞为云贵总督，经理征缅军务。临行前，乾隆谕示明瑞："此次我兵势甚盛，克敌制胜，自可立奏请功。缅匪慑我军威，诡称服罪输款，卿等切不可稍存姑息，轻许讷降。此次非犁穴诛渠，尽殊丑类，不足以申国威，尤不可仅以受降了事。若我兵直抵阿瓦，攻克其城，即当戮其逆酋，剿其凶党，大示惩创，并就其地界，酌量分置土司，以永靖蛮服。""阿瓦"即为缅甸国都，乾隆想要让明瑞一鼓作气攻入缅甸国都，可见其对此次南征的信心。

五月，明瑞抵达云南。甫一到任，明瑞就抓紧时间了解军事情况，调整军中官员。随后，他派出小股官兵，潜入缅甸侦察敌情。根据手中掌握的情况，他在八月拟定了三路出兵的计划。他的计划是：军分三路，一路由自己亲率，向木邦进发；一路由都统额尔景额率领，攻向猛密；另一路由领队大臣观音保率领，居于两军中间，随时增援两军。

拟出出征计划后，明瑞立即呈报乾隆，并请其定夺。

对于此次出征缅甸，乾隆信心十足。他基本上同意了明瑞的征战计划，但却做了一些小小的改动。他将原来的兵分三路改成了兵分两路：一路还是由明瑞统领，由宛顶向木邦攻锡箔；一路由统领额尔景额率领，由虎居关往老官屯攻猛密，两队人马约于缅甸国都阿瓦会师。至于观音保一路，乾隆则将之划入明瑞军中。乾隆认为，对付一个小小的缅甸国，两路人马就足够了。

但是，事情的发展却往往出人意料。

九月二十四日，明瑞等将领统兵出征。其时天降大雨，三昼夜不绝，山路泥泞，人马都在泥泞中度过，以至于"官兵饥且冷，多疾病，糗粮又尽湿"。出师不利，使得士气低落。数日后，明瑞一路军马到达宛顶，然后开入木邦。慑于清军威势，木邦缅兵已经弃城而去。稍事整顿后，明瑞派参赞珠鲁纳统兵驻守木邦，令杨应琚长子杨重英等人管印务粮饷，自己则带着万余官兵继续前进，希望能够直捣阿瓦。

明瑞指挥大军造浮桥渡过大垒江，到达蛮结时，遭遇到当地缅军的抵抗。缅甸大军约有两万余人，立木为栅，栅外有深壕，又"列象阵为伏兵"，给清军造成了很大的阻碍。虽然"山势峻险，兼深林密箐，并无可通之路"，但明瑞身先士卒，指挥大军奋勇杀敌。他的右眼遭敌枪伤，差点性命不保，但仍然奋不顾身地向前冲。在他的带领下，清军以弱势连破缅军栅垒，杀敌二千多人，击溃了缅军，赢得了战争的胜利。

清军虽然打了胜仗，但这也让随行官兵见识到了缅军的厉害。观音保等人认为，仅仅遇到一股缅军就如此凶悍，再深入下去清军恐怕会有更大的伤亡。他们向明瑞提出建议，指出应该先撤回木邦，休整之后再做打算。

可是，明瑞并没有听从观音保等人的建议，反而斥责他们贪生怕死。在他的坚持下，清军在"兵少马乏，粮饷不继"的情形下，继续深入。清军行至象孔时，离阿瓦仅有七十里地了，眼看胜利在望。但是因为无人引导，清军迷失了道路，粮食将尽，陷入了困境。更糟糕的是，在这个节骨眼儿上，很多士兵因为水土不服开始生病，情况更加危急。

战事发展到这里，明瑞已经知道进攻阿瓦无望了。但是他还不死心，希望额尔景额能由猛密前来，与自己合兵进攻阿瓦。他怕自己一旦退兵，额尔景额如果赶到，将会陷入孤立无援的境地。出于这种考虑，他率领军队又坚持了数日。

他不知道的是，额尔景额一路清军早已经出了状况。额尔景额一路进兵到猛密北面的老官屯时，误入缅军的包围圈，被缅军团团包围。额尔景额屡次率军突围，均劳而无果，不久忧患而死，其弟弟额尔登额暂代军务。额尔登额见战况不利，便率军撤至木邦附近的旱塔。

这一切明瑞并不知晓。苦候数日没有消息之后，他决定取道大山，转由木邦还师。

缅军探子早就探知清军已经粮尽，于是对撤退的清军展开了猛烈的攻击。乾隆三十三年（1768）初，明瑞率军与缅军且战且退。由于缅军进攻次数绵密，所以清军行军缓慢，一天只能前进三十里路。而且粮食告急，不断有官兵伤亡。危急之中明瑞以退为进，令清军蛰伏于深山密林，与前来袭击的缅军展开了一轮猛烈进攻，歼敌无数，暂时摆脱了缅军纠缠。

这个时候，战局已经发生了根本性的变化。一方面，明瑞一路军马陷入了困境；另一方面，各地驻守的清军也都遭到了缅军的全面进攻。缅军攻占锡箔，又打进了木邦，参赞大臣珠鲁讷自尽，杨重英被俘，数千绿营兵或死或逃，完全溃散。需要说明的是，缅军围攻木邦里，云南巡抚鄂宁数次派人檄令驻守旱塔的额尔登额救援木邦。但是额尔登额怕死畏战，不仅不派兵救援，反而率军退入内地土司地区，以保安全。正是由于他的畏战，使得清军全线崩溃。

也正是由于额尔登额的畏战，致使明瑞走上了绝境。

二月初七日，明瑞率军行至猛腊，被数万缅军截住了去路。明瑞深谙兵法，知道缅军势大不能强攻，便命令清军在山顶安营，抗拒四方强敌。此时，额尔登额距离明瑞被围之地，仅有二百多里。其时乾隆早已料到，明瑞一路军马必然遭到了危急。他谕令额尔登额派兵援助明瑞。可惜的是，额尔登额畏缅军如畏猛虎，始终按兵不动，没有前往救援。

明瑞指挥清军死守三天，已经无力再守。于是，他率将领与巴鲁图侍卫数十人及亲兵数百人殿后，命令其余官兵连夜撤退。数百人的小股队伍抵抗数万缅军的进攻，其惨烈程度可想而知。在激战中，观音保阵亡，明瑞身负重伤仍疾行二十多里，杀敌无数，退至小猛育附近。他自知难以逃脱，又不愿意被俘，便割发"授家人使归报"，自缢而亡。这场浩浩荡荡的征缅之战，自此而终。

清军的失败，与明瑞的冒进有关，也与乾隆的轻敌有关。为此，乾隆自责不已。额尔景额病故后，他曾谕令额尔登额带兵探听明瑞一路，接应前进，与明瑞合军进剿阿瓦。额尔登额抗旨不遵，他也没有立即替换将领，以为明瑞纵然不能攻取阿瓦，定然也能够全身而退。他曾说："若在额尔景额病故时，即令阿里衮前往统帅，即不能进取阿瓦，亦必能应援明瑞。"可是说什么都晚了，额尔登额两次抗旨不遵，最终使得明瑞兵败身死。

因此，对于额尔登额，乾隆极为痛恨。据清史料记载，额尔登额被押解进京后，乾隆下令将其凌迟处死。至于其他不能救援明瑞的官员，包括额尔登额父云代及其亲叔侄，也包括提督谭五格，都被乾隆处死。

这次的惨败使乾隆意识到，缅甸并没有想象中的那么好打。但是，这也更坚定了他征讨缅甸的决心。

胜了吗？

乾隆三十三年（1768）二月二十八日，乾隆降谕授大学士傅恒为经略，户部尚书阿里衮、兵部尚书阿桂为副将军，刑部尚书舒赫德为参赞大臣，点齐军马，再次征缅。

从这几个主将的任命上，可以看出乾隆对此次征缅的重视。已经下错了一盘棋，他不允许自己再做错了。

筹集兵马粮草期间，发生了一点儿小插曲。参赞大臣舒赫德等人，以山多路远，缅人熟悉地形等理由，上疏请求乾隆改征讨为招降。意思是不用打仗，派使臣去缅甸招降就行了，既省钱又省事，两全其美。

舒赫德的这个建议，虽然说不上很好，但也说不上太坏。毕竟战事一起，总会殃及百姓，增加国库负担。但是，这个建议却逆了乾隆的龙鳞。他勃然大怒，严斥舒赫德"甚属乖张，可鄙可笑"，并将其革去尚书与参赞大臣职务，改赴新疆乌什任办事大臣。

乾隆发火，是有原因的。数次征缅失败，迫使征缅战不得不升级，由"讨伐战"变成了"威严战"。确实，在乾隆的眼中，屡次征缅失败，已经严重威胁到大清王朝的威严了。堂堂天朝上国，如果收拾不了一个小小的缅甸，最终还要靠和谈来解决问题，那以后岂能震慑周围番邦？正因为如此，舒赫德想要以招降的方式解决问题，其"罪"不小。

也正因为如此，六月初，缅甸使者带书来京和谈，也让乾隆给回拒了。缅人在乞和书中称："昔吴尚贤至阿瓦，敬述大皇帝仁慈乐善，我缅王用是具礼致贡，蒙赐缎帛、玉器诸物，自是商旅相通，初无仇隙。近因木邦、蛮暮土司播弄是非，兴兵兆衅，致彼此人马互有伤亡。兹特投文叙明颠末，请循古礼，贡赐往来，永息干戈，照旧和好。"缅人虽然在乞和书中言辞凿凿，十分诚恳，想要遵循旧例，向清廷称臣纳贡，以息战乱。但是，乾隆却十分固执，认为缅甸人"甚属狡猾，殊难凭信"，坚决不肯受降。

随后，他开始广调兵马，赶运粮草器械，准备大举进攻缅甸。这一次，对于准备工作，乾隆十分重视。从任命征缅官员，到准备齐全誓师出征，他前后共用了整整一年的时间。

乾隆三十四年（1769）二月二十八日，万事俱备，清军举行了隆重的誓师仪式。乾隆将自己的御用甲胄赐给傅恒，希望其能率领大军，顺利征服缅甸。可是，乾隆的愿望最终也无法实现。

三月底，傅恒率军抵达云南。傅恒向来被乾隆倚重，带兵打仗自有一套。他办事十分迅捷，到达云南之后，仅用了两个多月的时间，便已拟定出一套征缅计划。其实所谓的征缅计划，只不过是选择了几条合适的征缅线路而已。他计划自己率领一路军马，出河西，经猛拱、猛养，取木梳，然后直捣阿瓦；阿里衮率领水师，由江顺流而下，以为策应。同时，他还布置了另外一路军马，为陆路策应。

七月下旬，在取得乾隆同意之后，傅恒率军出击，准备一举攻下阿瓦，生擒缅甸王。七月底缅甸正值秋收季节，无兵应战，傅恒率军深入两千余里，没有遇到缅军丝毫抵抗。唯一的抵抗，就是老天了。七月份是多雨季节，道路湿滑，军中战马病死很多，也有很多士兵染上了痢疾。这种情况越来越糟糕，傅恒知道，此次的计划不能实现了。他立即决断，收兵而回，好在缅军并没有像上次一样乘机堵截。

十月，傅恒与阿桂会合，准备出伊洛瓦底河，再次进攻阿瓦。这一次缅军早有准备，他们列兵扼守江口，分兵两岸抵御清军。傅恒征缅以来，第一场规模最大的战役就此拉开序幕。

由于缅军有水、陆两军，傅恒便也指挥清军分兵攻击。哈国兴率领水师，在河中应战缅甸舟师；阿里衮、阿桂则率领陆军，分别向两岸攻去。阿里衮、阿桂等人在两岸矢铳齐发的情况下，骑兵劲旅从左、右两侧冲入。憋了几个月，清军官兵如猛虎下山，势不可当。结果，缅军大溃，死伤无数。哈国兴率领水师也击溃了缅军舟师，落水溺死者数千。清史料形容当时战争的惨况是，"杀溺数千人，河水发赤"。这一场，清军完胜，士气大增。

接到捷报，乾隆并不如何喜悦，反而谕示傅恒等人："天气尚热，瘴气宜防。日后行军，倘若遇到瘴气地方，需觅高地设法躲避，切不可勉强而行。"他担心的是以后的战争，毕竟，缅甸境内的多雨瘴气，已经使清军吃了不少苦头。

他的担忧很有道理，事实上，清军最终还是败给了缅甸的这种气候。

伊洛瓦底河胜利后不久，傅恒和阿里衮都染上了时疫。这种病因潮湿多瘴的气候而起，十分难以治疗。傅恒等人商议过后，认为直取阿瓦已然无望，便想要先夺取老官屯，作为清军的征缅基地。其实夺取老官屯的计划，还是乾隆的主意。几位首脑将领染上时疫，乾隆已经预感到，要想攻破阿瓦，恐怕不会那么容易了。为了以防万一，他曾传谕给傅恒等人："傅恒与阿桂在蛮暮会合后，能攻破阿瓦，固然甚好。若着实难攻，莫若固守老官屯要隘。待筹办军需充足，明年再图进剿，定然一举可成。"

乾隆心思缜密，考虑得面面俱到。可是，老官屯却并不好攻。

老官屯依坡临河，形势险要，缅军固守城池，并不出战。清军以炮火猛轰，攻打多日也不能破城。老官屯寨栅构筑十分坚固严密，栅下更有水门可通舟船，故而粮食器械往运不绝。阿桂等人久攻不下，便想到了夺取粮道的办法。他派出五十艘战舰，截断了缅军的运粮通道，准备围城。这个时候，城中缅军才开始害怕。他们再次派出使者，乞求和谈。

和还是不和？清军虽然在老官屯与缅军对峙，两军不相上下，但实际上，清军要被动得多。其时阿里衮已然病故，傅恒也卧病不起，清军官兵水土不服生病者极多。再加上战斗伤亡，四万多人的征缅大军仅剩下一万多人，而且战斗力也大打折扣。在这种情形下，傅恒决定与缅军和谈，并把这一情况奏明了乾隆。

乾隆虽然极不愿意撤兵，却也知道事不可为。在万般无奈的情况下，他只得同意允降罢兵。他知道什么时候应该坚持己见，什么时候应该"审时度势，知难而退"。

乾隆三十四年（1769）十一月，缅军使者与清都统明亮、提督哈国兴等人相会，商议停战和谈事宜。双方确定的协议内容有两项：

第一，缅甸对清廷称臣纳贡，归还俘虏，交还侵占土司之地；

第二，清廷以木邦、蛮莫、猛拱、猛养诸部人口，交还缅甸。

协议达成后，阿桂与傅恒先后率军撤离。

乾隆三十五年（1770）三月，傅恒在天津行宫觐见了乾隆，陈述征缅战况。七月，因病医治无效而亡。他的病，就是在征缅时落下的。

据西方史料记载，清军与缅军在云南的谈判并不顺利。谈判之后，缅甸王并不承认谈判协议，认为那只是缅甸前线官兵的主意，与缅甸无涉。缅甸王甚至"异常愤怒，而将缅甸所执的一份和约撕毁，并命令参加议和将领家眷俱在阿瓦宫廷西门，头顶清军经略傅恒赠送的礼物，跪了三天三夜。"到底事实是否如此，清廷官方资料显然无法记载。

但是有一个很明显的事实就是，缅甸确实并未如约朝贡称臣。直到二十年后，这件事才最终得到解决。原因是，那时缅甸新王即位，国内混乱，国力损耗极大。而且，缅甸还在与暹罗交战，并且屡遭败绩。暹罗是中国的属国，缅甸为了减少威胁，不得已重向中国纳贡称臣。不过，那已经是乾隆五十三年（1788）的事情了。也是直到那个时候云南边境才正式没有缅患。

在中国历史上，乾隆皇帝的征缅之战，显然并不是成功的战役。

据清史料记载，乾隆征缅，先后四次，每次都是损兵折将。其中，云贵总督刘藻、杨应琚等人，或自杀，或被乾隆诛杀；明瑞兵败，被困自缢；将领王玉廷、李全、德福、马成龙、观音保等人，尽皆兵败身亡；总官兵书敏、国柱、吴士胜、左秀，提督达启、李勋、本进忠叶相德等，包括散秩大臣噶布舒，副将军阿里衮，经略傅恒等人，尽皆染瘴病故。可以说，大清王朝因为这次战争，损失了一大批国之栋梁。

历时四年的战争，动员几十万官兵，军费花得更是惊人，总共约白银一千三百多万两。这在一定程度上，给国家经济造成了沉重的负担。

而这场战争的根源，只是因为边界土司间的纠纷和边臣的冒进喜功。总而言之，这是乾隆皇帝的决策失误。

　　对于乾隆皇帝来说，这场战争其实是盛世的衰音。

第九章 ／ 征讨安南国

宗主国的责任

乾隆皇帝的一生之中，曾有过两次征讨属国的"壮举"，一次是征讨缅甸，另一次就是征讨安南。相较之下，征讨安南比征讨缅甸，虽然少了一些边境祸乱因素，但安南是中国的附属国，故此也多了一些治国的政治意义。

元朝以后，中国习惯把广西以南缅甸以西的地区称之为"安南"。虽然同缅甸一样，安南也是一个小国。但是在很长一段时间里，这个小国却异常动荡。尤其是从明朝到清朝初期这段时间，安南动荡得更加厉害，几乎每一刻都会上演朝代更替的游戏。

明朝时期，安南国王黎氏定期向中国朝贡。16世纪中期，安南发生政变，黎氏被权臣莫登庸推翻，从河内逃往保清华。逃亡中的黎氏不甘心失败，开始积极拉拢支持势力。不久之后，黎氏后代黎维潭取得了旧臣的支持，打败了莫登庸而重掌政权。

黎维潭成为安南王之后，对于那些曾经帮助过自己的旧臣十分感激，便以旧臣郑检与阮璜为左右辅政。他原本以为，这些旧臣会对自己忠心耿耿。可是，郑检权势渐大后，不但排挤了阮璜，更是架空了自己，掌握了国家大权。

阮璜被郑检排挤，不甘心就此失势。他逃到了顺化，开始积极发展，四处培植势力。在掌握了足够的军事力量后，他便正式与郑检对抗，人称广南王。

顺治十七年（1660），在郑氏的支持下，安南国王黎维祺派遣使者，带着贡品来到了中国，与清朝建立了封贡关系。自此之后，安南国向清朝称臣，定期纳贡。

乾隆中期，安南动乱又起。郑检后人郑森杀害了安南王世子，夺取金印，谋篡王位。同时，他又与广南王的臣僚阮岳、阮惠勾结，合攻广南王阮福淳及其权臣张福峦。在两股势力的合力夹击下，阮福淳战败逃亡，广南政权落入阮惠手中。

乾隆五十一年（1786），阮惠攻入安南王都城，杀死窃取王权的郑氏族人，自己执掌王国大权。黎氏是安南王室，虽然阮惠执掌了国家大权，但却同郑氏一样，不敢明目张胆地取代黎氏。及至乾隆五十二年（1787），黎维桃病逝，其孙黎维祁继位，阮惠更加觉得自己的地位受到了威胁。为了维护自己的利益，阮惠先将王宫珍宝运到广南老巢，然后重又派军攻打黎城，企图彻底消灭黎氏，以除后顾之忧。情势危急，黎维祁不得不出走，逃亡民间。一时间，安南国境内战火四起，民不聊生。

安南内乱，与中国有关系吗？自然是有关系的！

乾隆五十三年（1788），广西巡抚孙永清向乾隆奏报，称安南王黎维祁逃亡民间，其臣阮辉宿、黎炯保护王母亲、王子逃难到了中国边境，求救入隘。

经过盘问，当地官员已经按照规定暂时拨给他们房屋。孙永清的意思是，到底该怎样解决这件事，还要请皇上定夺。

乾隆的指示很快就下来了，果决而详细，大致有五条内容：

第一，安南国如此动乱，王室人员又"求救入投"，肯定是发生了重大事件，就迅速查明真相；

第二，孙永清从未参加过战事，不应过多管理此事。故谕令两广总督孙士毅赴广西调查；

第三，孙士毅调查清楚后，应提出对策，切不可有失宗主国之体统；

第四，对来投之人，应予以优待，不能失了天朝上国的身份；

第五，设法寻找国王与遗臣，查明上报。

其实，乾隆提出的五点，已经点明了安南内乱与清廷的关系：附属国与宗主国。这种关系，就好像仆人家里内乱，主人有责任替他们调解一样。其时的乾隆，正是抱着这种心态来做这件事的。

孙士毅办事十分麻利，很快就向乾隆奏报自己的调查结果。他在奏章中说，根据阮辉宿的描述，阮氏只在安南占据东京黎城与牧马、谅山等少数城市。而且，阮惠之兄阮岳"一味犷悍，并无法令"，所以极不得人心。因此，阮氏在安南的根基并不深厚，只要黎王能乘隙而动，定然可以夺回王位，重掌大权。

乾隆见事有可为，便谕示孙士毅，让他令阮辉宿回国告知黎维祁，让其招集义后，力图恢复。黎维祁可以昭告天下，称"天朝已派调大兵"相协，如若阮氏不服反抗，那么清军将会"四路会剿"。为了更好地帮助黎维祁，清廷又以总督的名义发布了斥责阮氏的檄文，希望安南国民都能支持黎氏。

乾隆使用的，只不过是一些虚张声势的手段，什么"天朝已派调大兵"云云，纯属子虚乌有。他这么做，无非是想让阮氏知难而退，让位于黎维祁。至于真正出兵帮助安南国平息内乱，他还没有想到这么做。

但是，事情发展的顺利，却让他有了出兵安南的打算。原来，孙士毅除了利用阮辉宿的谈话，表示黎氏还得到大多数人的支持外，他还向乾隆奏报斥阮檄文在安南各地发布后，阮惠等人居然都"畏惧逃遁"。更有一些阮氏属臣一接到檄文，便表示要离开"叛匪"，归顺清朝。这都给了乾隆一个信号：既然称霸安南的最大势力都如此软弱，那么安南定然不堪一击。同时他又想到，对这样一个弱小的安南国用兵，正可以凸显大清王朝大兵之神威。于是，他动心了。

他决定对安南国出兵。

当然，他所谓的出兵，只是大人看到小孩子不听话，去教训一下而已，不需要投入太大的力量。他认为"阮岳等亦无须多兵剿办"，稍稍派些人就能横扫安南了。那么，派多少人？他也有了指示，他认为派广西提督许世亨及总兵一二员带兵数千即可，最多让孙士毅再准备几千兵丁，在边境驻守即可。

乾隆的出兵安南计划，孙士毅自然是大力赞同，他开始着手准备出兵事宜。另一方面，阮惠听闻清军将要出兵安南，便派遣使者入广西求见孙士毅，想请故王显宗之子主国事。乾隆得知此事后，认为阮惠很狡猾，想立一个傀儡皇帝。于是，乾隆谕示孙士毅，令其不受阮惠朝贡，即日出兵安南。

难以预料的胜败

决策已定，出征在即，两广总督迅速忙碌起来，调兵遣将，筹备粮饷。虽然乾隆一直认为，"数千清朝大兵"即可平定安南，但是战争毕竟是大事，容不得掉以轻心。他深知这一点，所以应孙士毅的请求，批准他统领一万大军出关，作为正兵。同时，他又令云贵总督富纲派出八千精兵，交由云南提督乌大经统领，作为偏师，大军将由云南蒙自出发，进攻安南的宣光、兴化等地。

军马未动，粮草先行。乾隆知道安南国内动荡，又值节年荒歉，于是便谕令沿途设立安站，从内地转运军粮。在他的刻意安排下，云南、广西两路共设下了七十余个台站，充分地保证了军粮的供应。

乾隆五十三年（1788）十月，孙士毅与许世亨率领两广精兵一万人出镇南关，直捣安南王都。为了以策万全，孙士毅特留两千精兵驻守谅山。云南提督乌大经则率领精兵八千，自云南出发。

这一次出征，和乾隆想象中的一样，十分顺利。两路军马气势如虹，所向披靡，一路上阮氏守军尽皆望风而逃，不敢应战。

十一月十三日，孙士毅路清兵前锋抵达寿昌江，与阮惠军遭遇。凭借天然地形之险，阮惠军与清军展开了激战。清军勇猛不可拦，阮惠军败北，只能退守南岸。仓促撤退中，阮惠士兵挤断了浮桥，致使清军无法渡江。在孙士毅的指挥下，清军砍竹编筏，渡过了寿昌江，一路上并不停顿，继续南下。后清军又与阮惠军展开了几次交战，后者均为清军所败。

十四日清晨，清军抵达市球江边。

市球江、寿昌江、富良江，这三处地方被称之为安南国三江之险。和寿昌江不同，市球江江面比较宽阔。阮惠在南岸坡岭上屯兵，并于沿江一带竖立竹木栅栏，企图凭借江阔水险，加之重重栅栏，阻挡清军前进的脚步。阮惠知道情势危急，而市球江又是最好的天然屏障，不能被清军攻破。为了增加胜算，他甚至不惜血本地运来大炮，陈列江边。

结果，在大炮的猛烈轰击下，清军严重受阻，死伤无数。

为了扭转战局，孙士毅派出一部分官兵，趁夜于二十里外偷偷渡江，埋伏在阮惠军营四周。十七日，清军突然对阮惠军营发起了进攻。一时间杀声震天，火光四作，阮惠不辨清军多寡，以为清军大举袭来，心中胆怯仓皇而逃。阮惠大军全面崩溃，战死、溺死，被俘者近两千人。

在富良江，清军同样遭到了阮惠大军的抵抗。阮惠一改往日据江而守的作战策略，派遣士兵乘船在江中以枪炮攻击清军。他以为士兵乘船在江中御敌，机动灵活，可以有效阻挡清军渡江。针对这种情况，孙士毅则派精悍士兵乘坐小舟，趁夜驶到江中夺取大船，一举击溃了阮惠大军。

二十日，清军已经全数渡过富良江，乘胜追击阮惠军队。对于阮惠来说，富良江是最后一道天险，他已无险可守，只得继续向南逃窜。

孙士毅虽是文人出身，但却深知两军交战时间的重要性。他下令清军沿途追剿阮惠残军，痛斥那些想要割取敌人首级邀功的官兵。结果，清军以急行军的速度，攻入了安南国都黎城。消息传到北京，乾隆十分欣喜，极力称赞孙士毅用兵如神。

此时是十一月二十日，孙士毅率领清军从出发到收复黎城，仅用了不足一个月的时间。这对于一个文人出身的将领来说，确实是了不起的成就。乾隆这么认为，孙士毅也这么认为，他们都在为这场战争的最后胜利高兴。然而，这终究还不是最后。

二十日夜，黎维祁也从藏匿的乡村回到了都城。乾隆曾经给孙士毅下过一道谕令，让其攻克黎城后，传旨册封黎维祁为安南国王。黎维祁回到黎城，孙士毅便要遵皇命传旨册封。但是，黎维祁却以"陵寝尚陷贼境，未获展拜"为由，恳请暂缓册封。什么意思呢？他是在说，代表祖宗根基的陵寝还在叛军手中，我怎么能够安心受封。他其实是想借清军之手，除掉阮惠残余。

孙士毅不笨，自然明白他在说什么。可是，他还是遵照乾隆皇帝的旨意，于二十二日宣读册文，进行加封。他认为早日册封，可以早日安定民心，使安南尽快从战乱中恢复过来。至于黎维祁的"暗示"，他认为凭借清军的力量，完全可以帮其解决难题。所谓的难题，自然是对阮惠残余的追剿问题了。为了解决这个问题，册封完黎维祁，孙士毅留下来了。

这一留，却出了问题。

第一个问题，出在新任安南王黎维祁身上。

黎维祁本是安南王，身份高贵，地位尊崇。但是，被以阮惠为首的叛军赶下台后，他便只能流落民间，东躲西藏，吃尽了苦头。所以，重新登上安南王位之后，他为了报复，开始大肆诛戮，手段残忍。史料上记录了他的暴行："帝（黎维祁）性褊刻，宗室女有嫁贼将有孕者，命刳之；又刖其皇叔三人，投于宫市，人情稍稍疑贰。""刳"的意思是"剖"或者"挖"，"刖"的意思是"断足"，黎维祁用这样残忍的手段对待宗室，自然是人心离向。

其实，对于他的这种做法，不仅宗亲大臣心存不满，就连刚刚从广西边境逃回来的、他的母亲，也十分反感。她曾警告他说："我辛苦请得援兵来，国家能经几番恩仇破坏，亡无日矣！"但是，黎维祁却根本不听劝告，仍然我行我素。

第二个问题，出在孙士毅身上。

孙士毅本是文官出身，对军事了解不多。这次领军出征安南，仅用了不到一个月的时间就打下了黎城，遵旨册封了黎维祁，让他很有成就感。他开始觉得，自己带领的军队能够所向无敌。这种心态，不仅让他无视阮惠的存在，更是纵容清兵四处为祸。其实这也怪不得他，清军一直就有这样一个不成文的传统：打了胜仗，可以抢掠财物。这种习惯在清兵中延续已久，孙士毅也不好强加约束。

在不知不觉中，黎维祁的新政权和孙士毅的清军队伍，已经引起了宗亲大臣和百姓的不满，甚至是抵触。而这一切，他们都并不知晓。

十二月间，乾隆给孙士毅降谕多次，让其尽快班师回朝。乾隆的意思很明白：既然恢复安南王室的目的已经达到，你可以安心撤军了。孙士毅没有遵照乾隆的旨意办事，反而向乾隆奏报，声称新任安南王黎维祁需要清军帮助，以荡平阮惠残余。乾隆不同意，谕示孙士毅：黎维祁怯懦无能，"天心已有厌弃黎氏之象"，朝廷不应该再花费巨大人力物力，去做这种"揆之天时地利人事实有不值"之事，还是及早撤军为宜。可是孙士毅不听，他对自己所率领的这支清军队伍、对自己，有着近乎盲目的信心。他想要荡平阮惠残余，真正恢复黎氏统治。

只可惜，他没有乾隆看得清楚。

只可惜，阮惠手中的兵力，并非"残余"。

阮惠虽然一路南逃，但多是出于畏惧心理，实际上兵力并未损失太大。他采取了最聪明的做法，暂避风头，伺机东山再起。

机会很快来了。孙士毅不撤兵回国，原本是为了消灭阮惠势力。可是，册封完黎维祁之后，他却以整顿为由，驻扎在黎城附近，并不派兵追剿阮军。结果，这给了阮惠修整以及调兵遣将的时间。阮惠探知黎城情形，知道黎维祁民心尽丧，便准备"倾巢出击"。

他先派人于乾隆五十三年（1788）除夕到清军营中诈降，孙士毅信以为真，便渐渐失去戒心，疏于防范。第二天，也就是乾隆五十四年（1789）元旦，孙士毅与清军官兵"军中置酒张乐"，一起庆祝新年的到来。这个时候，阮惠大军忽然渡过大江，气势汹汹地向黎城袭来。

得到消息，新任安南国王黎维祁带着家眷仓皇逃往内地，以全性命。清军方面，孙士毅与许世亨仓皇备战，但却收效甚微。阮惠大军有备而来，人多势强，更是用大象载着大炮横冲直闯。结果在黑夜中，清军乱成了一锅粥，甚至是"自相蹂躏"，伤亡极重。这个时候，抵抗已经没有用了，孙士毅只好率领清军往回逃窜。

孙士毅到底是一个文官，遇到这种突发事件，自己首先就乱了。据安南人记载，孙士毅在乱中表现十分"优秀"：眼见清军不敌，他就带着残兵率先弃城而逃。更离谱的是，在渡富良江时，他怕阮惠大军追上，非常"果断"地派人砍断了浮桥，从而使得浮桥南岸的许世亨与清军一万多人无法渡江，最后被阮军全歼。

这次出兵安南，真可谓一波三折。清军本来已然获胜，但最后还是劳而无果，而且还损兵折将。据清史料统计，仅这最后一仗，清军就损失了官兵万余，包括提督许世亨、总兵尚维升，张朝龙等将官。至于粮草辎重，更是损失无数。

总而言之，清军败了。

结局

乾隆五十四年（1789）正月二十六日，乾隆任命福康安为两广总督，总理对安南国出兵事宜。其实这个时候，他已经有意停止对阮惠用兵了。他曾说过："阮惠不过安南一土目，得其地不足守，得其民不足臣，不值大动干戈。"之所以会派遣福康安前去，也是基于这个原因。

福康安是经略大学士傅恒的第三子，乾隆嫡后孝贤皇后的侄子。因为是富察家族的子孙，故而乾隆从他身上看到了自己早殇的嫡子端慧皇太子永琏和皇七子永琮的影子。追思娇妻爱子，乾隆便把其接到宫中亲自教养，待之如同亲生儿子，以求安慰。

福康安长大成人后，更是被乾隆委以重任，成为朝堂上最受宠信的大臣之一。他19岁时，便以头等侍卫统兵的身份随定西大将军温福征剿大金川，此后担任过吉林将军、盛京将军、成都将军、四川总督、陕甘总督、云贵总督、闽浙总督等要职。同时，他也参加过很多战役，屡立战功。

其实，乾隆早就想立福康安为王，让其像诸皇子一样享受荣华富贵，只是碍于家法，不能如愿。于是，他便更加频繁地派遣福康安率军作战，建立军功，以作为封王的基础。当然了，派其率军作战的时候，乾隆总是为他挑选将领，选派劲旅，寻找一些安全系数较高的战役，使其必胜。

除了让他率军作战外，乾隆还为他寻找各种建功的机会。如同这一次，乾隆正是在有意停止用兵的情况下，将他派到了两广。他的用意很明显，让他再次立功。从这里我们可以看出，乾隆的心，早已经不在征战上了。

自然，这是个立功的好机会。仗都可能不打了，剩下的，就是谈谈判，讲讲和，既轻松又安全。乾隆指示福康安说："若阮惠等闻风畏惧，到关服罪乞降，卿当大加呵斥，不可遽行允准，使其诚心畏罪输服，吁请再三，方可相机办理，以完比局。"乾隆的用意已经很明显了，他是想在保存大清朝颜面的情况下，结束与阮惠的战争。而保存颜面的最好方法，就是让其"吁请再三"，清廷方才允降。

议和之事顺利得超乎想象。及至三月中旬福康安抵达镇南关，阮惠已经派遣使者第四次与中国接洽了。"四次"之数，完全符合乾隆定下的"吁请再三"的标准，所以清军方面很容易就接受了。

阮惠为什么再三派遣使者与清廷议和？他不是已经打了一次大胜仗，击溃了清军的进攻吗？其实，阮惠是不得不与清军议和。当初阮惠能够统领大军，执掌军权，完全是凭借一个机会——他的兄长阮岳正在与南方暹罗作战。正是因为这个缘故，他才有了率军对战清军的机会。虽然打了胜仗，但是广南王家族及属臣对他并不支持。而且，安南国王室又视他为仇敌。可以说，他虽然掌握了军权，但在安南国却并不受欢迎。所以，他要想真正成为安南王，就必须得到清朝的册封认可才行。

阮惠早就看清楚了自己的处境，所以在击溃孙士毅之后马上向清军请降，表示"情愿投诚纳贡"。当然孙士毅还在署理总督，他按照乾隆的旨意，将表文退了回去，不予理睬。其实在那个时候，乾隆就有了罢兵的想法，他谕令孙士毅，让其暗示阮惠，如果安南国能够送还清军俘虏，将杀害许世亨等将领的安南官兵送到中国接受处分，并为死难清军立祠纪念的话，那么清廷可以考虑接受表文。但是阮惠好像并没有理解暗示，继续遣使乞降请封。

直到二月二十二日，阮惠第三次乞降请封，才在乞降表文中声称已将杀害清将凶手查出，而俘虏也即日送回。

福康安抵达镇南关不久，阮惠的第四次乞降使者也随后到达。这一次，阮惠派出了自己的亲侄阮光显为使者，声言杀害许世亨等人的安南官兵已经被正法，而清方俘虏近七百名也已经全部归还。福康安认为，阮惠能做到这个份上，足见其意之诚，遂不再深究。不过，他还是提出了两点要求：第一，安南国必须建祠纪念许世亨等清军将领；第二，阮惠得罪了天朝，所以必须亲自请降。

对于这两个要求，阮惠自是一一应诺。双方议定，来年乾隆八旬万寿时，阮惠亲自到清廷祝贺，称臣纳款。

消息传到北京，乾隆自然大喜。他早就有意罢兵，只是碍于大清国的颜面，无法率先提出。此时，阮惠既然如此恭顺，那还有什么可犹豫的呢？至于自此安南国改朝换代，他则认为是天运使然，非人力所能更改。他欣喜地降下谕旨，令阮惠于明年来京受封。至此，清廷与安南国之间的征战，正式告一段落。双方边境之百姓，也开始得享太平。

乾隆五十五年（1790），阮惠率使团进京，乾隆赐宴于热河避暑山庄。据清史料记载，乾隆以接见藩王的礼节，隆重接见了阮惠，并给予他极为丰厚的赏赐。心情愉悦之际，他还写了一首诗赐给阮惠："瀛藩入祝值时巡，初见浑如旧识亲。伊古未闻来象国，胜朝往事鄙金人。九经柔远只重译，嘉会于今勉体仁。武偃文修顺天道，大清祚永万千寿。"他意气勃发，对安南国的臣服非常高兴，想让大清朝国运昌盛万年。

祝寿完毕后，阮惠即以国内事多为由请旨回归安南。

不过，清史料中还有记载，来京觐见乾隆的，其实并非真正的阮惠，而是使人冒名顶替。对于这件事，安南的《大南实录》中也有记载："初，惠既败清兵，又称阮光平，求封于清，清帝许之，复要以入觐，惠以其甥范公治貌类己，使之代。"既然阮惠一心想要称臣纳贡，为何自己没有亲自入京，反而使人代替？他不怕清廷发现有假，怒而起兵征讨吗？

虽然他安南王的身份得到了清廷的承认，但安南国内混乱依旧，尤其是旧广南王阮福映在暹罗想要恢复失土，一直虎视在侧。这些，都让他感到了恐慌。他还想到，旧安南王黎维祁避难于中国，很可能与大清皇帝达成了共识，设计擒拿自己。为了安全，他才想出用替身代替自己的方法。

其实这件事过去不久，乾隆已经知道来京祝寿的阮惠是假冒的了。不过，他显然并未深入追究。在他看来，能够以"和"的方式解决这场纷争，已经是很不错的结局了。他更是大度地解决了阮惠的后顾之忧，将黎维祁及其族人移居北京，并编入汉军镶黄旗，命他们永不回安南。

对于乾隆出兵安南，后人也是贬褒不一。很多人认为，乾隆浩浩荡荡地出兵征剿，最后还是以议和收尾，实在是多此一举。更糟糕的是，战争浪费大量的人力、物力资源，对中国经济也产生了一定的影响。所以，这场战争同缅甸征剿战一样，都是失败的战争。而作为战争的最高决策者，乾隆需要负很大的责任。

　　事实上，清军出征失利，乾隆改剿为和，很快恢复了同安南国之间的正常往来关系，使得中国边境得到了安宁。不能不说，这其实也是乾隆的成就。

第四篇 / 盛世王朝春与秋

第十章 ／ 盛世之春

南巡

    乾隆在位六十年，曾六次下江南巡视。这些南巡之举，被后世之人演绎成无数剧本，广为流传。至于他南巡的用意，说法更是五花八门，贬褒不一。不过，通过一些清史料的记载我们可以看到，乾隆南巡的目的，自然还是为了国家昌盛。

    乾隆于乾隆十六年（1751）、乾隆二十二年（1757）、乾隆二十七年（1762）、乾隆三十年（1765）、乾隆四十五年（1780）、乾隆四十九年（1784），六下江南，到过淮安、扬州、苏州、杭州、徽州、江宁等江南的许多地方。除了领略江南秀丽的风景外，他做了许多考察工作，为维护国家稳定发展起到了很大的积极作用。因此，他在《御制南巡记》中说："予临御五十年，凡举二大事，一曰西征，二曰南巡。"他把南巡和西征放在同一位置，可见南巡在他心中的重要性。

晚年的时候，乾隆曾经撰写了一部《御制南巡记》，他在其中总结性地记叙了自己六次南巡的原因、目的及成效。当然了，《御制南巡记》毕竟是他自己所撰，其中免不了一些个人的主观意见，所以做不得准。但是，他南巡的真实目的及意义，我们还是可以透过一些蛛丝马迹找到。

南巡之前他曾对朝中大臣说过："朕恭读圣祖实录，其上详细载录了祖父侍候皇太后南巡的历史。当时百姓扶老携幼，夹道欢迎，齐赞皇家的孝顺美德。朕心极为羡慕，故此想要'法祖省方'视察地方。"事实上，乾隆南巡的时候，也确实是供奉着皇太后。这么看来，乾隆南巡好像只是为了效法祖宗。

可是，真实情况却并非如此。据历史学家分析，乾隆之所以会下江南巡视，最主要的原因还是因为东南地区的特殊地理地位。江浙两省虽然地盘不大，人口也不是特别多，大约只占当时人口总数的2%。但是，它却是鱼米之乡，其经济条件和人文条件的重要性冠绝全国之首。据清史资料显示，江浙两省每年上交的赋银达到全国赋银总数的28%，赋粮达到全国赋粮总数的30%。至于盐课银的上交量，更是夸张地达到了全国盐课银总数的60%。这样一个地方，乾隆实在无法不去重视。

当然了，如果江南就像清朝国库里的银子一样，永远安安稳稳地待着而不会出什么岔子，乾隆犯不着一次又一次地往江南跑。他之所以常去巡视江南，自然是因为江南并不安定。在江南存在的诸多不安定因素中，水患首当其冲。乾隆年间，从直隶经山东、江苏、安徽，直至浙江，水患多有发生。

乾隆在《御制南巡记》中说："南巡之事，莫大于河工。"所以每次南巡，他都要亲自巡视河工。六次南巡，他有五次前去视察黄河水利工程，四次前去视察浙江海塘工程。他不得不去视察，因为江浙地区的水患屡治不止，几乎每隔一段时间，都会有大规模的水灾发生。乾隆七年（1742），夏秋雨水过量，黄河在铜山、石林决口；乾隆十年（1745），黄河决口陈家铺；乾隆二十五年（1760），高、宝、兴、泰等州低洼的地方，因为夏季雨水较多，而变成了一片汪洋……除了黄河水患以外，浙江海潮之灾，也对沿海地区造成了极大的破坏力，危害甚重。虽然乾隆极尽办法，派遣专人，花费巨资来治理水患，但收效一直不怎么理想。所以，他想要通过视察，来解决这一难题。

除了水患之外，江南地区还存在着一个比较严重的问题，那就是民族矛盾。乾隆年间虽然是大清盛世，但是深刻的社会危机已经孕育。大清王朝犹如一艘内部开始腐烂的大船，外表虽然威武靓丽，但内里却已经十分危险。在这种情形下，农民起义和各种形式的反抗斗争接连不断，这其中尤以江南地区最为严重。为什么会这样呢？因为江南地区不仅以鱼米之乡、风景秀丽著称，而且还非常重视文化。自古以来，文人聚集的地方，思想就比较活跃，各种斗争也就比较广泛。乾隆年间，江浙地区农民起义、秘密组织、农民抗租、争田反克、夺粮抗粮等斗争不断发生。乾隆想要创造出一片太平盛世，就必须从社会矛盾最严重的地方抓起。如此一来，他下江南巡视，也就顺理成章了。

虽然社会矛盾比较突出，但江南的文化也营造了一片繁荣的景象。江浙地区为历代中举率最高的地方，高官名卿层出不穷。可以说，乾隆朝代的江南，仍然是全国文化最发达的地区，才子学者之多，倍胜于其他省份。虽然文化发达使得社会矛盾更加突出，但是乾隆也知道，文化才是国家发展的基础。以科举考试为例，从顺治三年（1646）到乾隆六十年（1795）的近一百五十年里，共举行了六十一科。其中，江浙两省共出了五十一位状元，占全国状元总数的78%；出了三十八位榜眼，点全国榜眼总数的百分之六十二；出了四十七位探花，占全国探花总数的77%。仅仅两省而已，这些数字却如此惊人！这些，又岂能不引起乾隆的高度关注？当然了，江浙两省也出了很多高官。仅乾隆朝时期，江浙出的大学士就有徐本、汪由敦、梁诗正、陈世倌、于敏中、刘纶等人，其他各层高官更是数不胜数。江浙人在朝中任职之多，在政界影响之大，是其他各省难以比拟的。这些，也让乾隆十分重视。

自然，江南山美水美，这也是乾隆南下巡视的原因之一。过惯了紫禁城的生活，突然来到秀丽的江南，会使他从繁忙的政务中彻底放松下来。他也乐意走进山水之间，感受大清王朝的美丽可爱。他曾说过，来到江南，"眺览山川之佳秀，民物之丰美"，实在是赏心悦目一大乐事。

这些，应该才是乾隆南巡的真正原因吧！

移动办公

乾隆十四年（1749）十月初五日、十七日，乾隆相继下了两道上谕，讲述欲于乾隆十六年（1751）巡幸江南的原因。他讲述的原因大致有四点：第一，是江浙官员代表军民绅衿恭请皇上临幸；第二，是大学士、九卿援据经史及圣祖南巡之例，建议允其所请；第三，是江浙地广人稠，应该前去考察民情戎政，问民疾苦；第四，是恭奉母后，游览名胜，以尽孝心。

不管这些理由是否属实，单从提前两年安排南巡事宜这件事中，我们就可以看出乾隆对南巡的重视。或许，他是想让自己的人生在南巡中更加精彩吧！

乾隆十六年（1751）正月，乾隆从北京动身，第一次下江南。临行之前，他对天下百姓发布了一道谕令：允许沿途百姓观瞻。他在谕令中说，除了那些"确实属于险峻危险"的地段外，其余地方一律不准阻碍百姓观看圣容。他的第一次南巡，是在"普天同庆"的氛围下展开的。

当然，这次大张旗鼓的南巡，乾隆实实在在为百姓办了很多实事。进入山东后，他便陆续开始颁布减征赋税和赈灾的谕令。他宣布免除山东州县本年额赋的十分之三；宣布山东省因灾借出谷食，从乾隆十五年（1750）起分五年带征，但邹县、平阴等县重灾，带征欠谷九十七万余石概行免除。同时，他还宣布山东受灾的兰山等七州县追加赈济灾民一个月。离开皇宫，近距离地接触百姓，使他深刻地体会到了百姓之苦，而非仅凭官员们的一面之词就做出判断。这些使得他的政令更加贴近民意，加上沿途百姓的宣扬，他在民间的威望空前高涨。他在皇宫之中，是无法获得这些的。

虽然是第一次南巡，但他很快就奔向了主题——巡视治河工程。进入江苏后，他就立即派遣大臣分别祭祀已故治河名臣靳辅、齐苏勒和嵇曾筠等人的祠堂。他是在明志，是在告诉百姓自己要彻底解决治河过程中出现的问题。随后，他开始深入地调查了一些水利工程。比如，他亲自视察了高家堰水利工程，并且发布谕令："朕途径淮安，见城北一带，内外都是水。虽然有土堤为河防，但是在人烟密集之地，一旦河水暴涨，土堤又如何能够阻挡洪水的冲刷？朕甚为忧。朕以为，将土堤改造成石堤，方能阻挡洪水冲刷，万无一失。"其实这些问题，地方官员并不是看不见，只是在没有出事之前，所有人都懈怠了。而经过乾隆的指示，这些问题自然很快就能得到解决。

在巡查的过程中，一旦发现问题，他总能及时地责令当地官员进行处理，从而减少了水患发生的可能性。乾隆在位六十年，早期江南地区水患频繁发生，但是到了后期越来越少，这些都与他下江南巡视有很大的关系。可以说，乾隆六下江南，为江南的水利工程做出了很大贡献。自然，也为江南百姓办了实事。

在江苏期间，乾隆又多次降旨，赈济该省灾民，减免赋税。虽然乾隆十五年（1750）江苏省部分地区受灾时，朝廷也进行了赈济救助，但是朝堂上听到的汇报和实际情况总是有一定的出入。所以，当进行实地调查之后，乾隆当即决定，对去年受灾极重的宿州等九县和稍重的凤阳等九县，分别追加赈济灾民一个月，并豁免宿迁、桃源等县所借的籽种银两。谕旨颁布后，乾隆命令地方官员立即执行，不得延误。

这一系列的赈济措施，虽然看起来并不显眼，但却实实在在为江苏百姓带来了实惠。尤其是，那些受灾严重的百姓，更是亟须这样的帮助。自然，乾隆的仁慈爱民形象，也在百姓心中无限放大。

一国之君都能这样，那些眼巴巴瞅着皇上的封疆大吏、地方官员，以及富商大贾，又岂肯失去表现的机会？他们一个个积极踊跃、捐钱捐物，使得救灾物资一增再增。乾隆见了有趣，又不失时机地对他们进行奖励。那些官员自不必说了，表现好了可以加官晋爵，前途无量。就是那些商人们，乾隆也各按他们的本身职能，赏给顶戴，同时特准"纲盐食盐于定额外，每引赏加十斛，不在原定成本之内，俾得永远需受实惠"。如此一来，江苏民间赈灾之风日盛，百姓自然受惠多多。

在苏州，乾隆采取的是另一种策略。他派遣官员给三吴各处先贤祠堂送去自己的亲书匾额，以示尊敬。他给周泰伯祠匾为"三让高踪"，言偃祠匾为"道启东南"，范仲淹祠匾为"学醇业广"，韩世忠祠匾为"中兴伟略"，越王钱祠匾为"忠顺贻庥"，陆贽祠匾为"内相经纶"，岳飞匾为"伟烈纯忠"，于谦祠匾为"丹心抗节"，等等。乾隆这么做，自然是为了笼络江南地区的文人。

自古以来，江南人就爱惜英雄，尊崇先贤。乾隆对先贤的尊敬，无形之中拉近了江南人与清廷间的距离，这对调和社会矛盾起到了极大的作用。

在浙江嘉兴，乾隆采取的笼络手段更为高明。他是怎么做的呢？他谕令大学士傅恒、梁诗正等人，会同江苏、安徽、浙江总督、学政，详细讨论对三省进献诗赋士子的考试选取办法，然后择优录用。原来乾隆南巡路上，绅士大都以文字献颂，在道路边连绵不绝。面对此种情形，乾隆灵机一动，就想出了这个办法，命题考选，给江南士大夫们一次做官的机遇。谁有才能，都可以尽情展现出来，只要通过了考试，就能够做官。不得不说，这其实是一种很聪明的变被动压制为主动对话的方法。通过这种方法，他将大量的江南士大夫笼络到自己的统治范围内，让他们为国家效力。当然，也减少了滋生矛盾的土壤。

在杭州，乾隆也是从"重文"入手。他赐给江宁钟山书院、苏州紫阳书院、杭州敷文书院武英殿刊本"十三经"、"廿二史"各一部。同时，他还派遣官吏祭祀钱塘江神庙、南镇之神以及明臣王守仁祠，赐王守仁祠匾"名世真才"。在这期间，他还颁布谕旨，特赐浙江省进献诗赋士子谢庸、陈鸿宝、王又曾为举人，授予他们内阁中书学习行走的官职。他的这些行为，牢牢抓住了杭州士子的心，为清朝政权的稳定和走向繁荣奠定了基础。

进入南京，乾隆做的第一件事，就是隆重地祭祀了明太祖的陵墓。我们知道，明朝是被满清所灭，乾隆这么做意欲何为？一直以来，江南地区各种反清思想最为活跃，反清斗争也是层出不穷。为了彻底消除江南地区的反清势力，清廷曾一度用过一些非常残酷的手段进行镇压，甚至屡兴文字狱。但结果却是，江南地区的反清斗争反而愈演愈烈。乾隆这么做，其实是用一种怀柔手段告诉江南那些反清势力：我们满人建立的朝廷跟汉人建立的朝廷没有什么两样，都是为百姓服务。虽然明朝被清朝所灭，但那已经过去了，因此大家不要总是以敌视的目光对待朝廷，就像我不会以敌视的目光对待明太祖陵墓一样。他的这种做法，在一定程度上安抚了江南地区那些反清势力。

首次南巡，乾隆主要带着这几个目的而来。在巡视了一遍，达到了想要的目的后，他再次来到了黄河边上。对于他来说，其他事情都可以慢慢进行，唯有水利工程刻不容缓。江南地区每发生一次水患，都会有无数的百姓流离失所，他不愿意再见到水患造成的人间惨剧。

乾隆同随行大臣商议，筹定了洪泽湖五坝水志，以期通过这些完善水利工程，减少水患的发生。他提出的第一点要求就是，永远禁止开放天然坝。不得不说，他是个细心人，观察入微。在南巡中他发现，洪泽湖在汇聚清河、淮河、汝河的水流之后，水量变得极大，而能够起到保障作用的，则只有高堰一个河堤。天然坝是洪泽湖的尾坝，常常被治河大臣们用来泄洪，这导致下游许多州县，都受到这个泄洪坝的危害。了解到这些情形让他十分生气，他曾质问当地的河工大臣：设立堤防本来是为了保卫百姓的，但是为什么老百姓仍然受到灾害？那么设立这些堤防又有什么用？上游开闸放水以求自保而让下游百姓深受其害，根本就是自私自利的行为，要坚决杜绝。

《五坝水志》的第二条，是确立仁、义、礼、智、信五坝开放原则。通过考察，乾隆制定了一系列开放"仁、义、礼、智、信"五坝的原则。具体是，要等到"仁、义、礼"三坝已经过水到三尺五寸，但还不足以减缓湖水上涨时，才能开挖"智"坝土堤。如果这样做还不能减缓湖水上涨，则再挖开"信"坝土堤。乾隆的用意很明显，那就是要尽最大限度地保证百姓的安全。

还有一条是，把"信"坝北雁翅以北的土堤一律改为石堤。乾隆在他处视察水利时，已经这样做过了。土堤换石堤，可以提高堤坝的坚固度，防止水患的发生。

事实上，《五坝水志》只是乾隆视察江南水利的一个缩影，他还采取了多种措施来完善水利。他曾经告诫当地的治河大臣："河臣管理治理河漕，是几千里沿岸百姓生命的维系，因此大意不得。每一名河臣，都必须任劳任怨地管理好河道，方才不负朕之所托，不负沿岸百姓厚望。总而言之，河不可不治，而无循其虚名；工不可不兴，而必归于实。"这些，其实是乾隆的心声。

　　乾隆十六年（1751）五月四日，乾隆从南京返回北京，第一次南巡结束。这次南巡，往返行程水路共计五千八百里，历时五个多月。

　　应该说，第一次南巡非常顺利。通过这次巡视，乾隆为江南地区的管理做了一次大梳理，解决了许多悬而未决的问题。很显然，这对于他的治国，是大有裨益的。

利弊皆由后人评

　　第一次南巡，是乾隆南巡征程的重点。南巡之前，他遇到的阻力比较大，遇到的困难也比较多。甚至有很多大臣极力反对，认为他不应该离开皇宫。但是，他聪明地找出各种理由，绕过了大臣们的反对，终于踏上了南巡之路。对于他来说，江浙是清朝统治的政治战略要地，所以无论有多少大臣反对，无论他们如何劝谏，自己必须要去。

　　很多人不解：既然江南对于清廷如此重要，那为什么乾隆要等到自己即位十四年以后，才首次提出呢？那个时候，他都已经40岁了。其实，他在十四年以前，根本无法下江南巡察。因为，他需要做一些比较紧迫的事情。比如，东巡盛京谒祖，巡幸避暑山庄和木兰围场联络蒙古上层人士，以及降服大小金川，等等。当然了，这些原因也并不是全部，最重要的是，朝廷中最大的阻力消失了。乾隆十年（1745），鄂尔泰去世；乾隆十四年（1749），张廷玉退休。这两个人在乾隆朝影响很大，他们在的时候，如果反对南巡，那么乾隆将会处于十分尴尬的地位。正因为如此，所以一直等到乾隆十四年（1749），在彻底没有了这两股阻力之后，乾隆才将南巡搬上了日程。

第一次南巡之后，乾隆又有了五次下江南。

乾隆二十二年（1757）一月十一日，乾隆第二次下江南，于四月二十六日返回北京；乾隆二十七年（1762）一月十二日，乾隆第三次下江南，于五月四日返回北京；乾隆三十年（1765）一月十六日，乾隆第四次下江南，于四月二十一日返回北京……

每一次南巡，声势、规模都很浩大，非常考验人。往往是，在南巡的前一年，乾隆就要指定亲王担任总理行营事务大臣，负责全面的筹划安排，甚至要精细地设置南巡的每一个环节。同时，他还会派人勘察沿途道路，制订巡幸计划。

路线设定好之后，朝廷会提前知会巡幸所经过的地方，各级官员都要修桥铺路，建筑行宫，准备器玩，安排御膳。当然了，皇帝经过的地方，社会秩序要稳定，环境要美，士兵要精悍，穷苦百姓要沉默，河渠要畅通等等。这一年的时间，地方官员要尽量做好这些，否则的话，就会出现漏洞，那事情可就大了。

总而言之，对于国家来说，乾隆南巡是一件麻烦的事。六次南巡，虽然不尽相同，但大体上都包括这几个方面：蠲赋恩赏、巡视河工、观民察吏、加恩缙绅、阅兵祭陵等。乾隆在这些方面下功夫，在很大程度上优化了国家的发展。但是，毫无疑问，每次南巡也都会给沿途百姓造成巨大的负担。这些，乾隆都心知肚明。因此，在每次南巡的过程中，无论重点在哪里，他都会对农粮商赋大加减免，以期不负百姓爱君诚意。因此每次南巡，抛开那些稍微有些沉重的负担，他总是能够带给江浙人民更多的好处，使得这里人心稳定，乐业太平。当然了，百姓乐业，天下太平，这也是他得到的好处。

据清史料记载，乾隆南巡所经之地处，州县均下令百姓只交本年应征地丁钱粮的十分之三，如果当地上年受灾，则再减免十分之五。这渐渐已经成为惯例，为当地百姓带来了很大的实惠。

例如，乾隆十六年（1751），乾隆第一次南巡，就降旨免除了江苏、安徽、浙江三地的钱粮。同时他还宣布，豁免乾隆元年（1736）至乾隆十三年（1748）江苏省所积欠的地丁银二百二十万余两，安徽省积欠的地丁银三十余万两。第二次南巡时，江淮地区刚刚发生水灾，两岸百姓受灾颇重。因此，他又下令，免除江苏、浙江、安徽三省乾隆二十一年（1756）以前积欠的所有地丁钱粮。两次之后，江南地区百姓感念天恩，衷心顺服，乾隆也很是欢喜，故而以后每次南巡都这样办理。

直隶、山东、江苏、浙江等省都是乾隆南巡的经由之地，他每次路过这些地方，总会依据实际情况，或免除赋税，或恩免钱粮，给百姓带来实惠。而对于百姓来说，这种蠲除自然是天大的喜事。所以每次乾隆南巡，当地百姓总会翘首以待，那些热闹的场面倒并非是当地官员的刻意为之。对于这样一个能够体恤民情的君王，百姓自然不会反感。

对于老百姓，乾隆是尽己所能，尽量补偿他们。同样，对于那些在南巡一事上捐钱的盐商们，乾隆也十分优待。每一次南巡，都会有大批盐商捐出银两供各地办差使用。他很清楚，如果没有他们的捐助，那么南巡所耗的费用，对国家来说将是一笔沉重的开支。所以，他总是想着办法给那些盐商们一些好处。

怎么给盐商们好处呢？他经常会通过政治手段，让盐商们多卖盐而少交税。还有一种方法就是，对盐商们以往因各种原因而欠下的大量盐税，给予一次性的豁免。这就好比你送我一个桃，我还你一个杏，谁也不吃亏，但是却很大程度地激活了经济。

乾隆四十五年（1780），乾隆降旨免除两淮商人未缴银两一百二十万两、缓征银两二十七万两；乾隆四十七年（1782），乾隆又降旨免除淮南商人未缴银两二百万两；乾隆四十九年（1784），乾隆再次降旨，免除两淮商人未完余利银两一百六十万两。

可想而知，这样大规模地免税，对于商人来说是多大的刺激。自乾隆第一次南巡之后，江南地区商人们经商的积极性大幅度提升，为江南经济的建设与繁荣做出了巨大贡献。

当然了，仅仅用"利"还不足以吸引所有商人的眼光。乾隆更是想出了用政治上的补偿来提高商人们的政治地位。对于那些对南巡有很大贡献的商人，乾隆会赐给他们官衔，甚至是品级。虽然那些官衔、品级大都是虚衔，但是对于封建社会属于下流之辈的商人来说，已经是莫大的恩宠了。乾隆的这种做法，对那些商人们起到了很好的安抚作用。

历史学家评价说，乾隆在南巡中对江南商人所采取的种种优惠措施，实在是一种极为聪明的做法。因为它在客观上刺激了江南地区商品经济的逐渐繁荣，更是吸引了全国各地商人竞相前来投资，带动了城市建设。

乾隆六下江南的另一功绩，就是治河了。在乾隆四十九的（1784）的《御制南巡记》里，他对几十年大兴河工的情况作了总结。总的来说，他经过南巡确定的工程有四项：第一，定《清口水志》，加固高堰大坝，基本上保护了淮安、扬州、泰州等富庶地区不被洪水所淹，使这些地区百姓的生命财产得到了保障；第二，完成陶庄引河工程，有效地防止了黄河河水倒灌清口；第三，在浙江老盐仓一带修建鱼鳞石塘；第四，将原有范公塘一带的土塘，添筑石塘。除了这四大工程之外，他还亲自勘察批示过很多治河方案，下达了数以百计的上谕，指示治理，更是罢免了一大批治水不利的河臣。据清史料记载，六次南巡，仅他指示的治河方案，就动了国库几千万两的银子，可谓手笔极大。

但是，毫无疑问，在他的努力下，治河工程有了很大的改善，对减少洪灾、保护百姓财产和生命安全，起到了很大的作用。

虽然六次南巡，在维护社会秩序、消除社会矛盾、刺激江南经济、减少洪灾水患等方面起到了很大的作用。但不可否认，乾隆屡下江南，也为江南经济带来了多方面的损害。比如，地方官员为了奉迎乾隆，接驾时往往极尽繁华之能事，铺张浪费，劳民伤财。地方高官富商们为了博得皇上欢心，更是不惜财力，千方百计地争奇斗巧。至于沿途官民商贾们进献的珍宝、器物、字画等"奢侈品"，更是数不胜数。

当然了，这些花费，也仅仅是南巡中的"九牛一毛"。苏州、杭州、扬州等地是游览胜地，乾隆喜去游玩。而他所到之处，必先铺修道路，码头铺棕毯、御道用文砖，水路特制龙舟，陆路两旁结彩棚，搭戏台……而他所住的行宫，更是豪华奢靡，令人咂舌。据清史料显示，乾隆每次南巡时所花费用，超过康熙南巡时的十倍。羊毛出在羊身上，这堪称天文数字的花费，自然还是出在老百姓身上。

虽然每次南巡，乾隆都极尽所能减免赋税，但是江南百姓却因此增加了繁重的劳役和各种额外负担。比如，铺治道路、搬运花石、修建行宫，等等。朝廷所给百姓的"工钱"，却往往很少。有朝鲜使臣曾在江南见到这种情形，他们是这样形容乾隆南巡的："供亿浩繁，州县凋敝，农民举未息肩，商船或不通津。虽值丰登，无异歉荒。"这些描述，或许更接近实际，只可惜当时的乾隆看不到这些。

更为糟糕的是，乾隆南巡，给一大批贪官污吏制造了空子，他们趁机中饱私囊，鱼肉百姓。虽然乾隆对贪官深恶痛绝，但却很难监管到所有的官员。尤其是，盐商大户们的"捐款"，有很大一部分都落入贪官手中，银子不够用的时候，他们更会想办法从百姓身上获取。这样，同样给百姓造成了很大的负担。

总的来说，乾隆六下江南，有得也有失，有利也有害。通过南下巡视，乾隆清楚地了解到了江南的官风民情，然后大兴河工、蠲免赋税、培植士子、宣扬圣恩，对消除社会矛盾，稳定社会秩序，保护百姓生命财产，以及推动社会发展，都起到了积极的作用。但是另一方面，我们也得说，六次南巡，确实劳民伤财。

其实，乾隆并不否认南巡中"弊"的一面。他在晚年的时候，曾经对军机章京吴熊光说过："朕临御六十年，并无失德，惟六次南巡，劳民伤财，作无益，害有益。将来皇帝南巡，而汝不阻止，必无以对朕。"对于南巡，他后悔了！

第十一章 ╱ 春天里的君主

天子的眼泪

可以说，乾隆盛世的发展，与乾隆皇帝的性格不无关系。

乾隆的性格，宽仁、善良、睿智、稳重，其中间或带着些狠辣，像春雨时刮起了寒风，把大清王朝的文武百官治理得服服帖帖。因为他的这些性格，清廷官员基本上不敢玩弄什么权术手段，天下太平，百姓安居。

其实，乾隆性格中的狠辣，只是针对某些官员而言。对于百姓，他一直十分仁慈。当然了，他的仁慈同历史上那些以"仁"收揽民心的君王不同，他是天性善良。

雍正在遗诏中称乾隆"秉性仁慈"，并非虚言。作为父亲，他很清楚儿子的性格，因为从小，这个孩子"仁"的性格就表露无余。比如说，宫中有小动物死亡了，小弘历经常会流泪不止；有太监欺负宫女了，如果被小弘历发现，他也会出言制止。这种性格出现在一个从小养尊处优的皇子身上，显然极为罕见。但是，这却是不折不扣的事实，以至于雍正不得不担心，这个性格过于"仁柔"的儿子，能否真正担起祖宗的基业。

但是很显然，雍正担心的事情并没有发生。乾隆不仅将国家治理得井井有条，更是将国家的发展推向了新的高度。至少在中国的历史上，乾隆比他老爹雍正更加出色。有意思的是，雍正担心的乾隆的"仁柔"，不仅没有影响到国家的发展，还反而使国运更加昌隆。

为什么会这样？我们已经说过，这是因为，乾隆将"仁"用在了百姓身上。自古以来，那些心中装有百姓的君主，总能够推动国家走向辉煌。从小时候起，乾隆就把书中"重农"、"悯农"的思想牢牢地记在了心里。他十分喜爱读书，从书中他慢慢了解到了农民生计之艰辛，也懂得了农民乃国之根本。也许就是从那时候起，他就已经立下决心，将来如果成为皇帝，一定要好好对待老百姓。这个理想，一直藏在他内心深处，从不敢跟人提起，尤其是严苛的父亲。

有一年，他随父亲外出谒陵打猎，看到农民正在地里秋收，挥汗如雨。那是他第一次真正见识到农民的辛苦，以至于内心颤抖，遂写下一首诗，以抒情怀："吾闻四民中，惟农苦莫若。有年谷价低，歉年委沟壑。即年丰稔收，租重主人索。益信为政者，仁民最先著。"对于一个锦衣玉食的少年来说，能够设身处地为农民着想，实在是难能可贵。他的这种悯农重农，心系百姓的思想，一直伴随着他的政治之路，始终如一。

乾隆年间，经常发生一些自然灾害，比如说水灾、旱灾。每次有地方发生这些自然灾害，乾隆都十分关注，除了派出得力官员赈济灾民外，他也愿意亲力亲为。据清史料记载，乾隆一生曾多次为灾情而流泪。这听起来似乎有些天方夜谭，但却是实实在在的事实。

有一年，安徽太湖县受灾，乾隆忧心如焚。他虽然派遣朝廷官员前去赈灾，但却无法顾及所有灾民。后来，灾民们在野外挖掘野菜，采得一种“黑米”，数量甚大，掺在其他粮食中，可以用来充饥。乾隆得知后，立即命令地方官员呈上来一些“黑米”，自己亲口尝试。在尝试过“黑米”后，他流泪了。随后，他特发上谕，并亲为《御制安徽巡抚书麟奏呈乡民挖蕨得米诗以志事》一首，全诗如下：

草根与树皮，穷民御灾计。敢信赈岫周，遂乃无其事。兹接安抚奏，灾黎荷天赐。挖蕨聊糊口，得米出不意。磨粉掺以粟，煮食充饥致。得千余石多，而非村居地。县令分给民，不无少接济。并呈其米样，煮食亲尝试。嗟我民食兹，我食先堕泪。乾坤德好生，既感既滋愧。愧感之不胜，遑忍称为瑞。邮寄诸皇子，令皆知此味。孙曾元永识，爱民悉予志。

他把这些“黑米”分别寄给几位皇子，让他们也了解民间疾苦。在这首诗里，我们不能不为乾隆“心怀百姓”的诚心所感动。

乾隆虽然爱民，但他却并不是老百姓的直接领导，在老百姓的上面，有一层层的各级官吏。所以乾隆很清楚，要想使老百姓少受些苦，就要管好官吏。说起来，这也是他对有些官吏特别严苛的原因之一。他曾不止一次地告诫朝中高官，说救灾是“国家第一要务”，而“赈恤一事，乃地方大吏第一要务”。什么意思呢？他很明白地告诉官员们，无论是中央还是地方，都要以“救灾”和“赈灾”为头等大事。因为灾害无情，一旦发生灾害，首当其冲的是老百姓。正因为此，他对那些隐匿灾情不报、延误救灾进程，或者贪污救灾款项的行为十分痛恨，一经查出，绝不轻饶。

乾隆十七年（1752），山西部分地区受灾，巡抚阿思哈舍不得动用国库银两，就劝富户出钱救灾。阿思哈本想拍皇上的马屁，以此显示自己处处为国家着想，但却马屁拍到了马脚上。乾隆接到奏报，十分生气地说："此奏实在卑鄙错谬之至，朕实骇闻。"随后便罢了阿思哈的官。虽然阿思哈此举确实可以为国家减少一笔开支，但却会因此耽误救济灾民，这是乾隆所不能允许的。

据清史料里记载，乾隆年间每每发生灾情，乾隆总是不遗余力地抗灾救灾，从来不吝惜银两。这倒不是说他有挥霍浪费的习惯，只是在他看来，百姓的生命安全比银两重要得多。乾隆七年（1742），皖北大水，灾民达二百二十万。为了最大限度地救济灾民，乾隆大笔一挥，直接拿出当时国家财政收入的十分之一，即白银二百九十万两，粮食二百二十万石救济。这么一大笔银粮，会让任何一位国君感到肉痛，但是乾隆却没有丝毫心疼。

《清高宗实录》中还记载了一件事：乾隆十八年（1753），户部把乾隆即位以来用于救灾的钱和前任皇帝（雍正）做了对比。随后，户部官员向乾隆奏报："雍正十三年之间，各地赈灾款项，共花费一百四十余万两白银，粮食两百多万石。而乾隆元年到乾隆十八年，各地赈灾款项共花费二千四百八十余万两白银，粮食两千多万石。"虽然在统计中乾隆多占了五年的优势，但他用在灾民身上的粮食，却比雍正多了十倍有余。他曾经说过："朕遇到天灾，即有人饥己饥人溺己溺之怀，不能自已，也想不到运用了这么漕粮。"由此可见，乾隆不惜钱粮大规模赈济灾民，确实是出于本心。

他是这样做的，故而对于那些也能够这样做的官员，往往十分厚爱。

乾隆二十六年（1761），山东德州发生水灾。大雨一连下了七天七夜，引发了滔天大水，淹没了德州城里一些低矮的民房。老百姓没有地方可躲，便纷纷扶老携幼，登上了德州城的城楼。虽然暂时避开了大水，但城墙上没有粮食，城中也缺粮，百姓饥困，哭声震天。

偏偏这个节骨眼儿上，德州城中的最高官员、山东督粮道颜希深在省城办事，城中没有主事之人。这导致城中官仓里虽然有粮食，但却无人敢放。要知道，按照大清律例，私自开放官粮，那是抄家的重罪。

　　百姓的哭声终于惊动了一个人，那是颜希深70多岁的老母。她在官署中听到了百姓的啼哭之声，询问家人后得知实情，便问署中人员为什么不开仓放粮。有署员回答说："放粮乃是国家大政，必须要等到颜道员回来，先行奏请上级批准，然后才能开仓放粮。否则处罚极严，不仅要丢官，还需要补赔。"

　　老太太一听勃然大怒："此何时也！犹拘泥于常法乎？况德州距离省城甚远，如果等我儿回来，再经详奏核复，那么数十万灾民都将成饿殍矣！你们无须忧虑，只管开仓放赈，以解倒悬。如果将来朝廷怪罪下来，一切由我儿承担。如果要赔偿，我愿尽吾家所有，查封以抵偿。"这番话义正词严，震慑了署中所有官员。在老太太的催促之下，他们终于开仓放粮，使得城中百姓得以全活。

　　这件事终于被上级官员知道。山东巡抚闻听此事后，震怒异常：这还了得，竟然敢擅动国家粮仓，这还有王法吗？这位巡抚大人气势汹汹地写了一道奏折，向皇帝参奏了此事。不过谁也料想不到，乾隆接到奏章后，居然痛斥了山东巡抚一通，愤然批道："如此的贤良母亲和好官，权宜变通，为国为民，何罪之有？反倒是巡抚，身为上司，不但不举荐这样的人才，反而上奏弹劾，是何居心？"山东巡抚吓出了一身冷汗，赶紧认罪，此事才算揭过。

　　后来，乾隆降下谕旨，已经动用的粮食，准许作为正式开销，无须补赔。这样一来，颜氏母子自然也就无罪了。当然了，还需要奖励他们才对。乾隆感念颜希深母亲通晓大义，特封其为三品诰命。在乾隆的刻意提拔下，颜希深自此也是官运亨通。

可以说，乾隆年间是清时百姓生活最为安逸的年代。虽然，其间不乏天灾人祸，但相对于其他朝代，显然要强得多。正是因为乾隆的这种性格，使得大清盛世愈加兴旺。

为民"减负"

乾隆登基二十二天的时候，曾给庄亲王允禄、果亲王允礼、大学士鄂尔泰与张廷玉下谕："从来帝王抚育华夏的方法，只在教养两端。天生民而立之君，原本就是让君主以代天地管理百姓，广其怀保，人君一身，实在是亿兆黎民百姓安身立命之依托。"

这话是什么意思？他是在告诉这几位大臣：历代名君无不以民为本，以民为重，认真地教化臣民，所以我也会以民为重。言下之意，是让那几位大臣时刻提点自己，要以民为重。

孟子说："民为贵，社稷次之，君为轻。是故得乎丘民而为天子，得乎天子为诸侯，得乎诸侯为大夫。"乾隆熟读史书，自然早就明白百姓对于国家的重要性。刚刚即位他就如此郑重地告诫大臣，告诫自己，可见"重民"的思想早在他心中生根发芽。

既然"重民"，那就应该多为老百姓提供一些帮助。而君王能够为百姓提供的帮助，无外是"减负"。是的，减负。如果说乾隆为灾民流泪是出于善良天性的话，那么为百姓"减负"，则是他真正运用自己手中的权力，服务百姓。

乾隆认为，"民为邦本"，本固才能邦宁。所以治国之道，"莫于先爱民"。那怎样才能算是爱民呢？他认为，爱民之道，"以减赋蠲免为首务"。正是洞悉了"爱民之道"的玄机，所以他才一次又一次地大规模地减免国赋。据清史料记载，乾隆在即位之初大赦天下的恩诏中，就免除了百姓在雍正年间的所有欠赋。也就是说，从乾隆元年（1736）开始，之前百姓的所有欠赋尽皆"归零"。

然而，这仅仅是个开始。据统计，乾隆在位的六十年里，他以"灾蠲"、"恩蠲"、"事蠲"、"逋蠲"等名义免除的赋银超过一亿两白银。这是多么庞大的一个数字！对于百姓来说，这又是多么深厚的一种恩泽！这些，或许就是乾隆身上最为闪光的地方。

其实在乾隆之前，大清王朝的历代帝王都想过为百姓"减负"。只不过，他们没有乾隆做得出色而已。对比一下，我们就可以看出其中的差距。

满清入关后，清廷为了给百姓"减负"，一直在大力整顿赋税制度。顺治皇帝和康熙皇帝，都在通过取消苛捐杂税的方式，不断地改进和完善纳税制度。当然，他们也都取得了一定的成绩，逐渐完善的税收制度成为清朝初年发展的有力推动力之一。但是，这些还不够。

到了雍正时期，清廷为百姓的"减负"行动更进一步。最为显著的是，雍正制定了"摊丁入亩"等政策。何谓"摊丁入亩"？这项政策，其实就是将丁银摊入田赋征收，废除了以前的"人头税"。这实在是一项了不起的改革，谁家的田多，谁就要多交田赋，彻底把地主田多税少的优势给抹掉了。很明显，这减轻了百姓的负担，也缓解了土地兼并所造成的矛盾。

不过，这些还是不够。事实上，即便是在赋税制度越来越宽松的情形下，百姓的负担也并没有减轻太多。天灾、兵祸，各种各样的原因，使得老百姓肩膀上赋税的担子依然沉甸甸的。这些，使得乾隆进一步为百姓"减负"有了基础。

即位之初，乾隆一方面继续推行"摊丁入亩"的政策，另一方面采取减免天下钱粮的政策。他曾经说过："百姓富足，君孰与不足？朝廷恩泽，不施及于百姓，那将施于何处！"正是在这种思想的引导下，他从即位之初就下旨，开始有选择地免除百姓赋税。

减免百姓赋税，康熙与雍正也都这样做过。只是，他们都没有乾隆做得到位，做得大气。在《清高宗实录》及《乾隆会典》中，记载了一些乾隆一次性减免十州县或者全省豁免的例子。例如：乾隆先后于乾隆十年（1745）、乾隆三十五年（1770）、乾隆四十三年（1778）、乾隆五十五年（1790），以及嘉庆元年（1796），五次豁免全国一年的钱粮，三次免除江南漕粮。据统计，这些减免的钱粮全部折合成银两，加起来超过了二万万两，相当于全国财政五年的总收入。这听起来多么不可思议，甚至在他做太上皇的日子里，还在想着为百姓"减负"。这实在让人不得不佩服！

自然，乾隆的这种施政方式，得到了天下百姓的拥戴。有学者曾经做过比较，乾隆时期乾隆在民间的受欢迎程度，远远超过了康熙时期康熙在民间的受欢迎程度。被百姓拥护爱戴，这在很大程度上要归功于他的这种"减负"政策。还有学者指出，乾隆为政期间，减免钱粮次数之多、地域之广、数量之大，远远超过中国历史上的那些著名君主，用"前无古人"来形容，一点儿也不为过。

除了这种大规模的减免赋税政策，乾隆也从不放过从小的方面为百姓"减负"。比如，乾隆二年（1737），乾隆降谕，只要是运往灾区的粮食，一律给予全免课税放行的待遇。看起来，这项政策并不起眼，但却给灾区百姓带来了极大的实惠。免除课税，粮食价格自然会降下来，当然也减轻了灾区百姓的负担。不久之后，这一政策又"升了级"，灾区特免变成了全国普免，这样一来，更多百姓从中受惠了。

总而言之，从即位之初，乾隆就凭借自己的聪明才智，从方方面面为百姓"减负"。通过减轻百姓负担，乾隆的这种施政方式，促进了国家经济的发展，使得乾隆时期在经济上开创了中国封建社会新的辉煌。

可以毫不夸张地说，乾隆皇帝正是大清鼎盛经济的缔造者！

文治之功

自满清入关，满洲人统治中国以后，清朝的历代皇帝无论怎样努力，都无法消除满人"异族"的尴尬身份。在绝大部分汉人眼中，满清人始终是篡夺中原江山的"靼子"。

所以，满清的历代皇帝们都明白，要统治众多的汉人，不能单靠武力解决，而是要想办法统治汉人们的心。那么，如何才能统治汉人们的心？两个字，文治。

从清太宗皇太极开始，到顺治帝、康熙帝，以及雍正帝，都推行崇儒尊孔的国策。清朝初年时，即便是战事吃紧，他们也不放松"以文治国"的策略。文治最显著的表现方法是，举办科举考试笼络汉族读书人。事实上，这种方法非常有效，清朝就是以此延续了两百多年的统治。

乾隆自然知道这一国策的重要性，因此他在即位之后，先否定了道佛与祥瑞迷信的思想，然后把重点继续放在崇儒重儒上面。雍正皇帝很迷信，道佛与祥瑞的迷信思想，正是他用来统治百姓的重要手段之一。但是乾隆却从心里反对这些，他认为治国应"为儒学之宗主，接尧、舜为心传"，而不是应该以迷信迷惑人心。

不过，他虽然崇儒重文，但是重点却在不断变化。

乾隆初年的时候，他强调的是祖父康熙推崇的程朱理学，自己也喜诵读理学之书。当然了，他也不忘叫大臣们"研精宋儒之书，以上溯六经之阃奥"，以便达到"治心修身，以端教化之本"的目的。在他的倡导下，程朱理学之风狠刮了一段时间，起到了一定的积极作用。

但是，理学的流弊也开始日渐凸显。其中最显著的特点是，不少学者"托于道德性命之说，欺世盗名，渐启标榜门户之害"。这个时候，乾隆的重点开始发生了变化。在他的影响下，理学的地位逐渐下滑，而汉学则慢慢成了显学。

乾隆的思想只是一个引子，它引导着大清王朝这艘大船的航行方向。无论他的思想如何转变，始终都没有脱离"以文治国"的范畴。乾隆比谁都清楚，文化对一个国家的影响力有多大，文人对一个国家的发展有多重要。因此，他重文，更加看重文人。他一方面拉拢文人为己所用，一方面兴办学校培养文人。顺治曾经说过："帝王敷治，文教是先。"康熙也说过："兴学校以端士习。"在乾隆看来，只有从小教授孩子学问的时候，加入"尊君亲上"的思想，才能为国家培养出一批有能力，又忠诚的人才。不得不说，他的这种思想有些"自私"，想要培养出"顺民"式的人才。但是，他的做法却使大清朝的士风、学风日盛。

乾隆是一位宽仁和厚的贤君，他的这种性格，无疑来自于知识的潜移默化。在学习中，他体会到了"仁政"的内涵，明晓了成为明君的方法。因此，他认为一个书生如果做了官，一定会"行宽和惠爱之政，任一邑则一邑受其福，莅一郡则一郡蒙其休"。他曾对诸大臣说："至于书气二字，尤可宝贵，果能读书，沉浸酝酿而有书气，更集义以充之，便是浩然之气。人无书气，即为粗俗气、市井气，而不可列于士大夫之林矣。是书气正宜从容涵养，以善培之，安可劝之使除，而反以未除者为病乎。"从他的这些话，我们不难看出，他对士风、文风的重视。为了能让更多的读书人从书中读出"浩然之气"，为国效力，乾隆给予学馆私塾极大的优待。尤其是教师，他们不仅可以享受免除杂差、增加俸银的待遇，还能读到朝廷供应的经史资料。可以说，从大清朝立国到乾隆年间，尤以乾隆年间士风、学风最盛。

当然了，乾隆这么做的目的，无非是想为大清国引入更多的可用之才。所以，除了通过正常的科举选拔方式外，他还仿照祖父康熙的做法，亲自下诏求贤，要大家举荐人才。乾隆年间，乾隆先后开设过博学鸿儒科、孝廉方正、经学科等科目，就是为了更多地寻找人才。据《清高宗记录》记载，乾隆元年（1736）诏开的博学鸿儒科，共取刘纶等十五人，第二次又取四人；乾隆十四年（1749）诏开的经学科，共取吴鼎等四人。除此之外，乾隆在各地巡幸时，偶然选择的人才更多，总数超过了一百二十人。他的这种举措，堪称历史之最，为大清朝引入了大量的可用之才。

乾隆另外一种倡导文治的方法，就是搜集资料与编辑图书。这种做法的好处就是充分调动全国文人的积极性，激起求知热潮。

其实这种方法，早在康熙年间，康熙皇帝就已经使用过了。康熙当时以"稽古崇文"为名，说古帝要致治隆文必具备典籍，用来"广见闻而资掌故"。因此，他命令地方官员想尽一切办法，或借本抄写，或出钱购买，把一些搜集到的好书送到京城。乾隆即位之后，向祖父学习，也曾三次下诏采访遗书，以便丰富内廷的图书收藏。据清史料记载，乾隆三十七年（1772），乾隆下谕展开了一次规模空前巨大的搜书、征书活动。

据统计，这次搜书、征书活动，历时将近七年，一共征集了一万多种宫廷里没有的书，极大地丰富了大清朝宫廷的图书收藏。当时征书活动进行得并不顺利，因为其时文字狱大兴，人人自危，害怕家中藏书会惹祸上身，故此没有人愿意交书。还有一个原因是，很多善本来之不易，藏书者害怕书籍交上去会有去无回，所以也不愿意合作。乾隆了解到这些情况后，下了一道谕旨，指明书中若有忌讳文字，也是前人偏见，与收藏者无涉。他保证："至书中既有忌讳文字，并无干涉，必不以此加罪。"同时他还一再强调，如果进书者送来的确实是精醇善本，那么他会亲自为这些书咏评题识，并将这些书尽快抄录后发还给原收藏人。当然了，只是这些还不够，对于那些进呈书籍踊跃且进呈书籍种类较多者，他还给予一定的奖励。因为他的开明，才使得这项规模浩大的搜书、征书工作得以顺利进行。

那么，征上来的这么多书，都有什么用？难道只是为了让皇家图书收藏量更加丰富？自然不是！乾隆征书，主要有两层用意：第一，以这些资料为基础，编辑出大众图书，让全国读书人参考阅览；第二，趁机检查书中的文字，如果发现有反清的文字或者言论，可以马上销毁，以免"流毒"继续扩散。为了更好地实现"文治"，乾隆可谓用心良苦。

各种各样的文化活动，也是"文治"的一部分。乾隆经常不遗余力地提倡一些文化活动，更是躬亲参与，以身作则。他喜欢写诗。作为一国之君，他整日要处理军国大事，十分忙碌，可是无论多忙他从来不忘写诗，几乎每天都写。据清史料统计，他一生中写成了上万多首诗，超过了中国历史上任何一位诗人。有意思的是，他还喜欢用诗检查大臣们的学问，《啸亭杂录》中记载，

"每一诗出，令儒臣注释，不得原委者，许归家涉猎。然多有翻撷万卷，莫能解者。尝于《塞中雨猎》诗内用'制'字，众皆莫晓。高宗笑曰：卿等一代巨儒，尚未尽读《左传》耶？盖用陈成子杖制以行也。"这其中或许有"作秀"的成分，但是毫无疑问，乾隆的这种做法，必然会大大刺激朝中大臣，让他们专心读书。如此延伸下去，天下读书人学习的劲头也将更甚。

历史学家指出，乾隆盛世的"盛"，有很大一部分体现在文治上。既定的文化国策，雄厚的财力，安定的学术环境，加上皇帝的大力倡导与亲身参与，营造出了一种博大恢宏的文治气象。大清王朝因为文治，而变得绚丽多彩。

四库全书

在中国历史上的诸多帝王中，乾隆比较欣赏的有三位：汉文帝刘恒、唐太宗李世民和宋仁宗赵祯。在这三位帝王中，他尤其欣赏唐太宗。他认为，汉文帝虽贤但却乏人辅佐，宋仁宗才能有些不足，只有唐太宗才能称得上是千古名君。唯一的憾事是，唐太宗晚年志满倦政、家法不严，导致了武则天取代李唐天下的结局。但是，这并没有影响唐太宗治国的雄才大略。

因此，乾隆极爱读唐人吴兢所著的《贞观政要》。这本书是他案头的常备书，每次翻阅时，他都能重新体会唐太宗的治国能力。他曾写诗道："文皇治世功，在汉文景右。斗米值三钱，太仓粟腐臭。关东暨岭南，开门夜无寇。论古缅遐思，治功非幸觏。文贞立朝端，弥缝而医救。九重亦虚已，勤政夜与昼。励精图至治，俗用致富厚。二十余年间，中外称明后。"他对唐太宗治国能力的惊叹，溢于言表。从《贞观政要》中，他学到了很多东西。比如，怎样"亲贤臣，远小人"，怎样善待百姓，以水载舟，等等。他将《贞观政要》的精髓，融入自己的治国理念中，果然非常有用。

一部《贞观政要》，使他获益匪浅，他也有了编书的想法。他知道，一部好的书籍，可以教化万民，富国强兵。可是这样的好书毕竟并不常见，如果《贞观政要》之类的书，只是凤毛麟角，根本起不到惠及天下的作用。但是如果编书，就可以取前人之精髓，供百姓学习之用了。

不过这些，仅仅是他个人的出发点。事实上，乾隆年间，编书是历史发展的大趋势。为什么这样说呢？我们知道，中国是个文化悠久的国家，自古以来，从事著书立说者，不乏其人。经过两千多年的积累和沉淀，到了清代，图书文献的成就数量非常可观。但是，由于历经变乱以及其他原因，这些图书文献量多而散乱。举个例子，那些文献资料就如同被撒落在民间的米粒，东一粒西一粒，根本不成系统。而这种情况，对于文人及执政者的参考和学习有很大的妨碍。谁也没有本事，把这些散乱的大米一粒一粒地收集起来，然后再煮成米粥。唯一可以做到这些的，只有皇帝。

乾隆赶上了个好时代，他从雍正手中接过皇位的时候，大清朝的根基已经很牢固了。他悄悄再努了把力，结果国家统一、社会安定、财政盈余、人才辈出。再加上，他本身就有些好大喜功，做事情喜欢强过别人，于是更是爱上修书了。

正因为如此，从即位之初，他就开始组织学者修书。当然了，他所编撰的书籍，多是史书，如《国朝宫史》、《续三通》、《清三通》、《御批通鉴辑览》，等等。除了修书，他还派人整理满族的文化书籍，编修《满文大藏经》、整理

《无圈点老档》、编撰《钦定八旗通志》、《钦定满洲源流考》等书。

当然了，这些书，都只不过是开胃小菜。他主持编撰的大丛书《四库全书》，才是真正的中国之最。

乾隆三十七年（1772），乾隆下令向全国征书，充实内廷图书文献。此时有人向他提出建议，希望能够借此机会校录图书。对此，朝中王公大臣多有反对者，他们认为此举"非为政之要"，没有什么意义。但是乾隆不仅同意了这个提议，而且还下令扩大加倍地"详细剔择校勘"《永乐大典》中的收录书与清代官刻本书，以及各省征集来各类图书。他指示大臣，将这些整理好的图书资料，"统按经史子集，编定目录，命名为《四库全书》。"他想让这部丛书"俾古今图籍荟萃无遗，永昭艺林盛轨"。在他的授意下，一场规模浩大的编书活动，将来拉开序幕。

乾隆三十八年（1773），乾隆下令正式设立"四库"全书馆。负责纂修的工作，由亲王、大学士领衔为总裁官，总理馆内一切事务。另外，他又根据编撰工作的需要，将"四库"全书馆分设纂修、缮书与监造三大处。修书工作最主要的还是修书的人，为此他特颁谕旨，邀约了一大批著名学者，包括纪昀、陆锡熊、庄存与、邵晋涵、戴震、王念孙等人。这些人的加入，为纂修《四库全书》工作增色不少，使得这项活动成为学界空前的盛事。

刚开始的时候，乾隆并没有太大野心，他只是想把征集上来的图书资料，按照经、史、子、集的分类，编定目录以及修订而已。但是，随着对这项工作的关心，他的野心也开始越来越大了，修书计划越改越大。例如，在开馆之初，决定纂修的只是全书本身，最多加一份总目。后来，视察工作时他发现，全书卷数太多，不仅编修困难，而且修好后也不易翻阅。为了解决这一难题，他下令先编成一套《四库全书荟要》。随后，《四库全书简明目录》、《四库全书考证》等书相继诞生。这些"副产品"的诞生，使得《四库全书》的内容更加丰富。

纂修《四库全书》，最主要的工作就是征书。乾隆征书殊为不易，他想尽了各种办法，采用鼓励、利诱、威逼等方式，最终征得了大量的图书。但是，对于这些征来的图书，他却并不全用。纂修工作开始以后，他降下谕旨，令纂修图书的官员们，先对图书认真检查。凡是发现书有"忌讳"字句的，一概销毁。他不允许将来编成的《四库全书》中，有任何不利于大清统治的文字。比如，明朝后期大臣们的奏章中，经常会有一些痛斥满清的语言；宋朝人的著作中，也有很多反对辽、金、元的内容，这些内容很容易使人联想到反清。对于这些图书资料，乾隆下令能改则改，无法更改的全部销毁。

根据乾隆的指示，在纂修过程中，各纂修官要分别对各地征集到的每一种书籍的不同版本进行校勘，并将校勘、考证的结果书于纸上，粘于书中的每卷之末。这样做的好处是，最大限度地避免重复前人的错误。另外，乾隆还谕令各纂修官要为每书撰写一篇提要，内容包括作者的时代、本人事迹以及该书版本、卷次、内容价值，等等。他对纂修官提出的要求是，要根据每本书的价值，拟出应刻、应抄、应存目三种意见。他会根据这些意见进行批示，将应刻、应抄两部分书籍交缮书处官员按已定规格进行抄录，收入《四库全书》。而所有应刻、应抄、应存目三部分书籍提要，则按类别编入《四库全书总目》。

乾隆是一个勤奋的君王，他每天的工作量，至今还让人叹为观止。他日理万机，每天都需要批阅奏章处理国家大事。但是在繁忙的工作中，他还不忘读书学习，甚至是作诗练字。《四库全书》编撰工作开展以后，他每天还要批阅纂修官们的意见，这需要他亲阅那些品类繁多的图书。可是，在这些巨量的工作面前，他仍然是游刃有余。这实在让人不得不佩服。

毫无疑问，《四库全书》的纂修工作，是一项浩大的工程。这项工程从乾隆三十八年（1773）开始，直到乾隆五十二年（1787）全部竣工，前后历时十五年。其间动用的人力物力更是让人咋舌，仅动用的专家学者就有三百六十多人。很多学者十几年如一日，把所有的精神都投入了这部丛书的编纂工作之中。像纪昀，他从头到尾参与了工作，全书的体例与文字多是他主持确定，加以润色与统一的。更骇人的是，他居然将收录在《四库全书总目提要》中的三千多种书籍以及未著录而存其书目的六千多种书籍，都做了介绍和评论。他精辟地介绍了每部书的内容，评论了其优劣与得失。这也就是说，在修书期间，他至少对这上万种书籍做足了工作。如同纪昀一样的人还有很多，由此可见，这部丛书是如何的震撼人心，将会对后世读书人与治学人提供怎样大的帮助。

　　这部丛书确实很了不起！修成后的《四库全书》，分为经、史、子、集四大部，四十四类，共收录图书三千五百零三种，七万九千三百三十七卷。存目书籍有六千七百九十三种，九万三千五百五十一卷。整部丛书总共涉及书籍一万零二百九十六种，十七万二千八百八十八卷。这样包罗万千、丰富浩瀚的丛书，在中国的历史上，是绝无仅有的。

　　《四库全书》修成之后，分别珍藏在"内廷四阁"与"江浙三阁"中。所谓"内廷四阁"，指的是紫禁城文渊阁、圆明园文源阁、避暑山庄文津阁和沈阳故宫文溯阁，"江浙三阁"是指扬州文汇阁、镇江文宗阁、杭州文澜阁。之所以要设"江浙三阁"，乾隆是想让更多的读书人用到这部丛书，并且从中受益。

　　不过遗憾的是，在此后不到一百年的时间里，有三部藏书毁于兵火。圆明园藏书毁于英法联军之手；扬州与镇江藏书则毁于太平天国动乱。好在台北故宫博物院保存了一部完整的文渊阁藏本，这也算是不幸之中的万幸吧！

　　乾隆主持编修的《四库全书》，对后世影响很深。这项活动，保存了大量珍贵的文化遗产，为学子们提供了完善的学习资料，更是将清朝的学术研究和文化事业推向了繁荣的顶峰。

但是，在封建独裁思想的影响下，乾隆在修书的过程中，也做了一些负面性的工作。据《清史稿》记载，在编《四库全书》的过程中，他下令查禁烧毁的图书就有三千多种。有些书即便没有被销毁，但却因为不符合乾隆规定的封建道德标准，而被判为"存目类"，甚至还有一些根本就不在《四库全书》的收录范围之内。当然了，纂修官在乾隆的授意下，对于很多编入丛书的图书也做了一定的修改，这导致很多珍贵的古籍严重失真。不得不说，乾隆编修《四库全书》，带来的负面影响也不少。

但无论如何，这部《四库全书》，也使得乾隆年间的文化事业大放异彩。

第十二章 ／ 盛世也有秋天

惨烈的文字狱

康熙一朝，大清国根基甫定，康熙皇帝任重而道远。在内，他需要整改官僚系统；在外，他需要解决西南、西北的军事威胁，以此巩固清朝基业。在这种情形下，康熙很清楚，版图尚不稳固，人心尚须笼络。于是，除了那些根本不能容忍的、鼓吹颠覆国家与政府的文字，他对于其他文字、思想上的"出轨"，并未特别苛求。

雍正一朝，执政的最大问题既不是边疆战事，也不是人民造反，而是如何解决皇帝继位的合法性问题——关于雍正篡位的传闻。这个传闻，在雍正年间里，一度闹得沸沸扬扬。因此，雍正年间虽也出现了文字狱，如年羹尧奏折案等，但其本质则是"杀人灭口"或"兔死狗烹"的政治斗争。雍正是借文字狱的凌厉，堵住众人的口。当然了，曾静案除外。

曾静只是一个屡试不第的儒生，他受到明朝遗臣吕留良诗文的影响，锐意反清，并试图策反掌握兵权的川陕总督岳钟琪。结果，他和弟子被岳钟琪抓个正着。依照常情，他会被处死，他的亲戚师友也会罹难。但有意思的是，雍正并没有那样做。在从他的家中查抄出大量的反清"证据"之后，雍正只是将他"请"到了北京，面对面和他开了一场辩论会。最后，雍正取得了辩论的胜利。这算得上是雍正年间的"文字狱"，但却没有可怕的后果。当然了，这并不是雍正仁慈，而是他还想要以此堵住世人之口。

　　雍正不杀曾静，并告诫他的子孙亦"不得追究诛戮"。然而，这并不表示曾静很幸运。及至乾隆登基，他做的第一件大事，就是将曾静等人凌迟处死，并谕令各地将曾静流传出去的《大义觉迷录》缴回销毁。由此，乾隆拉开了大清盛世下最阴暗的一面，文字狱。

　　乾隆初年，为了笼络人心，乾隆采取了"优待文人"的政策。乾隆中后期，为了控制文人言论，他制造了文字狱。他对文人的态度为什么会发生这么大的转变？最主要的原因是，他认识到满洲入主中原之合法性在当时的政治框架内是一个无法获得完全认同的问题。简单来说，就是他明白在汉人的心目中，满洲人永远都是"夷族"。乾隆初年，为了稳固政权，他极力优待文人。可是到了乾隆中后期，政权在他手中已经是稳如磐石，他采取措施也就少了顾忌了。

　　中国历史上很早就出现了文字狱，但是发展到乾隆年间，文字狱变得尤为残酷和激烈。很多时候，受害者不仅是当事人，很多与受害者有关系的人，都会被牵连在内。由于朝廷对"文字罪"打压得非常严酷，这使得社会上因此又形成一种告讦之风，为了报私仇或者谋私利而告发别人的案件数不胜数。而往往那些告发者的依据，仅仅是一些莫名其妙的文字。

早年的时候，乾隆对待文人确实很优待。比如，他下旨举行恩科、开设博学鸿儒科，等等，以此大肆笼络人才。他对文人学识非常重视，对文化也非常崇尚，经常会给予文人名誉、权力上的赏赐。除此之外，他还从经济上关心文人。比如，他规定从元年（1736）冬天开始，将两江学政养廉银从原来的一千五百两和两千两，增加到各四千两。他以此来鼓励学政们鞠躬尽瘁，公正廉明。他还把州县学中的教官从九品升为七品，学正和教谕定为正八品，训导也定为从八品。这些官衔虽然没有什么权力，但俸银却上去了。

除此之外，他还从免除徭役、免除赋税等方面，给了文人最人的优待。他对文人的优待和培养，使得乾隆朝的人才之盛远远超过了前几代。他通过各种手段笼络到的人才，很多都成为了文治武功的大家。他曾经自豪地说："天下之才全入我彀中！"

但是，他终归没有长久地将这条路走下去。乾隆二十年（1755），他通过胡中藻文字狱扫平了鄂尔泰一党的势力。这是个开端，他开始以文字的缘由，整肃思想，震慑官员了。

乾隆二十二年（1757），他又制造了彭家屏文字狱案。

是年正月，乾隆南巡路过位于苏鲁豫皖四省交界处的江苏徐州，已经退休的前布政使、河南夏邑籍官员彭家屏前来见驾。彭家屏是退休老臣，为了以示恩宠，乾隆与其闲聊起来，并谈到了百姓的生活状况。彭家屏据实奏报，声称上年秋天河南夏邑、商丘、虞城、永城四县遭受严重水灾，百姓生活困苦。可是，河南巡抚图勒炳阿却并不上报灾情，这导致当地百姓无法获得赈济。

听到彭家屏的告状，乾隆有些不快，他认为对方是本地乡绅，存心邀誉乡里。为了查明情况，他传旨询问图勒炳阿，但是后者却坚决否认，只说仅是有些积水，并无大灾。

乾隆并未深究，认为此事应该到此结束了。可是，三个月后，当他再次回到徐州时，夏邑百姓张钦却在路上拦驾告状，声称河南官员瞒报灾情。这一下，他开始重视起此事来了。他想起不久前自己在徐州视察河工时，曾发现当地受灾百姓"鸠形鹄面"，只是当时并未深思罢了。

震惊之下，他派遣步军统领衙门员外郎观音保微服私访，勘查受灾状况。而观音保未回来之时，又有河南夏邑县农民刘元德状告地方官员不称职，希望更换贤良。

三番五次被百姓拦驾告状，乾隆心中很不痛快。他开始怀疑，这些告状者背后有人指使。为了弄清楚这件事，他派人对刘元德严加审问。在严刑拷打之下，刘元德招架不住，便供认自己是受夏邑生员段昌绪指使。于是，乾隆便派侍卫成林前往查核。

成林去夏邑查核期间，观音保回来了。他向乾隆奏报说："夏邑、永城、商丘、虞城等四县，确实灾情颇重。这几个地方已经连续四年收成不好，积歉已久。尤其是去年，水灾尤重，百姓度日艰难，以至于卖妻鬻子。"为了证明自己所言属实，他甚至还花二三百文钱买了两个孩子，并将卖身契呈上。

乾隆大为震惊，认识到图勒炳阿匿报灾情的严重性，于是便将其发往乌里雅苏台军营赎罪。夏邑、永城等地知县也被革职拿问，并无轻恕。

本来事情到了这里，应该告一段落，渎职官员被查，百姓的愿望得以实现。可是，乾隆偏偏不愿就此罢休。他一向视民告官为刁风恶习，哪怕告状的百姓有充足的理由。成林前往夏邑核查，从段昌绪家中搜出吴三桂当年使用过的檄文一张。这一下，段昌绪麻烦了，他的罪名变成了"谋反大案"。而他指使的刘元德，也变成了同党。乾隆本就心中不快，闻听此事后勃然大怒，立刻撤销了图勒炳阿的处分，让他查办此案，两个知县也官复原职。

说到底，清朝政权的合法性是个极为敏感的问题，乾隆知道民间反清思想仍然很顽固。所以每每处理这种事情的时候，他总是会收起宽仁，露出尖锐的牙齿。

这个案件，本来与彭家屏无关，但是乾隆却偏偏将两者联系到了一起。他认为，彭家屏也状告过图勒炳阿，那么对方也肯定与这件事有联系。只要牵扯到"谋反"一事，那就绝不能姑息。于是，他派直隶总督方观承会同图勒炳阿查抄彭家，看是否也有悖逆文书。

乾隆为什么会有这种想法？原来，彭家屏还在朝中为官的时候，乾隆就对他很有成见。

据清史料记载，彭家屏是康熙六十年（1721）进士，授刑部主事，后逐渐升迁，任布政使长达十四年之久。他因善于处理繁难事务，故而在朝中颇有声名。乾隆十四年（1749），江西巡抚出缺，便由彭家屏护理。按照当时官场惯例，一段时间之后，彭家屏就可由此升职。但奇怪的是，直到退休，他都一直辗转于江西、云南、江苏几省布政使之间。

乾隆十六年（1751），河南巡抚鄂容安向乾隆奏报，归德府缙绅抗粮不交。乾隆闻之大怒，责令严加查办。这些抗粮不交的缙绅之中，就有彭家屏家，而且彭家屏弟彭家植还打死佃户，隐匿不报。事情查清楚后，乾隆指示严加惩处，所有积欠加十倍处罚，彭家屏等被交吏部严议。最后，虽然彭家很快将罚款缴清，彭家屏得以留任，但这件事让乾隆对他心生厌恶。在乾隆的意识里，彭家就是一个为富不仁的地方大族。所以，此后无论彭家屏工作多么认真，乾隆对他的印象都不是很好。

乾隆二十年（1755），多年辗转于布政使任上不得升迁的彭家屏，上疏请求退休。乾隆在上谕中说："彭家屏非不胜繁剧之人，只以为布政使最久，后于彼者皆至巡抚，心怀怏怏，不肯努力耳。"自始至终，他都认为彭家屏是"心怀怏怏"而不肯努力，而非自己心有芥蒂。

可以说，乾隆对彭家屏的坏印象，是导致彭家屏案发生的根源。他由主观想象入手，认定彭家屏必然与段昌绪是一党。皇帝认定的事儿，哪能有错？于是，在搜查无果的情况下，方观承等人还是将彭家屏带到了京城审问。在一再逼问下，彭家屏终于承认自己家中藏有明末的几部野史，都是记载明朝天启、崇祯年间政事之书。乾隆立即使人前去查取，可是还是没有找到。这让乾隆愈发认为，彭家屏是刁滑之人。

没有找到证据怎么办？乾隆又谕人将彭家屏的儿子彭传笏及家人全部缉拿，并严加审问。图勒炳阿"循循善诱"，让彭传笏自认焚烧书籍。在威逼之下，彭传笏只得承认，是自己焚烧了书籍。然而乾隆还不满足，将案情进一步引向严重，指责彭家屏有校点逆书之嫌。结果，这一年六月，彭家屏父子被判斩监候，秋后处决，家产入官。段昌绪斩立决。

不久，图勒炳阿再奏，彭家屏所刻族谱取名《大彭统记》，将彭氏一姓追溯到黄帝、颛顼时期。这本是汉族士人炫耀出身的一种惯用手法，可乾隆却认为彭家屏身为臣子，却自居帝王苗裔，罪上加罪，便不等秋后问斩，直接赐其自尽。彭传笏被问斩时，乾隆为表现自己的仁慈，特网开一面，免于勾决。

后世学者认为，彭家屏案，是彻头彻尾的冤案。乾隆仅仅凭借一些莫须有的"文字罪"，就叛了彭家屏及家人死刑，这其实是一种人格上的失败。但是，在乾隆年间，尤其是乾隆后期，这样的案子还有很多，彭家屏案只是冰山一角。

为什么乾隆会"热衷"于文字狱？我们已经说过，大致原因有三：第一，为了打击反清反满思想，而文字是思想的立体呈现；第二，惩罚诋毁诬蔑皇权；第三，严禁臣民干政。虽然大部分文字案子是望文生义、断章取义，但是乾隆却乐此不疲，这其实是一种专制君主独有的通病。乾隆虽然很多地方堪称贤君，但是在这里，他仍然摆脱不了这种独裁思想的禁锢。文字狱，是乾隆文治上最大的阴暗面。

腐败大潮

从历史上看，清朝帝王一直是反对贪污腐败、主张严惩贪案的。在立国之初，清朝的统治者就开始自省：要严防墨吏贪婪，明朝灭亡就是前车之鉴。所以在顺治元年（1644）六月，即清朝入关后不久，摄政王多尔衮便发文告诫官民：

明国之所以倾覆者，皆由内外部院官吏贿赂公行，功过不明，是非不辨。凡用官员，有财之人虽不肖亦得进，无财之人虽贤才亦不得见用，所以贤者皆抱恨隐沦，不贤者多夤缘倖进。夫贤既不得进，国政何由而理；不贤用贿得官，焉肯实心为国，甚至无功者以行贿而冒功，有功者以不行贿而功掩，乱政坏国，皆始于此，罪亦莫大于此。今内外官吏如尽洗从前贪婪肺肠，殚忠效力，俸禄充给，永享富贵；如或仍前不悛，行贿营私，国法具在，必不轻处，定行枭示。

多尔衮说得很明白，明朝之所以灭亡，皆是由官员贪污腐败引起。所以大清朝的官员要秉承清廉，永不可贪污腐败，否则必将严惩不贷。顺治元年（1644）十月，在清廷颁布的皇帝即位恩诏内，清政府又再强调遇贪即惩、罪不容赦的决心。

立国之初，清廷之所以会三令五申，强调肃贪的决心，那是因为统治者们恐惧于贪污腐败带来的危害。事实上，在中国历史中，那些引起改朝换代的最主要原因，就是贪污腐败。那些贪污的官员们，就像是散落在朝中的蛀虫，悄悄地侵蚀着朝廷的根基。

尽管清朝的统治者们一再强调肃贪的重要性，尽管他们为此采取了种种强有力的措施，但是贪污腐败现象却屡禁不绝。其实这种结果也在意料之中，在传统社会里想要根除贪污腐败，就如同让大海停止波动一样不可能。为什么这么说呢？因为中国传统政治体制是默许官员在一定程度下贪污的，"低薪制"的设计，使得官员们不得不靠灰色收入来生活。历史上有一些非常出名的清廉好官，无一例外，他们的日子过得都很清苦，这就是证据。想要全面杜绝贪污腐败，难啊！

顺治之后，康熙继位。康熙所处的时期，正好是大清朝根基将稳未稳之时，他要做很多工作，包括与鳌拜集团斗争、与三藩斗争、与台湾郑氏集团斗争、与准噶尔和西藏分裂分子斗争，等等。所以，他很忙，几乎抽不出时间来应付其他。但是，他却是中国历史上最有作为、精力最旺盛的帝王之一。在繁忙的工作中，他仍然能够抽出时间来整肃朝政，遏制贪污腐败之风。因为他的睿智精明，康熙年间的贪污腐败现象只是涓涓细流，并不严重。不过到了康熙四十年（1701）之后，他开始满足于大清"盛世"的虚荣，改变了严惩贪官污吏的政策，对官员的科派贿赂放松了追求，甚至允许他们可以作"些微"的侵蚀。尤其是对一些宠幸的大臣，他更是采取睁一只眼闭一只的措施。结果，康熙后期，贪污腐败的风刮得强了一些。

到了雍正时期，官员贪污腐败之风戛然而止。原因是，雍正是一位精严刻薄的君主。他十分痛恨贪官污吏，所以打击起来是威猛严厉，绝不留情。结果他一继位，大清朝马上政界吏治澄清，贪案大为减少。不过雍正在位时间不长，仅仅只有十三年就逝世了。

应该说，乾隆甫一登基，大清朝那些潜伏起来的贪官们便开始蠢蠢欲动了。原因是，乾隆标榜以中道治国，一改雍正严厉的作风。脸上总是挂着笑容的人，总会让人少些恐惧，乾隆就是这样一个人。于是在乾隆年间，大清朝的贪官污吏多了起来。

早期还好，乾隆饱读史书，更是听惯了皇祖皇父的谆谆教导，知道惩贪尚廉的重要性。所以，他也总是强调人臣"尚廉"，不断惩处贪官，破除官官相护的恶习。他为创造"盛世"和延续"盛世"，打下了还算坚实的基础。结果乾隆早期的时候，贪官污吏也有，但其风甚小，大清朝基本上算是湖清水甜。

但是到了乾隆中后期，贪污腐败之风就有点越刮越猛了。有学者打了这样一个比方：乾隆前期，大清朝经济一直高速成长，经济总量迅速增加。这就好像是在做蛋糕，蛋糕做大了，可以搜刮、聚敛的基数比以前扩大了许多倍。于是在这种情形下，政治腐败开始出现，就如同细菌遇到了合适的土壤，开始快速发展起来。在极短的时间内，乾隆朝就完成了"华丽的转身"，由一个纪律严明的盛世王朝，转变成了一个百孔千疮的破烂大船。不能不说，这很悲哀。

相较于清朝的前几代，乾隆中后期的贪污腐败有着很鲜明的特点。

首先，是一个量变的过程。通过清史料我们可以很清晰地看到，乾隆中后期所发生的腐败案件，涉案数额从小到大，腐败案件也从少到多。这很像虫子蛀大树，刚开始的时候是几条小虫子，但是越往后虫子越多越大，树也被虫蛀得越来越厉害。最糟糕的是，这棵大树的主人，开始控制不住虫子了。前期的时候，乾隆处理过不少贪污腐败的案子，但是涉案金额都不是很大，最大也就几万两银子。总督鄂善受贿了几千两银子，就被判处死刑。可是到了中后期，涉案金额开始成倍地增长，从几千两到几万两、十几万两，甚至于几十万两，已经不是什么稀奇事了。

其次，涉案官员的"级别"不断攀高。乾隆前期，因为贪污腐败而落马的高官，只不过区区几人而已。可是到了中后期，这样的涉案高官开始不断增多。从州府到省级大官，再到军机大臣，都陷入腐败的泥潭。据《乾隆起居注》记载，乾隆自己都曾承认："各省督抚中廉洁自爱者，不过十之二三。"这个比例实在惊人，也真难为他看得明白。

最后，就是涉案的形式。乾隆中后期，窝案串案迅速增多，腐败呈集团公开化趋势。这很容易理解，贪污腐败的人多了，就彼此开始拉帮结伙，形成团体，方便照应。奇怪的是，康熙雍正两朝视贪污腐败为仇敌的现象不见了，乾隆中后期的官员们，开始视贪腐为正常。在权力已经充分市场化的背景下，官员们每办一件事，安排一项工作，或者升一次官，需要多少钱，都有心照不宣的规定。单个贪污腐败变成群体贪污腐败，一股风气变成满朝大风，这不能不说是乾隆朝的一大奇景。

历史学家们认为，乾隆朝贪官腐败现象之严重，已经远超前几朝。可是，在这种现象的背后，并不能掩盖这样一个事实：乾隆一直在用心治理贪污腐败之风。如若不然，那么多贪污腐败的案件从何而来？这不都是乾隆治理的结果吗？其实，乾隆朝贪污腐败案件又多又显著，主要还是因为乾隆数十年如一日地审断贪案、惩罚贪官的缘故。不过他所使用的手法，不同于前几代皇帝。处理这种案件的时候，他都要"亲加廷鞫"，有的惩罚极重，有的从轻发落，颇具随意性，没有一定的标准，有时候甚至会破坏法治。于是，这便给人一种他并不重视贪污腐败的假象。再联想到乾隆年间贪污腐败发案率高，犯案贪官位阶高，犯案团伙规模大等现象，这就更容易使人产生假想：由于乾隆的纵容，贪污腐败才蔚然成风。这样想，其实对乾隆来说并不公平。

严格来说，乾隆朝贪污腐败现象严重，是历史发展的必然趋势。当然了，这其中乾隆还是占主导因素。毕竟他是一国之君，贪污腐败现象愈来愈严重，同他的施政脱不了关系。不过，大清王朝发展到乾隆中后期，这艘大船已经在开始慢慢腐烂了。任何一个王朝，都会经历由盛至衰的过程，而乾隆所处的时期，恰恰是盛极而衰的一个点。严重的贪污腐败，成了压垮大清王朝的最后一个点。

猫捉老鼠

乾隆早年，乾隆对臣下的欺骗伎俩十分警惕，一直是绷紧了弦，细心留意。这样一来，那些大臣们虽然有心耍心眼儿，但却更在意自己的脑袋，这使得国家清平。但是到了乾隆晚年，他的自信心越来越膨胀，喜谀恶直之弱点也逐渐暴露。那些朝中大臣们何其精明！他们窥透了皇帝的心意，越来越报喜不报忧，更是欺上瞒下，大兴腐败之潮。

据清史料记载，乾隆晚年，由于政府挥霍奢靡，导致国库亏空。为了充盈荷包，官场内开始流行一条"潜规则"：官员渎职，罚款抵过。于是乎，举国上下贪污受贿成风，巧取豪夺成性。但是这些恶风恶浪，却很难刮到乾隆身边，因为他早已被大量"正面报道"包围了。为了维护贤君的光辉形象，他一个劲儿地粉饰"盛世太平"。

这个时候的大清王朝，其实已经不"太平"了。

虽然朝中贪污腐败的官员很多，但还是不乏正直的官员。乾隆五十五年(1790)，内阁学士兼礼部侍郎尹壮图上了一道奏章，说官员犯错应该依法处置，而不能简单地罚款了事。他声称，如果因为罚款而使渎职官员免于惩罚，那么他们就会变本加厉地搜刮财物，中饱私囊。甚至有些清廉的官员，为了应付巨额罚款，也开始向下属索贿。这导致出现一种现象，官员向下属索贿，下属向商人、百姓摊派。而最底层的商人、百姓，则苦不堪言，蹙额兴叹。

尹壮图是为了稳定江山、保卫社稷，此番直言可谓用心良苦。不料，他的这种做法却犯了乾隆的大忌。最主要的原因，是因为他生生毁坏了乾隆精心维护的"太平盛世"景象。乾隆虽然恼恨尹壮图，但却不能直接强制堵住他的嘴，因为那会落下一个庇护贪官、冤屈直臣的昏君骂名。他最为看重的，就是自己明君的名声。那怎么办呢？他演了一场别开生面的猫捉老鼠游戏。

他先驳斥了尹壮图的奏章。他说，尹壮图说天下吏民，多蹙额兴叹，这绝无可能。因为，朕即位五十五年来，对天下百姓广施恩泽，史无前例。朕曾数次普免百姓钱粮，无数次赈济灾民。仅是这些，便已经救活了无数百姓。另外，朕还不惜巨资大兴水利，修筑海塘河工保卫百姓生命安全。朕历观史册，自胜国以溯汉初，仅有汉文帝赐农民田租之半，这已经是天下美谈了，从来没有像我朝"普免正供再三再四者"。他还说，"朕爱养黎元，如伤在抱，惟恐一夫不获，施惠犹以为不足，是以宵旰忧劳，勤求民瘼，迨今年逾八秩，犹日孜孜，无事无时不以爱民为念，虽底小康，犹怀大惕，从不肯矜言示惠。"如此，百姓只会对大清、对朕感恩戴德，又怎么会"蹙额兴叹"呢？由此可见，尹壮图所言不实。

尹壮图还称官场腐败，导致了国库亏空，百姓困苦。乾隆认为，这不过他的片面之言。他说："康熙、雍正年间，虽法度严明，吏治整饬，尚不免有明珠、徐乾学、索额图、噶礼、隆科多、年羹尧诸臣窃权交结，鄂尔泰、田文镜、李卫亦尚有三家鼎峙之说。"言下之意，尹壮图所看到的，只不过清水中的一粒沙子，根本对大环境没有影响。既然康熙雍正年间法度如此严明也少不了贪官污吏，那么谁又敢奢望本朝绝对澄清？他声称，本朝是历史上最清廉的时期，历史上没有一个帝王惩处贪官像他一样严厉和果决，也没有一个帝王像他一样办理了如此之多的贪污腐败案。在这样严厉打击之下，又有多少官员敢做贪官，敢成为污吏？怕是没有吧！因为他认为，目前大清朝形势一片大好。而且在他的统治下，大清朝会越来越好，这是不可改变的事实。

至于尹壮图的"胡言乱语"，乾隆则公开分析了他的动机。他认为，尹壮图是一个学问才干均属平常的人。他在朝中不能升为侍郎，外派放不到学政，至于尚书、督抚的职位更是难以梦想。但是，他偏偏又想显示自己很有才干，希望能够得到朝廷的重用。那么，应该怎么办呢？于是他便想出了这种方法，希望能以此与众不同的奏折，标新立异，侥幸获得录用的机会。如果朕将他派出去整肃贪污腐败，那么他肯定会以此为名，沿途进行恐吓讹诈，希望得到贿赂好处。如此一来，他就可以名利双收了。不过，他这种卑劣的想法，又怎么瞒得了朕呢？

乾隆可是堂堂一国之君，他的这番公开言论，无疑已经判了尹壮图"死刑"。至少那些聪明的大臣们都知道，皇上十分厌恶这个"卑劣"的家伙。至于尹壮图的品性是不是真的如此卑劣，已经无关紧要了。

按照封建社会森严的等级制度，乾隆是君，尹壮图是臣。尹壮图触怒了皇帝，那么乾隆一道谕旨下来，就可以定他个忤逆之罪。可以说，尹壮图就是乾隆手中的蚂蚱，覆手之间就会被拍死得干干脆脆。但是，乾隆偏偏不愿意就这样拍死这只小蚂蚱，他要让他输得口服心也服。

其实，要证明谁对谁错，再简单不过，暗访一下，形势立判。尹壮图是这样想的，乾隆也想到了这些。不过，乾隆比尹壮图想得更远一些，他不想给对方任何翻盘的机会。也就是说，他要把任何一丝能让尹壮图赢的可能性都消除殆尽。于是，他明确拒绝了尹壮图"秘密查访"的要求，理由是"无此体政"。

好家伙，这有点儿近乎无赖了。但是皇帝说的话，终归是"正确"的，既然"无此体政"，那么尹壮图"暗访"的想法也就泡汤了。不暗访就找不到真凭实据，那么乾隆如何让尹壮图输得心服口服？简单，那就明查。

于是，乾隆一道谕旨颁下，令户部侍郎庆成带着尹壮图下去查访了。这个时候乾隆表现得很不大度，他在谕旨中特别强调，庆成是因公出差，一切费用由国家"报销"，而尹壮图前去盘查，纯属自己找事，与国家无关，所以一切开销均得自己承担。他甚至还称，这样才能显示国家公私分明。于是在调查的路上，尹壮图就很可怜了，他只能形单影只地跟在庆成官轿的后面。

"享受"到这种待遇，如果能够调查出一些结果来，那也值得。但是，乾隆能让他查出什么来吗？显然不能。尹壮图出发之前，乾隆便向全国发出了通谕，给全国官员来了一剂预防针。他告诉全国官员，自己和尹壮图打赌的目的，是想以尹壮图为"反面教员"，给全国官员上一次课，让大家不要妄自揣测国事。他在谕令中说："若所盘查仓库毫无亏缺，则是尹壮图以捕风捉影之谈为沽名钓誉之举，不但诬地方官员以贪污之罪，并将天下亿兆民人感戴真诚全为泯没。而朕五十五年以来子惠元元之实政实心，几等于暴敛横征之世。"这道谕旨一下，举国官员哪还有不明白皇上用意的？接下来，个个藏起了自己的尾巴。

如此乾隆还不放心，他还规定，尹壮图每到一处，朝廷先五百里通知地方官。这就如同考场作弊，还得来个把风的，能抓得着才是怪事。

就这样，尹壮图凄凄惨惨戚戚地跟着庆成下去溜达了一圈儿，连一根"蛛丝"，半条"马迹"也没有找到。每到一个地方，地方官员"老老实实"地打开粮仓银库，拿来账簿，请两位钦差大臣检查。还查什么呢？自然是半点儿不妥的地方也查不出来。

事情发展到这里，尹壮图服气了。即便是心里不服，他也必须得承认自己服气了。他用极认真的语气，详细地汇报了自己如何检查及检查结果。当然了，他也终于低下头来向乾隆认错，承认自己用道听途说的材料"冒渎圣听"，实在是罪大恶极。他在奏章中恳请乾隆，让自己早日回京"伏法"。

接说这个结果，乾隆应该满意了。可是他却偏偏得理不饶人，认为这个结果还不理想。他发出上谕，痛斥尹壮图是面服心不服，想以"半途而废"的姿态，造成"抗疏铮谏，朕不能容受直言"的假象。他谕令尹壮图，接着调查，因为"一省查无亏缺，恐不足以服其心，尚当前赴山东及直隶正定、保定等处。"

其实，尹壮图仅仅调查了山西大同，便不愿意再继续调查了。他又不傻，看出在这种情形下，调查再多的地方也不会找出半点贪污腐败的影子。既然如此，那又何必如此大费周章呢？不过乾隆却是铁了心要让他心服口也服，非逼着他继续"调查"。

更绝的是，乾隆骂完尹壮图之后还觉得不解气，便又翻出他以前的奏章来看，看来看去终于找到两个用词不当之处。这一下，乾隆就更有话说了，他说尹壮图是因为升不了官而怨恨朝廷，故而造谣惑众。其实，朝廷本也有意升他的官，奈何他这个人才学实在有限，连个奏章都写不好，又谈何造福百姓呢？

这个时候的尹壮图，已经彻底变成一个"无才无德又想升官发财的奸诈之人"。乾隆用他的愤怒和揣测，真正地给这个人判了"死刑"。不过，他却又怕这个时候尹壮图会死。他传谕给庆成，让其转告尹壮图："谬妄之处，固难辞咎，然究系愚昧无知，其罪断不至死，亦不值治以重罪。"为了宽尹壮图的心，他还大度地给其"报销"一部分"出差费"。总而言之，他在暗示尹壮图：你千万不要自杀，要活着回来，朕不会重责。

尹壮图揣测圣意，自然也明白乾隆的意思。他知道再硬下去，自己便真的只有死路一条了。于是，他在"检查"各地方的时候，不停地给乾隆写信，一面汇报当地百姓的"乐业"情况，一面检讨自己的错误。他甚至用大量的笔墨，来热情歌颂大清王朝"富庶民安，人民安居乐业"。他希望能以此，换回一些生机。

猫捉老鼠，乾隆耍之后，以完胜收尾。尹壮图回京之后，不敢怠慢，立即上疏承认自己的错误。而乾隆也心满意足地发布谕告，向全国官民总结了此次"擂台赛"的结果。结果是：尹壮图原为内阁学士，只是因为云南没有大员，才破格予以提拔。以他的才干，做内阁学士已属侥幸，可是他还在痴心想往上爬，更是使出了这种卑劣的手段。他诬蔑国家政治，其罪不轻，原本应该杀头。但是，念在他能够知错改过，故"著加恩免治其罪，以内阁侍读用，仍带职留任，八年无过，方准开复"。

他以此显示自己的肚量如海。

不过，尹壮图却不敢"留职"了。一番感激涕零之后，他以侍奉老母为名，申请辞职了。

这场猫捉老鼠的游戏，让人不胜唏嘘。其实从这里我们不难看出，在乾隆后期，乾隆的心态已经发生了很大的变化。他想要天下太平，但却更愿意活在"天下太平"的梦幻之中，而不肯脚踏实地治国理政。他用的帝王权威，为自己营造了一个"太平"的世界。乾隆王朝的下坡之路，与这些脱不开关系。

和珅的崛起

一提到乾隆王朝的腐化与没落，似乎总绕不开和珅这个人。在清王朝的历史中，和珅绝对是最牛气的人物之一，其权力之重，财富之多，名声之响，不下于任何一个人。当然了，他的名气，是与"贪"字紧密联系在一起的。有历史学家评论，在大清王朝二百九十六年里，和珅是最为贪婪的一个官员，在历史的纬度上，他的名字几乎成了大贪官的代名词。

和珅的出身很好，并非是野史中说形容的"少贪无籍"。他出生在满洲八大姓之一的钮祜禄氏，远祖额亦都是努尔哈赤时代共创龙兴大业的功臣。他的五世祖尼牙哈纳是清朝入关前后的猛将，立下不少战功，以军功获得三等轻车都尉世职。他的父亲颇有才干，不仅世袭了世职，还慢慢升到了福建都统的职位。按照今天的说法，和珅的家，是典型的官宦世家。

既然家庭条件不错，那么对于孩子的培养，也就不成问题了。常保虽然是武官，但却深知文教的重要性，因此他花了很大功夫来培养和珅。在和珅很小的时候，他就将其送到咸安宫官学里读书，学习包括满、汉、蒙、藏在内的知识，也包括四书五经、琴棋书画等才艺。后来常保早逝，和珅便在大学士英廉的资助下，在咸安宫官学顺利地念完了书。和珅很聪明，学习这些东西手到擒来，所以他并非如民间流传的那样，只会溜须拍马、阿谀奉承却没有真才实学。实际上，他是一个机敏果断、才华出众的人。

这一点，从他的"发迹史"中就可以看出。

乾隆四十年（1775）秋天，皇帝出巡。旅途寂寞，已经年过花甲的乾隆便和身边一位骑马随行的新任侍卫聊起天来。谁也料想不到，这一次聊天，影响了大清王朝的命运。

乾隆问这名侍卫叫什么，多大了，什么时候进宫的，之前在哪里当过差……他随意提了一些问题，并没有什么目的，仅是为了一遣寂寞。可是这个叫和珅的侍卫，流利得体的回答，恭敬从容的态度，却让他来了兴趣。于是，他便问起和珅的功名出身。和珅回答说，自己18岁那年曾经参加过乡试，但是没能中举。

依着刚才的简单交流，乾隆认为和珅应该是一个很有才干的人，于是便对他没能中举的卷子来了兴趣，随口问道："当年的卷子，还能记得几句吗？"这一年和珅26岁，距离那次乡试隔了整整八年，所以他并不认为和珅能记得多少。可是和珅却从容地回答说，自己还全部记得。说完他便背了起来，一会儿工夫，居然将八年前的卷子从头到尾全部背了下来。

乾隆大为惊异，心中暗喜，认为捡到宝了。随后，他开始试着派遣和珅办了几件事，以试其办事能力。几件事办下来，他彻底认可了和珅：这个年轻人，办事机敏练达善解人意，可堪重用。他原是眼里揉不得沙子的英主，可是却挑不出和珅的毛病。

自此以后，和珅开始以火箭般的速度，向朝廷高官层进军。乾隆四十一年（1776）正月，27岁的和珅升任为户部右侍郎；三个月后，又升任为军机大臣；又一个月后，升任为内务府总理大臣，赏戴一品朝冠。这些还仅仅是个开始，从此以后，他便一直高居政治高层，从男爵到公爵，从户部右侍郎到吏部尚书、文化殿大学士、太子太保，二十多年没有掉下来过。据清史料记载，和珅拔擢之快，任事之繁，总揽之巨大，在清朝历史上是绝无仅有的。我们可以用两个字形容和珅的从政之路，那就是"奇迹"。

可以说，是超乎常人的才能，为和珅的仕途铺平了道路。

不过，这里面还有一个疑点：大清朝有才能的人多不胜数，为什么乾隆偏偏看中了和珅？这其中有什么玄机吗？这其中最重要的一点，是和乾隆的现况有关。

乾隆虽然能干，但却还是抵不过岁月的流逝。和珅发迹的时候，乾隆已经是近七十岁的老人了，尽管他的健康状况已经越来越难以支撑日常政务，但他却从来没有想过把大权分担给朝中重臣。换句话说，他不相信那些重臣，只相信自己。他是个聪明人，深知那些重臣们在朝中经营多年，根深叶茂，关系网错综复杂。一旦他们再得到更大的权力，那么就会如同脱缰之马，难以控制。他绝对不允许这种现象出现，于是便想到寻找一根得心应手的拐棍，支撑着自己不会倒下，继续掌握大权。换句话说，他想要找一个背景简单、能力不凡，而且又忠诚听话的人做自己的贴身秘书。他挑来挑去的这个人，就是和珅。

有些野史中还有记载，说和珅是乾隆的"嬖臣"，所以才受到了器重。意思是说，乾隆同和珅是"同志"关系。这种说法，源自一个故事：说是乾隆将近20岁的时候，有一次经过雍正妃子马佳氏身边，看见她正在对镜梳头。年轻人贪玩，他居然从后面捂住了她的眼睛。马佳氏受惊，没有多加考虑，更不知道后面是谁，于是顺手拿起梳子向后边打去，正好打中了乾隆的额头，鲜血直流。事情本是小事，一场误会，解释清楚也就完了。可是第二天皇后看见乾隆额头上的伤痕，就逼问原因。乾隆不懂隐瞒，就照实说了出来。于是皇后大怒，认定马佳氏"调戏"皇子，立刻传下懿旨，赐死了马佳氏。祸是乾隆惹的，他想为马佳氏辩白却又不敢，只好眼睁睁地看着她含冤而死。他想送马佳氏最后一程，便跑到了她的寝宫，到的时候她已经上吊气绝身亡了。他很内

253

疾，便咬破了自己的中指，把血点在她的眉心，说道："是我害了你！如果你芳魂有灵，咱们二十年后再相见吧！"

下面的故事就很有意思了，因为乾隆注意到，和珅不仅和死去的马佳氏长得十分相似，而且眉心居然还有一颗红痣。震惊之下，他再一算时间，和珅正好出生在马佳氏死后二十年。再度震惊之下，他便认定和珅是马佳氏的"后身"了，于是便开始宠幸和珅。

这个故事听起来很精彩，但却做不得史料依据，只能当成是一个传说罢了。事实上，和珅的相貌虽然不俗，但却并非乾隆的"婴臣"，至于马佳氏转世云云，更是来自于后世之人的想象加工。和珅之所以会被重用，与其敏锐的头脑和杰出的才能密不可分。

据传，和珅在咸安宫官学上学的时候，就开始刻意模仿乾隆的字体，揣摩乾隆的"御制诗"。他想从"字体"和"诗风"上靠近皇帝，为自己的仕途生涯做准备。这样做是很明智的，因为乾隆一旦发现和珅的这些才能，就会对他另眼相看。这就好比一个人发现另一个人跟自己长得很相像，于是便会对他产生兴趣一样，和珅就是想要通过这些获得机会。毫无疑问，和珅的这些"才能"，后来确实用上了，而且还起到了不少的作用。

从这一点上来看，和珅的心机很深。聪明、机敏、有才干、学问好、会办事、眼光远，等等，这些能力才是和珅获得乾隆重用的根本原因。

不管怎样，和珅的官儿是越做越大。乾隆四十五年（1780），和珅升任户部尚书兼议政大臣，再授御前大臣，充四库全书全馆总裁官。这一年，乾隆更是把自己最爱的十公主与和珅的儿子丰绅殷德定亲了。这个时候的和珅，真可谓春风得意。他内掌官员任免、刑法诉讼、政令公文、财政大权，外结封疆大吏、领兵大臣，在朝中风头无俩。这个时候，他才刚刚三十出头。

大贪官的背后

同大多数官员一样，和珅在最初为官时，也是为政清廉，一心报效国家，从没有过"贪"的念头。他精明强干，才思敏捷，高超的外交手法连英国特使马戛尔尼也极为佩服。他通过李侍尧案巩固了自己在朝中的地位，更是成为了皇亲国戚。但是，随着权力的成长，他的私欲也开始日益膨胀，"贪"的牙齿露了出来。

他利用职务之便，结党营私，聚敛钱财，并用贿赂、迫害、恐吓、暴力、绑架等方式笼络地方势力、打击政敌。别的官员做这些，需要战战兢兢、小心翼翼，但是他却往往能够轻松自若地信手拈来，毫不费力。他控制着户部、税关与内务府这些衙门，总是能够做到一些"能使鬼推磨"的工作。"一时贵位无不仰其鼻息，视之如泰山之安"，位高权重，使他收起银子来能收到手软。当然了，他的手不会软，他从不会害怕钱多。

其实和珅之所以能够成为大清朝最大的贪官，关键在于乾隆的宠爱。没办法，乾隆不仅给了他很大的权力，更肯听他的建议。那些朝中的肥缺，如河道总督、户部银库郎中、各地盐政等职位，没有他的点头是不可能得到的。一句话，花钱打通和珅这一关后，才能得到皇帝御批。就算是有些官员犯了罪被罢免了官职，只要花钱打通和珅这一关，照样能够得到复职。当然了，想要花钱打通和珅这一关，非大把大把的银子不行了。

这样受贿，虽然能够赚到许多钱，但和珅毕竟是和珅，觉得以这种方式敛财还是有些太慢。事实上，和珅富可敌国，除了巧取豪夺、收受贿赂之外，更多来自于他天生的商业的头脑。传统社会中的财富观念是静态的，人们有了钱，第一选择永远是买地，把流动资产化为固定资产，才觉得能够安心。但是和珅不会这样做，他认为金钱流动起来威力更大。他从贪污受贿开始，慢慢积累起一笔资金。有了钱做什么呢？他把这些钱大部分用于各种商业投资。他什么生意都做，金融、地产、矿山、医药、饮食，等等，只要是赚钱的行当，他都愿意涉足其中。据清史料记载，和珅被抄家后，他的一些"生意"也被抄了出来。他仅在北京城内，便拥有十多个当铺，另外还有印铺、瓷器店、药铺、古玩铺、鞍毡铺、粮食店、酒店，等等，生意渗透到各个领域。可以说，只要是赚钱效益快的行业，就有和珅的身影。精明的商业头脑，为他赚取了巨额金钱。

受贿加上经商，使和珅的钱像滚雪球一样越来越多。钱多之后的和珅，身上的商人气息更是浓郁。他有着强烈的契约意识，在金钱面前谁也不含糊，哪怕是至亲好友。据清史料记载，他的外祖父大学士伍弥泰向他借过两千两银子，他怕老头儿没有能力偿还，非得逼着他拿自家地契抵押；他的亲舅舅明保向他借了一万五千两银子，他规定每月一分起息，一直连本带利滚到了两万一千四百五十两。他哪里是一个贪官，更像是一个精明奸诈的商人。

乾隆喜欢他，其实也与他的"经商"天赋有很大的关系。在和珅出任内务府大臣之前，这个负责皇室财政的机构经常入不敷出。没办法，皇家花钱总是比常人厉害得多。但奇怪的是，和珅出任内务府大臣之后，这种现象就不见了，不但没有赤字，居然还有了盈余。这就是人与人之间的区别，同样一件工作，有人做赔钱，有人做赚钱，能力决定结果。这件事儿让乾隆更加认可和珅，一段时间之后，又加派他为崇文门税务监督。这更了不得，在和珅的经营之下，这个税关收入一下子跃居全国三十多个税关的前几位。这是什么？这是在为皇帝赚钱啊！对于这样一个精明能干，又能为自己赚钱的臣子，乾隆不喜欢，那才叫怪事。

和珅为乾隆赚钱的地方很多，其中不乏一些令人叹为观止的"发明创造"，比如"议罪银"的制度化。

议罪银的前身是"罚俸"。所谓罚俸，就是克扣工资，大家们犯了错，罚点儿工资以做警示。不过，随着乾隆中后期施政愈苛，执法愈严，乾隆渐渐觉得罚俸的数额太小，不足以警戒其心。那么该怎么办呢？简单，加重所罚的数额。大臣们犯错了，原本罚三个月俸禄，现在改罚三年俸禄，或者罚上个上万两银子，让他们肉痛，那么就不敢再犯了。乾隆将这种"改良"的"罚俸"称之为"议罪银"。可是，他并没有想到将"议罪银"制度化。

他没有想到，和珅却想到了。和珅掌权后，很快便发现了"议罪银"的妙处。罚俸的决定权在吏部，款项由户部承追，银两也交给国库充公。但是"议罪银"并不是国家旧制度，所以根本不需要走吏部、户部的程序，而直接由军机处负责。这样一来，那些罚来的银子，便可以直接装进皇帝的口袋了。这可是天下掉下来的大肥肉，乾隆喜滋滋地接着了，由此"议罪银"开始走向制度化。

"议罪银"的制度化，使得大清朝的万吨巨轮更加倾斜。为什么这么说呢？因为它直接告诉官员们，用钱可以摆平一切。无论是财政亏空还是没有办好差事，大罪小罪都可以一罚了之。所不同的是，大罪和小罪罚款的数额不一样罢了。这下可好，官员们会想：既然"罪"可以用银子摆平，那么为什么不顶着"犯罪"的头衔多捞点银子呢？反正出事了，把捞到的银子拿出来些就可以。于是乎，贪污腐败现象更加严重。

可以说，"议罪银"的制度化，使得乾隆、和珅和大臣们三方受益。乾隆的小金库富裕了，大臣们入狱或者掉脑袋的危险性小了很多，和珅则是更加富有。虽然"议罪银"都要归入乾隆的小金库，可和珅是把关者，他掌握着罚款的额度。于是乎，那些因犯罪需要交"议罪银"的大臣们，都要先来讨好和珅这尊大神了。和珅自然也是来者不拒，拿钱办事。

其实，和珅从"议罪银"制度中得到的不仅仅是银子上的好处，他还得到了好的"人缘"。事实上，朝中有很多官员感谢这个制度，感谢和珅。举个例子，前内务府总管西宁，因为替乾隆做生意时处理不当，导致很多钱收不回来。乾隆很生气，要杀了西宁以泄愤，收了好处的和珅从中帮忙，从中说和，结果这事以西宁交八万两罚款了事。虽然这些罚款将西宁家搜刮得干干净净，但西宁还是很感激和珅，毕竟脑袋比金钱更重要。可以说，在这项制度的支持下，和珅在朝廷内外是"广结善缘"，除了一些清廉正直的大臣对此十分痛恨外，其余很多官员都与和珅走得很近。

和珅虽然位高权重，极得乾隆宠信，但在朝中也并非无所不能。事实上，乾隆一生从未完全将权力下放给任何一个人。比方说在军机处，一直到乾隆禅位，和珅始终不是首席军机大臣，阿桂一直在他前面。不仅如此，阿桂还经常与和珅对着干，这让和珅十分生气，但却无可奈何。其实不止是阿桂，军机大臣王杰、刘墉、董诰等人也都与和珅相抗，毫不畏惧。这些都说明，和珅只是一个会弄权营私的宠臣而非权臣。当然了，这也说明乾隆虽然宠信和珅，但却眼不花耳不聋，能够明辨是非。

事实确是如此！有些时候，乾隆也不会庇护和珅。比如，乾隆五十六年（1791），护军海望窃取银库，和珅是库管大臣，被乾隆降了一级；乾隆五十九年（1794），吉林大库人参亏缺，和珅迁延不办，被乾隆连降两级。至于在用人方面，乾隆更非完全放手给和珅。事实上，和珅所掌握的人事任命权，都还握在乾隆手中。这是乾隆为帝的原则，不可能更改。

总而言之，乾隆皇帝确实对和珅十分宠信，这是无可更改的事实。而和珅呢，也确实是一个既贪又滑又有才干的另类官员。据清史料记载，乾隆末年绝大多数贪污腐败案都和和珅有关，他成了贪官们的大靠山。他和他的党羽们，构成了乾隆朝最污浊的一股洪流，在不停地冲刷着大清王朝的沟沟坎坎。

对于和珅的贪污腐败，乾隆虽然心知肚明，但却睁一只眼闭一只眼。学者们分析，乾隆对于和珅的态度，就像瘾君子对待毒品，明知有害但却不愿意敬而远之。或许在乾隆眼中，和珅只是一根称手的拐杖罢了，他的贪污腐败只是这根拐杖上的一根木刺，不在把手的位置，也就不影响使用。

乾隆禅位后，和珅又享受了三年的太平日子。乾隆死后三天，新君嘉庆就以二十条大罪将他逮捕入狱。又十天后，他便被嘉庆赐死。和珅才华横溢，而且定力惊人，这从他的绝命诗中可以看出。见到嘉庆送来的白练之后，他索笔题诗一首："五十年来梦幻真，今朝撒手谢红尘。他时水泛含龙日，认取香烟是后身。"是幻是真，他的人生终于在贪婪中走到了尽头。

和珅死后，家产充公，共列房屋、店铺、器物、金银、田产等资产一百零九种。到底有多少？至今没有具体的统计数字。清末梁启超先生说：和珅的总家产应该在八万万两左右，比全盛时期清朝十年总收入还要多。这样的数字，实在让人震惊！难怪当时有人说："和珅跌倒，嘉庆吃饱！"当然了，他也在经商，他的钱很多都是来自于经商。但即便如此，他的贪污的数额还是耸人听闻！由此可见，乾隆对他是多么的纵容。

和珅是一个点，从这个点上不难看出乾隆末期官风之败坏。这样差的政治风气，大清王朝怎能不走向没落？这是乾隆之责！

第十三章 ／ 天国上朝之悲

英吉利人来了

对于外国，乾隆并不陌生。

从立国之初，大清朝一直就有不少西方传教士在活动。他们不仅传教，还带来了大量清朝没有的知识。从他们那里，乾隆知道海外还有许多国家。而那些国家所出产的"西洋物品"，更是让他十分喜欢。他最喜欢的是那些可以蹦出小鸟或者走出小人的西洋钟表，从幼年到成年，一直研究不辍，乐此不疲。

乾隆二十二年（1757）十二月，乾隆传谕给两广总督李侍尧："此次所进镀金洋景表亭一座甚好！嗣后似此样好看者多觅几件，再有大而好者，亦多觅几件，不必惜价。如觅得时，于端阳进贡几件来！"这道谕旨很有意思，皇帝直接向臣下索贡，在清代历史上并不多见。但是，这也可以表明，乾隆确实很喜欢西洋钟表。

除了钟表之外，乾隆还对西洋所产的自动玩具着迷，尤其是"机器人"和"机器动物"，他更是爱不释手。那时候所谓的机器，只不过是一些简单的发条而已，可是这些就足够让皇帝着迷了。当然了，除了这些之外，西洋乐器、西洋知识、西洋药品等，乾隆也很感兴趣，闲暇之余经常研究这些西洋玩意儿。

可是喜欢归喜欢，乾隆却很少研究这些"西洋玩意儿"背后的西方国家。原因是，他认为大清王朝是天国上朝，根本就是诸国之尊。在他的观念里，西方诸国，就如同安南、缅甸等国一样，只配向清朝称臣纳贡。这样的国家，有什么好研究的呢？

乾隆"天朝上国"观念产生的根源，来自于清朝的鼎盛。乾隆时代，大清王朝在经济、政治、军事以及文化方面都繁华无比，这让乾隆非常自豪。在此种心理作用的驾驭下，乾隆更喜欢以一种居高临下的姿态审视周边诸国。而中国附近的那些小国家，也确实一直都在向清朝称臣纳贡，这更助长了乾隆唯我独尊的感觉。其实，这也是他一直都在追求的感觉。

好吧！大清王朝是"天国上朝"。乾隆代表着大清王朝，他开始恃才傲物，把对周边藩属国的态度，用到了正在经历工业革命，正在不断强大的西方诸国身上。他把大清王朝看成了是西方诸国的"宗主国"。实际上，当然不是！

正当乾隆沉浸在自己"十全武功"的伟业功勋中的时候，一个"好"消息更是锦上添花。

乾隆五十七年（1792）秋天，两广总督派人快马加鞭呈来一封紧急奏折。他在奏折中说，有一个名叫"英吉利"的陌生国家，派人送信到广州，说打算要朝贡天国上朝。在奏折后面，还有英国"商业总管""百灵"的"禀文"，其内容如下：

英吉利国总头目官管理贸易事百灵谨呈天朝大人，恭请钧安。我本国国王，管有呀兰地嘧吨、佛兰西、嗳仑等三处地方，发船来广贸易。闻得天朝大皇帝八旬大万寿，本国未曾着人进京叩祝万寿，我国王心中十分不安。我国王说称："恳想求天朝大皇帝施恩通好。凡有我本国的人来广，与天朝的人贸易，均各相好，但望生理愈大，饷货丰盈。"今本国王命本国官员公辅国大臣吗嘎尔呢，差往天津。倘邀天朝大皇帝赏见此人，我国王即十分欢喜，包管英吉利国人与天朝国人永远相好。此人即日扬帆前往天津，带有进贡贵重物件，内有大件品物，恐路上难行，由水路到京，不致损坏，并冀早日到京。另有差船护送同行。总求大人先代我国王奏明天朝大皇帝施恩，准此船到天津，或就近地方湾泊。我惟有虔叩天地保佑天朝大人福寿绵长。

我们不得不佩服英国人的外交手段，看看人家这封信的语气，多么"恭顺"！因为没有赶上皇帝八十岁大寿，英吉利国王居然"心中十分不安"。乾隆已经81岁了，他是"天国上朝"的头儿，他高兴了什么事都好解决，包括他们想要的在华贸易。

自古以来，英国人就一直为东方这个神秘的大国所吸引。他们屡次想要打通前往中国的航道，可是却一直没有成功。直到明朝崇祯八年（1635），英国商船"伦敦号"成功抵达澳门，这才标志着中英交往的开始。在英国人眼中，中国遍地是财富，茶叶、丝绸等中国特产，可以为他们带来大量的财富。所以，他们一直在同中国人做生意。但可笑的是，中国政府却对此一无所知，明朝如此，清朝也是如此。中国政府习惯将英国人看成同荷兰人一样，是"红毛番"。而且，他们对于"红毛番"显然并没有多大的好感。比如说，西方那些"红毛番"们虽然与中国贸易多年，但却只到过中国的一个城市，那就是广州。每年夏天，他们才被允许进入中国，进入广州。即便是在广州，他们也只能在"十三行"（清朝在广州设立的对外贸易特区）活动，不能私自外出。更惨的是，他们不许携带妻子一起来中国，也不许找女人。至于同普通中国人说话聊天，更是被禁止。而中国人如果故意找他们聊天，则会被视为"汉奸"。

西方商人在中国做生意也不容易，他们只能与指定的十三行中国商人进行业务往来，其余一概不准。这也就是说，他们要把货物卖给这十三行中的中国商人，不管价格有多低；同时，他们也要从这十三行中的中国商人手里购买货物，而不管价格有多高，质量有多差。不是他们不想计较，而是中国政府不允许他们这样做。那个时候，他们不但不是贵宾，反而犹如囚徒。没办法，为了做生意赚钱，他们只能委曲求全。

所以，包括英国人在内的西方诸国，都想尽快改变这种局面。事实上，他们也有能力改变了。英国人这次前来中国，就是想要通过送礼的方式，让中国皇帝改变对英国商人的态度。

果然，英国人的宝押对了！尽管乾隆并不知道英吉利是个什么样的国家，也不知道它在哪个方向，有多远多大，但是在他心里对这个国家的"恭顺"还是极为满意。毕竟，英国人的态度很好，值得表扬。

不过，只是满意也不行。人家英吉利国想要向天国朝贡，咱也不能对人家一无所知啊！乾隆想了想，便命人搬来八年前调集中外所有博学者共同修定的《大清一统志》，希望能够从中找到英吉利。但遗憾的是，这本号称收录了天底下所有国家的著作中，并没有英吉利。乾隆不死心，便传来了宫中的传教士，询问他们知不知道有个叫作英吉利的国家。传教士们果然知道，告诉他，"该国即系红毛国，在西洋之北，在天朝之西北"。有个见识广的传教士还告诉他：英吉利与法兰西及意大利在同一个方向，而且器械制造工艺也很不错。

这一下乾隆知道了，因为他知道法兰西，也知道意大利，《大清一统志》里记载有这两个国家。他更开心了：既然英吉利国也擅长器械制造，那岂不是意味着又将收到一批新鲜的西洋玩意儿？大清王朝岂不是又将多一个附属国？

在他的想象中，即便这个叫作英吉利的国家擅长器械制造，其国民还是一群沉陷于野蛮愚昧之中的红毛人。他们自然无法跟"天国上朝"相比，大清朝有责任去教化他们、拯救他们。他习惯性地把大清王朝看成是居于天下中央的文明之邦，俯视周围的附属国。

可是他哪里知道，那些西方国家，此时正在进行着翻天覆地的变化。这是他的悲哀，也是中国历史的悲哀。等到大清王朝的统治者们终于意识到这一错误的时候，中国的大门已经被西方列强的坚船利炮轰开。不过，那是以后的事了，至少现在乾隆看不到，他依然沉浸在自己"天国上朝"的美梦里。

乾隆想：看来朕"十全武功"的威德，已经威震远在重洋的西方"蛮夷"了。他们慑于大清国的威名，不远万里地遣使前来天朝归顺，其诚可嘉。如此，朕理应好好招呼他们，以示大清朝开阔的胸怀。

于是乾隆一声令下，英吉利使团将要路过的地方，各级官员纷纷提前准备。几个月的时间里，官员们一直在忙碌着，有的出海探听消息，有的准备衣食住行，有的准备犒赏礼品。乾隆真的把英吉利当成了大清朝的附属国来看，梦想着在进贡国的名单上增加一个新名字。他会这样想，其实并不奇怪。

乾隆二十二年（1757），清军击败了蒙古准噶尔部。这一战，使得"哈萨克左右部、布鲁特东西部、安集延、玛尔噶朗、霍罕、那木干四城、塔什罕、拔达克山、博罗尔、爱乌罕、奇齐玉斯、乌尔根齐诸部落"均"列我藩服"。意思是说，清军与准噶尔部交战的胜利，震慑了周边一些小国，于是那些小国纷纷前来称臣纳贡，即便有些小国根本就与中国没有交集。《清史稿》记载了那些盛况，乾隆曾自豪地说："以亘古不通中国之地，悉为我大清臣仆，稽之往牒，实为未有之盛事。"正因为此，他认为有一个自己不知道的国家"远慕声教，倾心向化"，主动前来向大清称臣，再正常不过。当然了，这是一件大喜事。那些英吉利国的使者，还带着朝贡的奇珍异宝呢！

英吉利使者确实带了很多奇珍异宝。他们带上了所能想到的所有好东西，包括天体运行仪、地球仪、赫歇耳望远镜、帕克透镜、气压计等科学仪器，还包括棉纺机、蒸汽机、织布机等工业机器。当然了，座钟、吊灯等生活用品也不能少。为了取悦乾隆，英吉利使者还带来了西洋火炮等先进武器和装备有一百一十门火炮的巨型战舰"君王"号舰艇模型。另外，还有许多种类的新鲜事物，不计其数。他们甚至带来了一个热气球，如果皇帝感兴趣，可以坐着热气球到天上转一圈儿。他们相信，这些东西，一定会让中国的皇帝大感兴趣。因为他们知道，中国的工业与英国相差太远了。

让人失望的“贡品”

乾隆五十八年（1793）七月底，经过九个月的海上行驶，英国使团终于抵达了中国。七月二十六日，英国使团船队停泊在天津大沽口外。

乾隆早就吩咐过负责接洽的官员：“该贡船到达天津时，若大船难以进口，着穆腾额预备小船，即将贡物拨运起岸，并派员同贡使先行进京。不可因大船难以进口，守候需时，致有延误也。将此传谕各督抚知之。”什么意思？乾隆已经等得不耐烦了，他关心的是英吉利国使者带来的贡品。至于其他，他暂时没有考虑过。

中国官员揣测圣意，不敢延慢，赶紧与英国使者接洽。据《英使谒见乾隆纪实》记载，中国官员初见英国使者，便开门见山地询问起“贡品”的情况。他们的意思是，先拿到英国使者的礼品清单，将之呈给皇帝阅览，然后再运“贡品”到京。至于沿途办差的中国官员们，无一例外都会问起这个问题。由此可见，乾隆对这次英吉利使者带来的“贡品”有多么在意。

有人提出：乾隆是堂堂大清国君，在位将近一甲子，什么样的奇珍异宝没有见过，怎么会如此心急这些“贡品”，它们又跑不了。其实，他的这种心态完全可以理解。他做了一辈子的皇帝，见过的奇珍异宝不计其数，什么也不稀罕，于是便想寻找一些自己没有见过的新鲜玩意儿。这就好比有人吃惯了珍馐佳肴，偏偏更想品尝一些自己没有吃过的东西一样，是一种心理上的追求。更何况他已经80多岁了，年龄的限制使他更加迫切地想要见到那些新鲜玩意儿。

英国人到达北京的时候，乾隆正在承德，他打算在这里过完自己的83岁生日。听到英吉利使者抵京的消息，他更是急不可耐，想早点见到那些东西。怎么办呢？皇帝有的是办法！他立即下了一道命令，让人将英吉利使臣带来的"贡品"画出图样，飞马送到承德供自己观览。至于那些"贡品"，除几件个头太大的被留在京城外，其余全部运送到承德。自然，英吉利使者也一并到承德朝拜上国皇帝。

皇帝如此心急礼物的消息，也早就传到了英国使臣的耳中。他们心中窃喜，把皇帝对礼物的重视理解成对英国的重视。在一路享受最高标准的礼遇之后，英国使臣放下心来：大清皇帝这样重视我们，看来此次开辟中英贸易通道一定会很顺利。

但是，好像也不很顺利。英国使臣到达承德后，中英双方第一次发生了冲突。原来，中国官员提出，使团代表在觐见皇帝时，必须行三跪九叩之礼。中国大臣们跪习惯了，认为臣子跪天子，是天经地义。但是英国人不习惯，工业革命的蓬勃发展，使英国人认为自己的国家是"世界上最强大的国家"，"强者"怎么能轻易向人下跪？双方第一次碰撞便产生了火花，火星四射。

在乾隆等人眼中，英吉利国既然想要向大清朝称臣纳贡，就一定要行附属国的礼节，他们怎么能如此固执？难道不是诚心归附？误会，这其实是一个误会，而且这个误会在两广总督第一次奏报乾隆时就已经产生了。英国人是想借着祝寿之名，前来中国打开贸易通道，而中国官员却把"祝寿送礼"看成了"称臣纳贡"，这两者之间的差别实在太大了。

更糟糕的是语言不同，这使双方的沟通出现了很大问题。虽然有翻译，但是那些熟悉中国官场特点的翻译们，却总是会把最动听的话翻译给乾隆听。这样一来，英国使臣们的措词，便变得十分"恭顺"了，误会越来越深。这样的误会不仅出现在双方的日常沟通中，更是出现在了国书之中。英国递给乾隆的国书，在经过翻译们的"精雕细刻"后，大致意思虽然没有变，但是味道却全然变了，变得"恭顺"无比。这也难怪乾隆和大臣们会认为英吉利国是想向大清称臣，恐怕无论是谁，在见到国书中那句"大皇帝万万岁，应该坐殿万万年"的时候，都会产生这样的误会吧！

这个误会为祸不浅，使得好好的一次"友好访问"变成了"称臣纳贡"。我们来看：

中国人认为，凡是到中国来的外国人，都是向中国表达顺从。

英国使臣认为，文明国家之间的交际都是平等的，没有"称臣"之说。

这种观点上的碰撞，使得双方的关系发生了很大变化。英国使臣无论如何也不行"三跪九叩"之礼，因为他们认为自己航行几万里，来到中国是"为了使整个东方向英国开放贸易，并使英中关系建立在条约的基础之上"，而不是为了"叩头称臣"。英国使团代表马戛尔尼说："在地球上我们必须渴求的唯一东西是贸易自由。我们比地球上其他商业国家拥有更多的工业、更多的首创精神和更多的资本，除了开拓市场我们别无所求，让我们忠实地与对手开展竞争吧。"

自然，这种典型的"外交为经济利益服务"的观念乾隆不明白，中国官员们也不明白，他们不相信贸易有如此神奇的作用，对英国人的豪言壮语嗤之以鼻。双方争执了半天，又回到了原点上：要不要行"三跪九叩"之礼？英国人疑惑：有必要这么在乎这个叩头的礼节吗？中国人疑惑：这天经地义的事，为什么不愿意去做？争执到最后，双方谁也没有说服谁。但是，这里毕竟是中国人的地盘。

这些不知天高地厚的英国人，触及大清王朝的威严了！英吉利使者拒绝行跪拜礼参见皇帝的消息，震惊了整个朝野。乾隆变脸了，大清朝的官员们也变脸了：这群红毛番，简直是大逆不道！

天气由晴转阴，虽然还没有下雨，但却让英国人嗅到了雷雨的味道。中英双方为行觐见礼发生冲突后，互不相让，于是便转而进行谈判，中国的谈判代表正是和珅。《英使谒见乾隆纪实》里记载了英国代表当时的感受："和中堂接见公使的时候坐在正中一个铺着绸缎的高椅上，两旁有四个大臣……他们见了我们也不起立，态度冷漠，语气傲慢专横。"这哪里是谈判，分明是一种高高在上的压迫。英国使团代表揣测，"为了表示国家的尊严，他们似乎决心避免以平等的精神回答特使的敬意。"在这种"冷漠"的氛围下，谈判进行得并不顺利。没办法，思维上相差太大，很难达成共识。

英国人已经不远万里来到了中国，礼总得送出去吧。争执到最后，双方都各退了一步：英国人同意单膝跪地，随众俯首；中国人也不再勉强他们非要行三跪九叩之礼。这个变通，才使得晋见得以举行。不过，中国人对英国人的不满，已经彻底无法改变了。

据清史料记载，中英双方发生争执之后，中国人对英国骤然冷淡下来：他们餐桌上的菜减少了一大半，也不再可口了；生活供给也减少了一半，没有了贵宾的待遇；住的地方也变了，从豪华变成了普通。总而言之，英国人的贵宾身份没有了。

虽然双方闹了个不愉快，但乾隆依然很关心那些"贡品"，或者说是礼物。

于是，礼物就在乾隆期待的目光中被送了上来。第一次送上来的礼物有：两台大望远镜、两支气枪、两支猎枪、两对加长了像步枪一样的马枪、两箱爱尔兰特产波纹绢、两箱华贵地毯。另外，还有很多英国贵族和名人的肖像画。

礼物不少，但是乾隆还是有些失望，这和他的期望有些距离。望远镜早就传到中国来了，他的爷爷康熙就曾有过一台，虽然这两台望远镜的档次看起来要高一些，但区别也不是很大；枪支他也有，而且还有很多，更何况他这个年纪已经不再适合舞刀弄枪。至于其他东西，那就更没有出彩的地方了。难道，英吉利国使者就没有带来像"自行人"一样巧夺天工的好玩意儿吗？

他开始期待那些留在北京的"贡品"能让自己耳目一新。他听说那些大件"贡品"，仅运送就用了三千多人，调试安装也花了二十多天，这么复杂的东西一定好玩儿。为了能够提前见到那些东西，过完寿诞之后他直接回京，取消一年一度的狩猎活动。回京之后，他也没有进城，而是直接去圆明园看"贡品"了。

然而，他再次失望了。原因是，他根本看不懂英国人带来的"天体运行仪"。对于这个仪器，英国人寄予了很大的厚望，因为它立体而清晰地展示了太阳系的全貌，这对于还停留在"天圆地方"阶段的中国人来说，无疑是一种不可思议的进步。但遗憾的是，没有中国人能够看懂，包括乾隆在内，所有人都将这个"天体运行仪"看成了"气节测算仪"。英国人欲哭无泪。

至于英国人想用来展示自己地理知识和航海成果的地球仪，乾隆更是不感兴趣。开什么玩笑！宁寿宫、乐寿堂里的地球仪已经存放上百年了，做工比英国人的更精美。

唯一引起乾隆兴趣的是帕克透镜。英国人在他面前卖力地示范，而他对于那个能将铜钱熔化的仪器也很好奇。但是研究了一会儿，他就失去兴趣了：这个笨重的家伙除了可以点火之外，还能做什么？谁又愿意用它来点火呢？和珅倒是很机敏，他提出了"是否可以用这透镜去火攻敌人"的问题，但是却没有得到答案。

对于"君王"号舰艇模型乾隆倒是很有兴趣，但是由于翻译上的问题，他并没有听到重点。于是在略微逗留之后，他便转身走开了。至于迫击炮，他根本连看都没有看，因为这个时候，他已经认定英吉利人是一个爱吹牛的民族，他们喜欢夸大其词，所以不看也罢。

乾隆彻底失望了，那些"贡品"显然不像他们形容的那样新奇，他开始反感这个"爱吹牛"的民族。

"锁"国

乾隆正对英国人反感，而偏偏这个时候，马戛尔尼通过和珅向他提出了几项要求。礼物也送了，英国人开始切入主题，希望能够实现此行的目的。

其实直到这个时候，乾隆才知道英国人此行的真正目的，并不是为他庆祝生日。他发了一道长谕，很干脆地回复了英国人的请求：

英国人想与中国互派使节。乾隆说："至尔国王表内恳请派一尔国之人住居天朝，照管尔国买卖一节，此则与天朝体制不合，断不可行。向来西洋各国有愿来天朝当差之人，原准其来京，但既来之后，即遵用天朝服色，安置堂内，永远不准复回本国。此系天朝定制，想尔国王亦所知悉。今尔国王欲求派一尔国之人住居京城，既不能若来京当差之西洋人在京居住不归本国，又不可听其往来常通信息，实为无益之事。且天朝所管地方至为广远，凡外藩使臣到京，驿馆供给，行止出入，俱有一定体制，从无听其自便之例。今尔国若留人在京，言语不通，服饰殊制，无地可以安置。若必似来京当差之西洋人，令其一例改易服饰，天朝亦从不肯加人以所难。设天朝欲差人常住尔国，亦岂尔国所能遵行？况西洋诸国甚多，非止尔一国。若俱似尔国王恳请派人留京，岂能一一听许？是此事断断难行。岂能因尔国王一人之请，以致更张天朝百余年法度？"

英国人想要开放珠山、宁波、天津。乾隆说："向来西洋各国，前赴天朝地方贸易，俱在澳门，设有洋行收发各货，由来已久，尔国亦一律遵行，多年并无异语，其浙江、宁波、直隶、天津等海口均未设有洋行，尔国船只到彼，亦无所销卖货物，况该处并无通事，不晓谙尔国语言，诸多未便，除广东、澳门地方仍照旧交易外，所有尔使臣请向浙江、宁波、珠山及直隶、天津地方船泊贸易之处，皆不可行。"

英国人想要在北京开设一家洋行。乾隆说："京城为万方拱宸之区，体制森严，法令整肃，从无外藩人等在京城开设货行之事……天朝疆界严明，从不许外藩人等稍有越境搀杂。是尔国欲在京城立行之事，必不可行。"

英国人想要获得一个岛，用以放置货物。乾隆说："尔国欲在珠山海岛地方居住，原为发卖货物而起。今珠山地方既无洋行，又无通事，尔国船只已不在彼停泊，尔国要此海岛地方，亦属无用。天朝尺土皆归版籍，疆址森然，即岛屿沙洲，亦必画界分疆，各有专属，况外夷向化天朝交易货物者，亦不仅尔英吉利一国。若别国纷纷效尤，恳请赏给地方居住买卖之人，岂能各应所求。且天朝亦无此体制，此事尤不便准行。"

英国人想要让生活在广州的英国人获得更大的自由。乾隆说："向来西洋各国夷商居住澳门贸易，画定住址地界，不得逾越尺寸。其赴洋行发货夷商，亦不得擅入省城，原以杜民夷之争论，立中外之大防。今欲于附近省城地方另拨一处给尔国夷商居住，已非西洋夷商历来在澳门定例。况西洋各国在广东多年，获利丰厚，来者日众，岂能一一拨给地方分住耶。至于夷商等出入往来，悉由地方官督率洋行商人随时稽察，若竟毫无限制，恐内地民人与尔国夷人间有争论，转非体恤之意。核之事理，自应仍照定例，在澳门居住方为妥善。"

英国人想要改革广州贸易体制并公开关税。乾隆说："粤海关征收船科，向有定例……毋庸另行晓谕。"

乾隆的这篇长谕，堪称一"绝"，它逐条驳回了英国人的请求，没有一点儿缓和余地。就连英国人提出的一个最小要求，希望能够获得较大的自由，比如住到省城，闲暇的时候骑骑马，四处游览观赏，他也拒绝了。他是大清王朝的家长，他有理由不让别人来自己家里玩耍。可是，他把国门"锁"起来，却似乎有些不够明智。至少这个时候，英国人是真心想要通过和平方式打开中国大门。他们为了贸易而来。

应该说，把国门"锁"起来，是乾隆政治生涯上最失败的一笔。当然，他一直都不知道自己的这个失败带来了多么严重的后果。

在中国的历史上，那些帝王们并非都愿意闭关锁国。甚至有很多帝王，主动派出船队出海探险，与欧洲遥通声息。从唐朝开始，中国的统治者们开始注重起对外贸易来。唐朝、两宋、包括元朝，都曾把对外贸易做得风生水起。当然了，中国那些时候的对外贸易，多存在于同周边国家，或者东南亚国家之间。

15世纪末、16世纪初，人类社会出现了前所未有的大变局。原因是，人类终于能够打破重重大洋的阻隔，畅通无阻地进行海上贸易了。从16世纪起，西方国家以葡萄牙为先锋，终于到达了神秘的东方海面。从那时候起，西方国家开始与中国频繁进行贸易往来。贸易带来了全球经济的发展，更带来了科技、知识、技术的交流与互通。如果中国能够吸收这些知识与技术，必定会变成一条真正的东方巨龙。

但可惜的是，恰恰在这个时候，中国开始闭关锁国。

最先提出闭关锁国政策的，是明太宗朱元璋。这位农民出身的帝王，并没有什么学历，甚至连小学也没有毕业。因此，他的眼光有限，认为海外贸易除了进口一些用不着的奢侈品，以及带来危险的海外势力外，并不能给国家带来任何好处。于是，他下令禁海，而且一禁就是很多年。在这种情形下，西方国家的那股发展浪潮，便被迫远离了中国。

清朝也曾一度禁海，目的是为了对付盘踞海外的郑氏集团。不过在荡平台湾后，康熙皇帝就下令开放海禁了。从这个时候起，中国慢慢开始了与西方国家的贸易往来。实际上，一同外国展开贸易往来，中国就展现出无比庞大的经济实力。中国的制造业，在整个世界经济中具有特殊的地位，绸缎、生丝、瓷器、茶叶等，不仅销到了东南亚，还远销到欧美。有经济学家称，一直到乾隆辞世的 18 世纪末，中国在世界制造业总产量所占的份额，仍然超过整个欧洲五个百分点，差不多相当于英国的八倍。这也是为什么，英国人一心想要打通中英贸易通道的原因。其实这个时候，对于中国来说，仍然是一个绝好的机会。

可是，这个机会康熙皇帝没有抓住，乾隆更没有抓住。英国人来到中国，带来了精密的器械和先进的军事科技产品。他们企图以此打动乾隆，获得更多的贸易机会。但是一向精明的乾隆这时却迟钝了，没能捕捉到迫在眉睫的威胁。这个时候，英国虽然发展迅猛，但却还是没有能力攻打中国。这也就是说，中国完全可以在英国战舰攻来之前，先通过学习强大起来。说什么都晚了，乾隆趾高气扬地下令"锁"上了国门。

英国使团离开后，乾隆对大臣们说："该国夷人虽能谙悉海道，善于驾驶，然便于水而不便于陆，且海船在大洋，亦不能进内洋也，果口岸防守严密，主客异势，亦断不能施其伎俩。"

他真是太自信了，这注定大清朝要为他的"盲目自信"埋单。

第五篇／帝王家事

第十四章 ／ 王的女人

半生成永诀

古来帝王，自汉高祖至宣统，正统加上偏安，共有二百二十一人之多。在这么多帝王中，乾隆威名显赫，创下了"十最"记录。我们来看：

第一，福分最高。这一点很容易理解，乾隆的福分确实可堪历史之最。他的一生，几乎是沿着一条光明坦途前进，无风、无浪、无病、无灾。他是上苍眷顾的宠儿，似乎就是为了名垂青史而生。

第二，身世最离奇。他的身世，已经是中国历史上最引人注目的"谜"了。迄今为止，他的生母到底是谁，他是否是汉人，还没有一个确定的答案。

第三，在位时间最久。他做了六十年的皇帝，还做了四年的太上皇，在位时间超过了历史上任何帝王。

第四，年纪最长。他活了89岁，是古代少有的高寿之人。

第五，足迹最远。古代那些帝王们，很多人穷其一生都没有出过皇城。但是乾隆不同，他北征南巡，视察河工，遍赏美景，活得潇洒快乐。

第六，花钱最多。乾隆时期大清朝国富民安，他又是个特别爱面子的人，故而手笔很大，花钱很多。

第七，知识最广。在学习上面，乾隆同康熙很相似，都能够"以学为乐"，所以他们一生都在学习。所不同的是，康熙做皇帝，需要南征北战、保疆卫土，而乾隆做皇帝则只需要"守"就可以了。所以，他比康熙多了更多学习的时间，加之他兴趣广、涉猎多，自然就成了一个知识最为广泛的帝王。

第八，身体最健康。乾隆身体强健，一生几乎没有生过什么病。他虽然也比较喜欢女色，但却并不像有些帝王一样，早早被酒色掏空了身子。他的健康体格，在帝王中极为少见。

第九，著作最丰富。其他书籍著作不提，只是诗这一项，他一生就作了上十万首。由此可见，他的著作量是多么惊人了。

第十，做皇帝最在行。除了老年时有些昏庸之外，乾隆堪称是历史上最出色的皇帝。

如果把这"十最"分开来看，我们会发现，这其实也没有什么。但是当我们把这"十最"集中在一个人身上时，就会发现这个人有多么光彩照人了。乾隆晚年自号"十全老人"，这里面虽然有自夸的成分，但是他确实能够担起这个称号。

如此一位千古罕有的帝王，他的感情世界也成了世人关注的焦点。事实上，清史料中，关于乾隆感情的记录也有很多。是啊！自古英雄难过美人关，这样一位"英雄帝王"，他的感情生活如果太淡薄了，恐怕也会与情不合。事实上确实是这样，乾隆皇帝的感情很丰富，同大多数帝王一样，他也拥有无数的女人。

乾隆在做皇子的时候，便开始娶妻纳妾。及至登基为帝，他已经娶了近十位王妃、庶妃。成为皇帝之后，他继续纳妾，妃嫔的数量更多了。据清史料统计，乾隆先后立皇后三人、皇贵妃五人、贵妃五人、妃六人、嫔六人、贵人十二人、常在四人，共计四十一。当然了，这个数字，只是有资料可考的，没有记录在册的可能更多。

在这么多妻与妾之间，乾隆似乎对发妻孝贤皇后富察氏的感情最深。

富察氏是满洲镶黄旗人，为察哈尔总管李荣保之女，协办大学士傅恒之姐。在朝堂上乾隆对傅恒极为倚重，也有一定的"爱屋及乌"因素。

雍正五年（1727）七月，富察氏嫁给还是皇子的弘历为嫡福晋，时年16岁。一年之后，她为皇子弘历生了一个女儿，但是很不幸，这个孩子两岁时便夭折了。雍正八年（1730），她生了皇二子永琏。雍正九年（1731），她又生了皇三女和敬公主。她与弘历从少年时一路走来，两人感情极深。

弘历登基后，于乾隆二年（1737）十二月初四日以金册、金宝立富察氏为皇后。

历史上对于乾隆的这位皇后，评价很高。她虽然出身名门，但是却没有大家小姐的刁蛮跋扈，相反，她的心底极为善良。虽然贵为皇后，但她待下宽慈，从不苛责宫人。更为难得的是，她非常孝顺，对乾隆生母孝顺得无以复加。生活用度方面她很会替乾隆着想，一直非常节俭，在后宫起到了很好的表率作用。对于这样一位贤惠、善解人意的皇后，乾隆是打心眼儿里喜欢。

可惜的是，富察氏的命不太好。她为乾隆生了两个儿子，大儿子永琏是嫡出长男，十分聪慧。乾隆非常喜欢这个儿子，曾秘密指定他为皇位继承人。但是，永琏却在9岁时不幸染病身亡。悲痛之余，富察氏一心想为丈夫再生个儿子。乾隆十一年（1746）四月，已经 36 岁的富察氏终得偿所愿，又为乾隆生下了一个男孩，即七皇子永琮。乾隆非常开心，甚至有了立永琮为太子的想法。不过，这个孩子不足两岁时却因天花身亡了。连番丧子的打击，使得这位心地善良的皇后心力交瘁，大病了一场。

这一年是乾隆十三年（1748），乾隆皇帝首次东巡齐鲁。出发之前，乾隆曾经征求皇后的意见，想让她留在皇宫。原因是，她的身体刚刚复元，实在不适合长途跋涉的辛苦。但是皇后却执意要去，她的理由有两个：第一，路上方便侍奉皇太后（乾隆生母）；第二，想去泰山昭应祠还愿。面对娇妻的坚持，乾隆让步了，他其实也想让妻子散散心，驱散心中丧子的阴霾。

二月二十二日，在离山东曲阜两日行程的河源屯，乾隆在御幄大摆筵席，庆祝皇后 37 岁生辰。乾隆虽是一国之君，但对十这个发妻，叫谓情深意笃，即便是在宫外也要大摆筵席祝贺。在乾隆的细心呵护下，皇后的身体竟似一日好过一日。随后，他们一起去了孔庙、孔林祭拜至圣先师，又去了泰山登顶观日。在宫里很难享受到这样的放松，他们都很开心。但是这些开心，却成了他们在一起的最后快乐。

三月三日，在前往济南的途中，皇后病倒了。这次的病情来势汹汹，甚至御医也束手无策。乾隆心急如焚，巡视的心情也没有了，立即下令就近在济南驻跸，以便皇后调养。待得皇后病情稳定之后，他下令启程返京，他希望京城里良好的医疗条件，能够治好皇后的病。

然而，他的愿望最终落空了。三月十一日，乾隆的御驾赶到了德州，他想要从德州乘御船返京，这样皇后就能少受一些颠簸之苦。可是这个时候，皇后的病势转重了，并于当天深夜离开了人间。乾隆悲痛至极，写下挽诗哀悼爱妻："恩情廿二载，内治十三年。忽作春风梦，偏于旅岸边。圣慈深忆孝，宫壶尽钦贤。忍诵关雎什，朱琴已断弦。""夏日冬之夜，归于纵有期。半生成永诀，一见定何时？祎服惊空设，兰帷此尚垂。回思想对坐，忍泪惜娇儿。愁喜惟予共，寒暄无刻忘。绝伦轶巾帼，遗泽感嫔嫱。一女悲何恃，双男痛早亡。不堪重忆旧，掷笔黯神伤！"

一句"半生成永诀，一见定何时"，道尽了乾隆丧失挚爱的锥心之痛。一路走来，他与富察氏相携半生，两人之间早已血肉相连，密不可分。然而帝王也拗不过命运，他最心爱的妻子终于还是远去了。

很多人认为，自古帝王多妻妾，帝王们很难对某一位女子长久痴情，因为他们的生命中会有很多女人。大清朝的顺治皇帝似乎是个例外，他痴爱董鄂妃，至死不渝。但是，顺治皇帝的命毕竟太短了，如果能够再做几十年皇帝，他还会同样痴爱董鄂妃吗？这很难说。不过乾隆却证实了，皇帝也可以长久地深爱着一个女人。在富察氏死后的五十年中，乾隆常常会怀念这位爱妻。他的很多诗作中，都有对富察氏至死不渝的告白。每逢富察氏的生日或者忌辰，他都会作诗悼念，以慰思念之苦。

乾隆五十五年（1790）春天，已经八十高龄的乾隆在富察氏墓前泪流满面，作诗道："三秋别忽尔，一晌奠酸然。追忆居中阃，深宜称孝贤。平生难尽述，百岁妄希延。夏日冬之夜，远期只廿年。"他原本想"万寿无疆"，活到一万岁，但是现在他却改变主意了，想要早点儿见到爱妻。冷清的墓碑、落日的余晖、蹒跚的身影，将他心中无尽的思念表露无余。

一直到去世的前一年，他还会到富察氏的墓前祭拜。对于他来说，富察氏的早逝，是他心中抹不去的伤痛。自富察氏死后，他就永远失去了富有柔情的婚姻生活。在他一生的大部分时间里，尽管六宫粉黛如云，却没有一个成为他所钟爱的女人，去抚慰他那颗孤独寂寞的心。

小气的丈夫

乾隆的第二位皇后，是乌喇那拉氏。

从对富察氏的深情中我们可以看出，乾隆绝对是一个性情中人，有血有肉，有爱有恨。有意思的是，他的爱与恨在前后两位皇后身上得到了很好的应验。他对富察氏的爱是丰富的、慷慨的、旷日持久的；可是他对乌喇那拉氏皇后，却相当的绝情，甚至是恨之入骨。

乌喇那拉氏是满洲正黄旗人，为佐领那尔布之女。她也是乾隆当皇子时娶的妾室之一，地位只比富察氏稍低。乾隆登基后，富察氏被封为皇后，她则被封为娴妃，地位尊崇。她平常颇为温顺，但发作起来却很刚烈，典型的满族女子，这是她日后与乾隆发生矛盾的最主要根源。

富察氏在世的时候，乌喇那拉氏只能算是红花底下的绿叶，并非她不出色，而是皇帝的心从来不在她身上。乾隆不怎么喜欢她，但是皇太后却喜欢，在皇太后眼里，这个性格有些刚烈的儿媳妇很能干。在皇太后的坚持下，皇帝在乾隆十三年（1748）七月一日，下旨册封乌喇那拉氏为皇贵妃：

> 朕躬揽万几，勤劳宵旰，宫阃内政全资孝贤皇后综理，皇后上侍圣母皇太后，承欢朝夕，纯孝性成，而治事精详，轻重得体，自妃嫔以至宫人，无不奉法感恩，心悦诚服。十余年来朕之得以专心国事，有余暇从容册府者，皇后之助也。兹奉皇太后懿旨，皇后母仪天下，犹天地之相成，日月之继照，

皇帝春秋鼎盛，内治需人。娴妃那拉氏，系皇考向日所赐侧室妃人，亦端庄惠下，应效法圣祖成规，即以娴贵妃那拉氏继体坤宁，予心乃慰。即皇帝心有不忍，亦应于皇帝四十岁大庆之先，时已过二十七月之期矣。举行吉礼，嘉儿嘉妇行礼，慈宁始惬予怀也，钦此。

朕以二十余年伉俪之情，恩深谊挚，遽行册立，于心实所不忍，即过二十七月，于心犹以为速，但思皇后大事，上轸圣母怀恩，久而弥笃岁时令节，以及定省温情，朕虽率诸妃嫔及诸孙问安左右，而中宫虚位，必有顾之而怆然者。固宜亟承慈命，以慰圣心。且嫔嫱内侍披庭之奉职，待理者甚众，不可散而无统。至王妃、命妇等，皆有应行典礼。久旷不举亦于礼制未协。册立既不忍举行，可姑从权制考之。明太祖淑妃李氏、宁妃郭氏相继摄六宫事。国朝顺治十三年册立皇贵妃，皇曾祖世祖章皇帝升殿，命使翌日颁诏天下，典至崇重。今应仿效前规，册命娴贵妃那拉氏为皇贵妃，摄六宫事。于以整肃壶仪，上奉圣母，襄助朕躬，端模范而迓休祥顺，内治有厚望焉。所有应行典礼，大学士会同礼部、内务府详议具奏，钦此。

其实从这两道谕旨中，很容易可以看出一些问题：乾隆虽然遵从皇太后懿旨，欲将乌喇那拉氏册封为皇后，但却借故拖延，只是先将其册封为皇贵妃。他不能直接将她册封为皇后吗？当然可以，只是他的心中，还是放不下已故皇后富察氏。他在谕旨中，不止一次提起富察氏，深情跃然纸上。所以，他不愿意有人取代富察氏的位置。

但是无论如何，后宫不能一直无主，那拉氏也不能一直以皇贵妃的身份"摄理六宫"。在诸多压力下，乾隆于乾隆十五年（1750）八月初二日，正式册封乌喇那拉氏为皇后。

其时距富察氏逝世已有三年之久，但是乾隆始终不能像爱富察氏那样去爱这位新立的皇后。他忘不了在德州水边那桃花初放之地，爱妻病逝时的肝肠寸断；也忘不了午夜梦回之时，爱妻越来越模糊的容颜。在极度思念的折磨下，他甚至忘记了身边这位新立的皇后。于是，两人之间的感情，便如同慢慢流进冬天的河水，越来越冷。

乾隆也分析过自己不能爱乌喇那拉氏的原因，他说："岂必新琴终不及，究输旧剑久相投。"乌喇那拉氏是"新琴"，富察氏是"旧剑"，"新琴"永远比不上"旧剑"，这就注定了他很难同乌喇那拉氏"琴瑟和鸣"。

不过，乾隆也并非一个不明事理之人，他做过反省，认为既然已经立了乌喇那拉氏为皇后，理应放下一些东西。因此，他开始试着改变对新皇后的态度。据清史料记载，自乾隆十六年（1751）起，他对皇后好了很多，夫妻之间的感情也日有增进。在乾隆十七年（1752）与乾隆二十年（1755），乌喇那拉氏分别为乾隆生下了皇子永璂和永璟。这应该是他们夫妻两人关系改善的最好证明。

然而好景不长，乾隆对于乌喇那拉氏的感情，不可能像对富察氏一样深刻，他耐着性子试着同她好过一段时间后，便转移目标了。在后宫，皇帝从来不缺少女人，他开始宠爱另外一位年轻的魏妃。据清史料记载，在乾隆二十年（1755）至乾隆三十年（1765）这段时间里，魏妃居然为乾隆生了四男二女，其中一男就是日后继承皇位的嘉庆皇帝，由此可见他对魏妃的宠爱程度。

此时的乌喇那拉皇后，早已经习惯了皇帝的恩宠，所以她对这种情形很是反感，不满越来越甚。两人之间的距离，便在这时再次开始拉大。

乾隆三十年（1765）正月，乾隆第四次南巡。为了让众多妻妾同沐圣恩，他特意谕令乌喇那拉皇后，会同魏氏等人一起，随驾侍候。这似乎是一个缓和的契机，但却恰恰成了帝后感情剧变的节点。二月初十日，他还喜滋滋地给皇后庆贺生日，可是到了闰二月十八日，他却突然谕令额驸富隆安把"突发疯疾"的乌喇那拉皇后从杭州送回京师。

这是怎么回事？皇后真的疯了？自然不是！真实情况到底如何，清史料对此一直讳莫如深。不过，从一些蛛丝马迹中可以看出，显然是乌喇那拉皇后得罪了皇帝。她曾跑到皇太后面前哭诉，恳求在杭州出家为尼，并拿出藏在身上的剪子，剪掉了自己的"三千烦恼丝"。按照满洲人的习俗，女子平时不能剪发，只有大丧的时候才可以。她这样做确实像"突发疯疾"，但也像极了女人之间的争风吃醋。最重要的一点是，这件事后，乾隆对她的恶感更甚。

返回京城后，乾隆想废了乌喇那拉皇后，不过却遭到了大臣们的反对。皇后是国母，如果没有犯什么十恶不赦的大错，确实不应该随便废立。乾隆虽然接受了大臣们的意见，但却还是将乌喇那拉皇后打入了冷宫，更是将她历次受封的册宝，包括皇后册宝一份、皇贵妃册宝一份、娴贵妃册宝一份、娴妃册宝一份，全部销毁。由此可见，他对乌喇那拉皇后的恨有多深，完全不留一点儿余地。

经此打击，乌喇那拉皇后也心灰意懒，恓恓惶惶地过了一年之后，她一个人孤独地去世了。乾隆三十一年（1766）七月十四日，年仅49岁的乌喇那拉皇后薨逝，而此时的乾隆正在承德避暑山庄。皇后之子永璂前往避暑山庄报丧，乾隆不但没有赶回京城为皇后料理丧事，反而亲下手谕指责其不是：

据留京办事王大臣奏，皇后于本月十四日未时薨逝。皇后自册立以来，尚无失德。去年春，朕恭奉皇太后巡幸江浙，正承欢洽庆之时，皇后性忽改常，于皇太后前不能恪尽孝道。比至杭州则举动尤乖正理，迹类疯迷，因令先程回京，在宫调摄，经今一载有余，病势日剧，遂尔奄逝。此实皇后福分浅薄，不能仰承圣母慈眷，长受朕恩礼所致。若论其行事乖违，即予以废黜，亦理所当然。朕仍存其名号，已为格外优容，但饰终典礼不便复循孝贤皇后大事办理，所有丧仪止可照皇贵妃例行，交内务府大臣承办。著此宣谕中外知之，钦此。

夫妻情淡，竟致于斯，也确实让人感叹了。再怎么说，乌喇那拉氏一直到死也还是皇后，可是死后竟然以皇贵妃丧仪行葬，有点儿说不过去了。雍正帝还在位时，乌喇那拉氏就嫁给了乾隆，至此已经三十多年了，这是半辈子的夫妻情分。可是乾隆却用他的行动告诉了世人，他恨极了自己的这位妻子。

帝王家事，全凭帝王的一己喜恶。据清史料记载，御史李玉鸣认为皇帝此举有失妥当，上疏请求为乌喇那拉皇后行三年丧。这本是忠君爱国的善意，但在怒不可遏的乾隆眼中，却成了大逆不道，他传谕道：

御史李玉鸣奏内务府办理皇后丧仪，其上坟满月各衙门应有照例齐集之处，今并未闻有传知，是否遗漏等语，实属丧心病狂。去岁皇后一事，天下人所共知共闻，今病久奄逝，仍存其号，照皇贵妃丧仪，交内务府办理，已属朕格外优恩。前降谕旨甚明。李玉鸣非不深知，乃巧为援引会典，谓内务府办理未周其意，不过以仿照皇贵妃之例犹以为未足，而又不敢明言，故为隐跃其辞，妄行渎扰，其居心诈悖，实不可问。李玉鸣著革职锁拿，发往伊犁，并将此晓谕中外知之。

随后，"丧心病狂"的李玉鸣，就被用九条锁链锁住，发往新疆去了。乾隆对于乌喇那拉皇后的恨意，竟然是这样的深刻，这确实让人费解。

乾隆年间一共有三个皇后，最后一个皇后是孝仪皇后魏氏。不过，魏氏被册封为皇后是"子凭母贵"，因为她有一个儿子就是后来的嘉庆皇帝。乾隆六十年（1795）九月，已经85岁高龄的乾隆决定退休禅位，便册封新君嘉庆之母魏氏为皇后。其时，魏氏已经去世二十年了。这也就是说，从乌喇那拉皇后薨后整整近三十年的时间里，他再也没有立过皇后。他是在怀念富察皇后吗？或许是！

香妃的故事

乾隆对于富察皇后的感情毋庸置疑，可是作为一名在位六十载的伟大君主，他又绝无可能做到用情专一，毕竟他有太多选择，更何况富察皇后还死得比较早。在三位皇后身上，他有过爱，也有过恨，但这些显然不是他感情的全部。在史料的记载中，还有一位他特别的妾。这个曾一度占据他内心世界的妾，就是"香妃"。

后世一直流传着很多关于乾隆的"风流韵事"，其中流传最广、最富传奇色彩的故事，就是"香妃"的故事。人们传说，乾隆皇帝曾经纳过一名回部妃子，周身奇香无比，甚至可以引来天上的蝴蝶。当美人和美丽的蝴蝶合二为一的时候，这个故事已经变得美丽而传奇了。光绪十八年（1892年）萧雄在《西域杂述诗》的附录中曾经写道："香娘娘，乾隆年间喀什噶尔人，降生不凡，体有香气，性真笃，因恋母，归没于家。"乾隆皇帝，真的曾经纳过这样一位香气缭绕的"香妃"？

据历史学家考证，乾隆只有一位维族妃子，她就是容妃。从乾隆对容妃的宠爱程度上，我们可以断定，那些文人墨客笔下的香妃，其实就是容妃。

容妃出生于雍正十三年（1735）九月份。她的父亲阿里和卓为回部台吉，哥哥叫图尔都。

乾隆二十五年（1760），图尔都等五户助战有功的和卓，应召陆续来到北京，觐见乾隆皇帝。乾隆龙颜大悦，令他们可以在北京居住，并派使者接他们的家眷也来北京。为了更好地笼络这股回疆势力，乾隆封图尔都等为一等台吉；而图尔都27岁的妹妹也被送入皇宫，成为了皇帝的妃子。而图尔都的这位妹妹，自然就是容妃了。其实这场婚姻，完全建立在"因俗而制"的政治基础之上。

刚入宫的时候，和卓氏被封为和贵人，地位平常。但是，她却为皇宫带来了"祥瑞"，一棵从南方移栽到宫内的荔枝树，竟然结出了二百多颗荔枝。古人迷信，多信服祥瑞之说，皇族也是如此，乾隆因此很喜欢她，皇太后也很喜欢她。于是很快，她就被册封为容嫔。

容嫔不仅长得很漂亮，而且聪慧伶俐，很快她同乾隆之间的关系，便由最初的政治婚姻，走进了"蜜月期"。乾隆对她的身份很是尊重，找专人照顾她的饮食。

乾隆还为容妃修建了宝月楼。"宝月"意在赞美容妃美貌，将她比作月宫中的仙子，月中的嫦娥。至于在宝月楼内服侍的宫女太监，则都要作回部装扮。为了减少容妃的思乡愁苦，乾隆可谓是用心良苦，这也显示了他对容妃的宠爱。他曾经作诗道："冬冰俯北沼，春阁出南城。宝月昔时记，韶年今日迎。屏文新茀禄，镜影大光明。鳞次居回部，安西系远情。"宝月楼凝结着他对容妃的情感，同时也希望营造出来的西域风光、西域风情能消磨容妃对家乡的思念，对故人的怀思。

乾隆三十三年（1768）六月，皇太后降旨，容嫔晋为容妃。这一年，她35岁。因为乾隆的宠爱，她在后宫里的地位越来越高。乌喇那拉皇后亡故的时候，乾隆曾经声称不再立后。乾隆四十年（1775），皇贵妃薨逝。所以这个时候，容妃实际上已经成为后宫之首。容妃是回部人，这个身份注定了她不可能被册封为皇后。但是因为乾隆的宠爱，她却实实在在地成为了后宫的"无冕"皇后。

乾隆五十三年（1788）四月十九日，55岁的容妃走到了生命的尽头。这个时候，乾隆已经80岁了，他守着容妃的遗体老泪纵横，悲恸不已。他曾想过遵照容妃的遗愿，将其遗体送回喀什安葬。但是由于这种做法有违大清祖制，故而未能实现。按照大清祖制，满清后妃只能葬于皇家东陵后妃陵寝之中，绝不准移送原籍。万般无奈之际，他突然想到：何不既不违背祖制，又让容妃如愿呢？于是，他命令能工巧匠仿照容妃生前的体型相貌，用檀香木制作了一个与真容妃一模一样的"容妃"，送到了喀什安葬。一路之上，香气四溢，"香妃"之名更是被沿途百姓传诵。最终，真正的容妃遗体被葬入了清东陵。如此大费周章地处理容妃的身后事，可见乾隆对自己这位爱妾的重视。

很多历史流传下去，往往会变成故事，而人们也总喜欢根据想象，为自己心目中的故事添枝加叶。历史中的香妃就是容妃，她与乾隆有着很深的感情，幸福终老。但是，让"香妃"故事流传下来的，却是另外一个版本：

香妃出生于喀什一个贫苦人家。出生后，她浑身散发着一股浓郁的麝香味，"玉容未近，芳香袭人"，这种香味奇芳异馥，沁人心脾。因此，她被起名为"伊帕尔汗"，维语中"香姑娘"的意思。因为她太过美丽，艳名远播，所以在十多岁的时候，就被小和卓霍集占纳为妾，人称香妃。

大、小和卓叛乱失败后，清将兆惠俘获了香妃，将其进献给了乾隆。

按照大清祖制，已非完璧的女子不能嫁与皇帝，更何况是一名回部女子。但是，乾隆一见香妃，便为其美貌所征服，无法自拔。他将香妃纳入自己宫中，封其为妃，还特意召来回教徒侍候她。同时，他想尽各种办法博取香妃欢心，包括兴建宝月楼等。

他之所以要如此大费周章地博取香妃欢心，是因为香妃不快乐。她并没有因为乾隆的地位而委身屈从，而是严词拒绝，态度冰冷。她不喜欢笑，整日寡言少语，经常落泪不止。乾隆何尝不知道她是在想家，可是却不愿意放弃这样一个绝代佳人。于是，他只能想尽各种办法，减少她的思乡之情，让她快乐起来。

乾隆为了让香妃散散心，更带着她一起开始了南巡。在杭州，香妃"袖出白刃"刺杀乾隆，但却被阻止住了。皇后乌喇那拉氏知道这件事后，要求立即处死香妃，但是乾隆却执意不允。为此，乌喇那拉皇后同乾隆大闹了一场，甚至跑到皇太后那里，恳请让自己出家，还剪掉了自己的头发。乾隆大怒之下，令人将"发疯"的皇后送回京城。这件事最终造成了皇帝同皇后之间不可调和的矛盾，但乾隆却始终狠不下心来处置香妃。

回到京城之后，香妃便悬梁自尽了。

关于香妃的死，还有一种说法：乾隆喜爱香妃，但香妃却强烈反抗，誓死不从。于是，乾隆在想尽办法取悦香妃的同时，还经常会派宫女游说。有一次，宫女又奉乾隆之命前来劝说，香妃却猛地取出一把匕首，吓得宫女四散躲避。皇太后知道这件事后，非常担心，怕皇帝遭遇不测。于是，她便趁乾隆去郊外祭祀时，毒杀了香妃。乾隆知道后大为伤心，甚至还生了一场病。

这个传说，加入了人们无尽的想象，显然与历史不太相符。在这个传说中，乾隆成了一位觊觎香妃美色的好色君主，而香妃却成了一个悲哀无尽的节烈女子。或许，他们以这样的形象登场，才能引起人们无限的同情！无论如何，这只是个故事，姑妄听之吧！

第十五章 ／ 天子和儿子

乾隆教子

大清朝的历代君王，都很注重对子孙们的教育工作。他们认为，只有教育好了下一代，大清朝才能永远鼎盛。正是基于这种理念，清朝的帝王把对子孙的教育工作做到了极致。因此，清朝多数皇子都精通经史、策论、诗词歌赋与书画等，并善于骑射。可以说，清朝皇帝的整体素质，是中国历代帝王中最高的。

乾隆本身就是一位雄才大略的帝王，所以他教育下一代，更是一点儿都不含糊。他规定，所有皇家男童必须从 6 岁起就开始读书，而且每天还必须到上书房里去上课。至于授课的老师，他更是费尽心思从内阁与翰林院选择，所选择的无一不是饱学之士。他明白，出色的老师才能更好地引导学生。在他的严格督促下，他的那些子孙们，都必须付出比常人更多的努力。

鉴于皇子皇孙们是天潢贵胄，老师管束起来有一定的难度，乾隆规定，学生读书时不能随便离开房间。如果真的有事需要外出，则需要奏请。有一次，永璇未经奏请而擅离书房，乾隆知道后痛斥了他一顿。后来，就连永璇的师傅观保、汤先甲等人也受到了斥责。乾隆认为，学生们除了要用心读书外，还需要学会"检束身心"，否则将来遗患无穷。他最怕子孙们因为行动太自由从而在外结党营私，或者自恃身份枉法作恶，前朝有很多例子就是最好的证明。所以，他管教子孙读书之严，更胜先辈。

翰林院编修赵翼曾在《檐曝杂记》中写道："本朝家法之严，即皇子读书一事，已迥绝千古。余内直时，届早班之期，率以五鼓入。时都院百官未有至者，唯内府苏拉（满语，汉译为'闲散人员'在内府供役者）数人往来。黑暗中残睡未醒，时复依柱假寐，然已隐隐望见有白纱灯一点入隆宗门，则皇子进书房也。吾辈穷措大专以读书为衣食者，尚不能早起，而天家金玉之体乃日日如是。既入书房，作诗文，每日皆有程课，未刻毕，则又有满洲师傅教国书、习国语及骑射等等，薄暮始休。然则文学安得不深？武事安得不娴熟？宜乎皇子孙不惟诗文书画无一不擅其妙，而上下千古成败理乱已了然于胸中，以之临政，复何事不办？"

简单几句话，道出了乾隆教子的严苛。站在血缘的角度来看，乾隆是父亲，或者祖父，他有权力疼爱自己的子孙。可是站在皇帝的角度，他却必须放弃这种权力，严苛地督促那些孩子们，很难说这不是一种伟大的牺牲。

在乾隆的严苛督促下，乾隆时期的皇家教育，也随着盛世王朝一起步入了巅峰。历史学家们评价，那一时期的皇子教育，最大的特点就是"严"和"全"。在乾隆的"强制"管束下，进入上书房学习的皇子们，实际上已经不再是皇子，而只是一群可怜的孩子。

6岁开始读书，每天早上五点钟起床，下午四点钟放学，然后学习骑射之术，"严寒酷暑而不辍"，没有寒暑假。当然了，皇子们也有一定的假期，每年端午、中秋、除夕、万寿节、皇子本人生日这五日，皇子可免入书房读书。除了这几日外，再无其他休息时间。

每天卯时（上午五至七时），他们进入上书房上课，一直到申时（下午三至五时）方能出来，午饭就在上书房旁边的下屋里解决。考虑到学习久了会累，乾隆规定，他们每天在经过老师的同意后，可以到下屋里休息一两次，但是每次不能超过一刻钟。在读书的间隙，同为皇族的叔侄、兄弟之间，只可以谈学习的内容或者历史掌故，决不可以到处乱走，否则就要被施以惩罚。

如此繁重的学习任务，一直要持续到什么时候？一般来说，这种学习一直要持续到皇子15岁封爵建府时才可以结束。但是，如果封爵的皇子没有朝廷的差使，仍然要到上书房来读书，就如同现在的进修一样。

乾隆教子的另一个特点就是"全"，内容广泛，文武兼修。同历代先皇一样，乾隆的目标，是要将诸多皇子皇孙培养成能文能武，满汉文化兼备，既熟知四书五经，又精通国语骑射；既有治国之术，又能领兵打仗的栋梁之材。他曾经说过："朕谨识祖宗家法，文武务要并行，讲肄骑射不可少废。故令太子、皇子等课以诗书，兼令娴习骑射，即如八旗以次行猎。"在他的授意下，乾隆年间皇子教育的内容，大致同清朝前期毫无二致，分为汉文、满文（包括蒙文与藏文）与骑射。清人福格之在《听雨丛谈》中说："每日功课，入学先学蒙古语二句，挽竹板弓数开，读清文书二刻（三十分钟），自卯正末刻（六时四十五分）读汉书，申初二刻（三时三十分）散学。散学后晚食。食已，射箭。"当然了，这只是一种大致的流程，中间或许会有变动，但变动不会太大。

乾隆崇尚汉学，所以对于皇子们的汉学教育，他尤为重视。除了挑选一些学识渊博、德高望重的大儒作为皇子们的老师外，他更是把汉学的教学内容延展到方方面面。《四书》、《五经》、《资治通鉴》、《性理纲目》、《大学衍义》、《古文渊鉴》，等等，全部都是教材。至于清朝帝王圣训、顺治所辑《资政要览》、雍正所辑《圣祖庭训格言》等祖宗家训，亦是必读之书。但是仅仅这些，他还是觉得略显不足。为了更好地让皇子们吸收知识，他特意谕令各师傅依专长为皇子或者皇孙设计一些教材。这种教育方式，就很有针对性了，皇子们吸收知识很快。

虽然是满人，但毫无疑问，乾隆将满文的教育放在了汉文之后。这并不是说，他不重视对皇子们的满文教育，而是非常重视。他认为，满文是满人之根本，应该在潜移默化中学习。据《清史稿》记载，满文的教材也有很多，像《西域同文志》、《御制增订清文鉴》、《钦定清汉对音字式》、《御制满洲蒙古汉字三合切音清文鉴》、《清文启蒙》、《三合便览》等，都是皇子们学习的教材。他还经常会出一些满文题目，来考察皇子们的学习情况。

另外一项教育内容，就是骑射了。清朝是满洲人从马背上打下来的天下，因此历代皇帝都很注重武事教育。乾隆规定，幼年皇子们每日功课之一就是要拉弓射箭，不能有一日荒废。即便皇子们15岁学业结束，也不能荒废骑射练习，因为皇家的围猎活动，以及不定时的较射，就是检验皇子们骑射成绩的最佳场合。乾隆本就是骑射高手，很不喜欢那些弱于骑射的皇子皇孙们，所以没有人敢落下这门功课。

当然了，文武兼修，只是皇子们学习内容的一部分而已。事实上，乾隆更是重视对皇子们"明大义"的教育。他曾经对上书房的老师们说过："师傅为诸皇子授读，岂仅以寻章摘句为能，竟不知随事规劝，俾明大义？"所谓明大义，就是要懂得做人的道理。乾隆对于那些忘记"大义"的皇子，也非常痛恨。乾隆十三年（1748），富察皇后病逝，庶出皇子永璜、永璋在迎丧时表现得不够悲痛，被乾隆看在了眼里。他很生气，责骂他们"孝道礼义未克尽处甚多"，竟如此的"茫然无措"。因为这件事，他对这两个儿子很有意见，认为他们根本"无情"，降谕说"此二人断不可承继大统"，竟为此剥夺了他们继承皇位的权力。

因为教子太严，所以他对于皇子们，都极少给予慈父的自然情爱。当然也有特例，他对永琏和永琮就极为疼爱，只可惜命运无常。永琰被指定为皇位继承人后，他在冬至祭天大典上，当着永琰与其他皇子的面默祷上苍："如所立皇十五子永琰能承国家洪业，则祈佑以有成；若其不贤，亦愿上天潜夺其算，令其短命而终，毋使他日贻误，予亦得以另择元良。朕非不爱己子也，然以宗社大计，不得不如此，惟愿为天下得人，以继祖宗亿万年无疆之绪。"当着儿子的面说出"令其短命而终"这样的话，想必除了乾隆，再不会有人能够说得出了。乾隆教子，确实是呕心沥血，但严苛有余，慈爱却不足。难怪他的儿子们，全都对他敬畏有余，却极少回报给他真挚的爱意。这是乾隆教子的成功，也是失败吧！

无可奈何的选择

相对于祖父康熙来说，乾隆的子孙并不算太多，但是相对于普通人家来说，他的子孙数量，确实又可以称之为天文数字了。他有四十多个妻妾，总共有十七个皇子和十个公主。他活到了89岁，所以在死前，其孙子、曾孙、玄孙加起来的数量十分骇人，差不多达到了康熙的"境界"，有一百多人。一百多人，五世同堂，爱新觉罗家族皇帝一脉发展到他这里，更为兴盛了。

不过，十七个皇子只是一个总数，这其中还包括早夭的皇子。准确地说，乾隆的十七个皇子中，有七个人不到10岁就病逝了，他们包括永琏、永琮、永璟、永璐和三位很小就夭折的。另外，这十七个皇子中，还有两位过继给了乾隆的堂兄，他们是永珹和永瑢。余下来的，也并非一帆风顺地成长，永璜、永璋、永琪三人又分别于乾隆十五年（1750）、乾隆二十五年（1760）、乾隆三十一年（1766）去世。这使得乾隆仅存的皇子并不多，以至于后来有资格继承皇位的，就那么几个人。

无论任何一个朝代，选择皇位继承人都是皇帝要做的最重要的事。乾隆原本的选择，并非十五皇子永琰，而是富察皇后的儿子。他最爱富察皇后，她又是嫡妻，所以她的孩子自然就成了皇位的最佳继承人。早在乾隆元年（1736）七月初二日，乾隆在清宫西暖阁召见王公大臣、九卿等高官时就曾宣布，已经效仿先皇帝雍正，秘密预定了储君。至于选定的是谁，他却并没有说出来。

不过，乾隆三年（1739）永琏病逝时，他在悲恸之际向大臣道出了自己密立的储君，其实就是永琏。他取出了那道密旨，并且降谕道："二阿哥永琏，乃皇后所生，朕之嫡子，为人聪明贵重，气宇不凡。当日蒙我皇考命为永琏，隐然示以承宗器之意。朕御极以后，不即显行册立皇太子之礼者，盖恐幼年志气未定，恃贵骄矜，或左右谄媚逢迎，至于失德，甚且有窥伺动摇之者。是以于乾隆元年七月初二日，遵照皇考成式，亲书密旨，召诸大臣面谕，收藏于乾清宫正大光明匾之后。是永琏虽未行册立之礼，朕已命为皇太子矣。今于本月十二日，偶患寒疾，遂致不起，朕心深为悲悼。朕为天下主，岂肯因幼殇而伤怀抱，但永琏系朕嫡子，已定建储之计，与众子不同，一切典礼，著照皇太子仪注行。元年密藏扁内之谕旨，著取出，将此晓谕天下臣民知之。"

永琏被立为皇太子时刚满 7 岁，逝世时也不过 9 岁，能否断定他"聪明贵重"将来必定是位贤君，实在很难预料。但是因为深爱富察氏，乾隆把对这个儿子的爱也无限放大了。

永琏死后，乾隆降谕避讳永琏中的"琏"字，并为永琏添设八旗养育兵丁一万余名。在清朝的历史中，永琏是唯一一位死后被追封为皇太子的皇子。

一直以来，乾隆的出身都是个谜，很多人都认为他的真实身份应该是汉人。为什么会有这样的流言蜚语？这固然与他出身的疑点有关，但还有一部分原因，却与他崇尚汉学有很大的关系。他一生崇尚汉家学说，就连选定储君，也赞同汉人的"立嫡立长"制度。他密立永琏为皇太子，其实也是受这种制度的影响。可是，永琏死了，他还能立谁？

在永琏死后大约十年的时间里，乾隆再也没有立其他的儿子为皇太子。但是，他在心里已经又有了合适的人选。乾隆十二年（1747）岁暮，富察皇后的第二子永琮因天花而逝，乾隆悲痛交集，透露出自己曾经想要立永琮为皇太子的想法。在他眼中，富察皇后所生的孩子是嫡出，是天经地义的皇位继承人。

可惜的是，上天最终全盘否定了他的想法。永琮死后，富察皇后因为伤心过度病倒了，不久也魂归极乐，他再想立嫡也不可能了。两次立嫡为储，却两次痛失爱子，最后连心爱的妻子也香消玉殒，这让他很受打击。自此之后，他就把建储之事放在一边了，而且一放就是三十多年。

但是，建储乃是国之大事，他却必须要想。随着年纪的老迈，他又有了立储的念头。不过，在人选的选择上，他又犯了难：到底能够立谁？他虽然有不少儿子，但是到这时，可供选择的其实已经不多了。他的那些儿子们，大多已经过世，还有一部分过继给了皇家至亲，他只有永璇、永瑆、永琰、永璘四个选择了。

虽然不多，但还不错，至少还有四个选择。知子莫若父，他很了解自己这四个儿子。四人当中，永璇年纪最大，将近三十，而且精于书画，学识渊博。按理说，永璇应该是最合适储君人选。但是乾隆清楚，自己的这个儿子为人轻躁，做事颠倒，任性贪玩，整日沉湎于酒色，不求上进，根本无法担当起国之重任。永瑆是永璇的同母弟弟，善诗文书法，颇具文学艺术天分，性格也够稳重。但是，他的文学气质过于浓郁，喜欢寄情翰墨诗酒，汉化得更加彻底。乾隆虽然很喜欢这个儿子，但却也知道，他不是储君的合适人选。至于永璘，乾隆完全没有看上，他从小不喜欢读书，性情更是浮躁轻佻，经常溜出皇宫寻花问柳，行为不检。这样的人，能成为一国之君吗？显然不能！

相对于以上三人，永琰要强上一些。他品学兼优，文武俱备，更难得的是为人稳重，处世刚明。美中不足的是，他做事不喜欢主动，缺乏创造性。尽管他并不能达到乾隆的最高标准，但却已经是储君的上上人选了。

后世经常批评乾隆择人不慎，选择了一位平庸的皇位继承人，导致大清王朝江河日下。其实，这种评价是不公平的。就能力来说，永琰（即嘉庆皇帝）确实平庸了一些，但是这却不影响乾隆择人的眼光。毕竟在当时，永琰确实是储君的最好人选。如果一定要说，那也只能说，这位大清历史上最出色的帝王，遭遇了"子少"的无奈。这实在也是一种悲哀！

传位，落幕

的确，在乾隆的诸多儿子中，十五阿哥永琰并不出色。他既不非常聪明，也不特别蠢笨，平淡无奇，亮点不多。但他却有一个最大的优势，就是缺点最少。乾隆是中国历史上少有的千古大帝，才华横溢，文治武功兼修，所以他对皇子们的要求也极高，不少皇子因为"犯错"而使他痛恨。因此，永琰的"缺点少"，其实就是一个最大的优点。因为这个"优点"，乾隆一直不反感这个儿子。

虽然乾隆一直倾向于汉家"立嫡立长"制度，但到乾隆中后期，他已经无嫡可立了。在万般无奈的情形之下，他选择了十五阿哥永琰。以出身而论，永琰跟他的要求相去甚远：母亲魏氏是汉人出身，系内务府包衣，外祖父为内管领清泰，身份并不高贵。选择立永琰为储君的时候，他犹豫了很久。可是环顾四周他却无奈地发现，似乎也只有这个孩子适合继承皇位了。这个孩子资质不高，但却以"勤奋闻名"，学习起来异常用功，三九寒冬，深更半夜，往往还手不释卷。清史料里这样评价永琰："以不学为戒，故三冬甲夜，孜孜于退食之时，游情于圣贤之籍。"在大多时候，勤可以补拙。

永琰吸引乾隆的另外一个品质，是"端淳"。面对众多儿子，乾隆一直都在扮演严父的角色，他的"苛刻"甚至让儿子们畏惧。永琰也畏惧，但他还是对皇父很孝顺，而且品格端方，为人勤勉，待人厚道。当个别兄弟沉湎于酒色享受时，他却能够做到不为声色所诱惑，不做任何出格过分的事情。乾隆虽然教子很严，但却很少能挑出他的毛病。永琰的这些优秀品质，使得乾隆在挑选皇位继承人的时候，自然而然跳过了出身这一环节。

事实上，不仅乾隆看好这个儿子，朝中大臣也看好这个稳重踏实的十五阿哥，就连外国使臣也对他颇有好评。据《朝鲜李朝实录》记载，出使天朝的朝鲜使臣回国后曾向国王说过："第十五子嘉亲王永琰，聪明力学，颇有人望。""皇子见存四人，八王、十一王、十七王俱无令名，唯十五王饬躬读书，刚明有戒，长于禁中，声誉颇多。"

这样看来，选择十五阿哥永琰，似乎是上上之选了。于是，他在乾隆三十八年（1773）冬天，密立年仅13岁的十五阿哥永琰为皇太子。他还是采取父亲雍正的做法，亲手书写永琰的名字，密封缄藏，然后将此事"谕知军机大臣"而已。他的动作，比当年立皇二子永琏为皇太子向群臣宣谕小了很多，只让个别军机大臣知道已经立储，到底是谁却并没有言明。很显然，他对这个年仅13岁的儿子的气性还是有些把握不住。他很忐忑：前两次立储，都是以皇太子夭折草草收场，这次会不会也是如此？13岁的孩子还未定性，永琰以后是否还会如此懂事？忐忑之余，他只能耐心等待，他是皇帝，预测不了命运。

好在上天这次对大清朝不薄，从乾隆三十八年（1773）到乾隆六十

（1795），永琰一直身体健康，无病无灾。更难得的是，他的表现一直不错，从没有让乾隆失望。忐忑了二十多年，乾隆的心放下来了，这个接班人还真选对了。勤奋好学、办事认真、从不逾规、自制力强、人品端淳、待人真挚、重情重义、克己忍让、生活俭朴、修养极佳，而且学识渊博，对于这样一个皇位继承人，乾隆是越看越满意。既然如此，那还等什么？让吧！

乾隆六十年（1795）新年，这个被严密封固了二十多年的秘密，终于被乾隆本人揭开了。那是正月初二，乾隆照例在乾清宫设家宴招待家人，与宴的皇子、皇孙、曾皇孙以及近支亲王、郡王等济济一堂，纷纷向老皇帝跪拜，恭贺新禧。老皇帝兴致极高，乐呵呵地赏赐了众人，却唯独落下了永琰。就在永琰仰望皇帝，仍有所期待时，皇帝笑了，对他说道："你还要银子有什么用？"永琰还没有明白皇父的意思，但是其他聪明的皇子、皇孙们却听懂了。

六十年前，刚刚登上皇位的乾隆曾经发过一个誓言，他说："若蒙眷佑，得在位六十年，既当传位嗣子，不敢上同皇祖纪元六十一载之数。"他希望自己能够长寿，但即使长寿也不敢打破皇祖康熙在位六十一年的纪录，所以立下了这个誓言。现在，六十年已经到了，他之所以当众宣示永琰为皇位继承人，就是有了禅让的打算。

可是，禅让真的容易吗？他做了一辈子的皇帝，自然知道放弃皇权的意义。权力代表着荣誉、成功、财富和安全感。没有了权力，也就没有了一切。他享受这些东西享受了一辈子，所以更怕放弃。要知道，中国帝王都实行终身制，从来没有人愿意交出政权，心甘情愿退位的。他问自己：真要这样做吗？答案是肯定的！他必须在天下人面前实践这个誓言，他是大清之主，金口玉言。唯一能够放心的是，他相信永琰的人品。

该放下的，总是要放下。他又想到了永琰，这个如今已经 36 岁的儿子。

这个年龄，既精力充沛，又富于经验，生命正由青春期的热烈转向中年前期的稳健有力，而大清王朝正需要有这样一个主宰。看来，禅让正是时候。

嘉庆元年（1796）正月初一日，一个气氛祥和、天气晴朗的日子。在这一天，大清王朝最为重要的权力交接仪式开始了。头戴玄狐暖帽，身穿黄色龙袍衮服、外罩紫貂端罩的乾隆，端坐在太和宝殿上。他双眼如电，缓缓扫过了殿前广场上跪着的上千名王公大臣，这是他最后一次坐在金銮殿上接受群臣的朝拜。然后，他面带微笑地拿起那颗宽三寸九分、厚一寸的青玉大印"皇帝之宝"，将它慢慢递到跪在他面前的嘉庆帝手中。他顺利地完成了中国历史上最平稳的权力交接仪式，创造了一个朝代的奇迹。

在中国历史上，权力交接一直是中国专制政治制度中最敏感的问题。在统治者眼中，最高权力绝对应该是终身制，这就造成了权力更替的不确定性。于是，在权力交接的关口，往往会伴随着太多的腥风血雨、诛族灭门，或者杯弓蛇影、疑云重重。

事实上，那些统治者们都曾考虑过这个问题，也曾想过各种方法避免纷争的出现。但是，他们绞尽脑汁，却总是不能够很好地解决这个问题。原因就在于，权力的诱惑性太大，没有人愿意提前放弃手中的权力。而另一个方面，皇帝预立储君之后，储君往往会成为众矢之的，遭遇到来自各方面的阻力，很难一帆风顺。如此种种，使得权力更替时出现腥风血雨成了一种常态。

在清朝，康熙预立皇太子失败，导致众多皇子相互厮杀，就是一个最失败的例子。为了解决这个问题，雍正皇帝灵机一动，首创了一个密立储君的方法。但是，这种方法也有缺陷，最大的问题就表现在新君继位朝政的不稳定上。为此，乾隆刚刚登基时，也下了不少功夫稳定朝政。自然最成功的权力更替，当数乾隆禅位于嘉庆了。他在皇父密立储君制度的基础上，更上一层楼，在自己活着的时候就解决了继承问题，把权力交接的震动降到最低。有了他的压阵，嘉庆登基后的大清王朝仍是风平浪静、波澜不起。

可以说，在中国的历史长河中，自"三代"以后，"禅让"就成了中国专制政治中一个美丽的梦想。统治者们明白"禅让"能够带来什么样的好处，却总是无法割舍权力的欲望。当然了，其中也不乏尝试者，但却没有人能够完美诠释"禅让"的含义。但是乾隆做到了，他的禅位，是专制朝代权力平稳交接的一个完美典范。

归政以后，乾隆并不甘心权力的丧失，他开始以太上皇的名义训政。这导致当时出现了一种奇怪的现象，大清王朝居然同时有两个年号：宫内皇历仍用"乾隆"年号，各省改用"嘉庆"年号。退位以后，他本应住在宁寿宫，让新皇帝住养心殿，但他不愿意迁出，而让嘉庆居毓庆宫，赐名"继德堂"。不仅如此，他还经常御殿，接受百官朝贺，而一国之君嘉庆则在旁陪侍。乾隆的眼光确实不差，他挑选出来的继承人嘉庆十分孝顺。据清史料记载，嘉庆常常"侍坐太上皇，上喜则亦喜，上笑则亦笑"。又有，赐宴之时，嘉庆"侍坐上皇之侧，只视上皇之动静，而一不转瞬"。虽然归政，但实际上，乾隆仍然是大清王朝真正的君主。

嘉庆四年（1799）正月初三，乾隆驾崩于紫禁城养心殿。

乾隆活到 89 岁，统治了中国六十三年，躬历四朝，实在是中国历代帝王中无可比拟的高山大峰。他生在清朝盛世，却并没有在父祖余荫的庇护下坐享其成，而是精神抖擞地开始了富国强兵的伟大计划。他凭借自己的聪明才智与雄才大略，把大清王朝推向了盛世的巅峰。虽然大清王朝最后盛极转衰，虽然乾隆晚年官场腐败，但是这一切却并不能抹杀他对中国历史的贡献。无论如何，他都是一位伟大的君主。

至于功过，还是由后人评说吧！